安徽大学文学院
文典学术论丛

汉语的信息结构与主观表达研究

吴早生 著

凤凰出版社

图书在版编目（CIP）数据

汉语的信息结构与主观表达研究 / 吴早生著. -- 南京 : 凤凰出版社, 2019.12
（安徽大学文学院文典学术论丛）
ISBN 978-7-5506-3094-9

Ⅰ. ①汉… Ⅱ. ①吴… Ⅲ. ①汉语－语法－文集②汉语－语言表达－文集 Ⅳ. ①H14-53②H193.2-53

中国版本图书馆CIP数据核字(2020)第016456号

书　　名　汉语的信息结构与主观表达研究
著　　者　吴早生
责任编辑　韩凤冉
装帧设计　徐　慧
出版发行　凤凰出版社(原江苏古籍出版社)
　　　　　发行部电话025-83223462
出版社地址　江苏省南京市中央路165号,邮编:210009
出版社网址　http://www.fhcbs.com
照　　排　南京凯建文化发展有限公司
印　　刷　南京新世纪联盟印务有限公司
　　　　　江苏省南京市建邺区南湖路27号春晓大厦5楼,邮编:210017
开　　本　718毫米×1005毫米　1/16
印　　张　24.75
字　　数　344千字
版　　次　2019年12月第1版
印　　次　2019年12月第1次印刷
标准书号　ISBN 978-7-5506-3094-9
定　　价　125.00元
(本书凡印装错误可向承印厂调换,电话:025-68566588)

安徽大学文学院文典学术论丛

总　　序

吴怀东

这套丛书是安徽大学文学院一批在岗教授各自的专题论文集，内容涵盖文艺学、现当代文学、古代文学、古代汉语、现代汉语等学科，是诸位专家多年研究心血的沉淀，其学术质量、学术贡献都得到各自学术领域同行专家的认可，对此读者自有公论，无需辞费。我们集中推出，既是学术积累的需要，也是对我们这个团队多年科学研究和学科建设工作的一个小结，在此我们郑重感谢诸位专家的辛苦劳动，感谢凤凰出版社的大力支持！这套丛书以刘文典先生的名讳命名，至关这套丛书的撰述动机乃至我们学院的学术追求，值得郑重说明。

如果将民国时期建立于当时安徽省会安庆的安徽大学算作1958年重建于今天省会合肥的安徽大学的前身，安徽大学的校史已近百年。出生于合肥的刘文典与安徽大学及安徽大学文学院有着深刻的渊源：早在1927年，刘文典就受邀主持安徽大学的筹建工作；1928年，安徽大学正式成立并招生，刘文典任预科主任兼文学院院长，并实际主持校政。刘文典主政安徽大学，是安徽大学的荣幸和精彩开始，而刘文典主政文学院，更给文学院的建设、发展奠定了崇高的起点和正确的方向。

刘文典，原名文聪，字叔雅。原籍安徽怀宁，1889年出生于合肥。1906年入芜湖安徽公学学习，为该校教师陈独秀、刘师培所欣赏。1907年加入中国同盟会，1909年赴日本留学。辛亥革命爆发后，他于1912年回国，在上海于右任、邵力子等主办的《民立报》担任编辑。1913年再度赴日本，1914 年加入中华革命党，任孙中山先生秘书。1916 年，刘文典回国，一直在北京大学任教，研究诸子著作。1923 年出版专著《淮南鸿烈集解》，后从事《庄子》、《说苑》等书的校勘，撰写了《三余札记》。1927 年参与筹建安徽大学；1928 年 11 月，安徽发生学潮，刘文典被迫离开安徽大学，回到北京，就任清华大学中国文学系教授、主任。1939 年，刘文典完成《庄子补正》、《说苑斠补》等著述，著名学者陈寅恪为《庄子补正》作序，云："先生此书之刊布，盖将一匡当世之学风，而示人以准则，岂供治《庄子》者必读而已哉！"抗战期间，刘文典任教于昆明西南联合大学；抗战结束直到新中国成立后，他一直在云南大学任教，直至 1958 年因遭批斗而突发急症，病逝于昆明。

简单而庄重地回顾刘文典的经历是要说明，他从革命家实现华丽转身而成为杰出学者。乍看起来，这两种身份似乎没有什么相关性，其实，革命是改造社会最激烈的方式，而在大学进行学术研究、培养优秀人才、开启民智为人类生存、发展而求解，何尝不是改造社会的重要而有效的方式？放眼刘文典做出选择的那个时代，他的选择并非特例、孤例。同样是同盟会会员出身的蔡元培，于 1916 年受命出长北京大学，其就职演说明确提出"大学者，研究高深学问者也"，坚持"思想自由，兼容并包"的办学思路。1915 年，自由革命家陈独秀在上海创办《青年杂志》，因其于 1916 年受聘为北京大学文科学长而进入高等教育领域，这份杂志也随之迁到北京并易名为《新青年》出版，并立即产生巨大轰动效应。正是在刘文典所处的北大时代，开放的学术孕育了伟大的思想文化，影响中国百年命运的新文化运动因此而蓬勃展开；也正是在这种自由而激进的氛围里，推动近代以来中国实现变革、真正改变中国国运民心的伟大组织——中国共产党应运而生。

刘文典及其并世知识人，遭遇了中华民族"亡国灭种"的巨大危机。其时，传统文化面临断裂，中外交流、对撞剧烈，工具理性严重冲击价值理性。他们做出了艰难选择。他们以学术报国，努力开启民智，在学术方法上实现了古典与现代、中与西的融汇，从而走在时代前列，建构了百年来中国学术乃至思想的基本框架，这种学术精神、学术品格和学术方法具有超越时空的意义。我们不排除学术研究对于个人具有劳动交换而谋生的性质与功能——“著书都为稻粱谋”（龚自珍《咏史》），但是，社会之所以需要知识和思想，需要我们知识分子这个群体，根本上需要我们像马克思那样“为人类而工作”（《青年在选择职业时的考虑》），正因如此，马克思才说“在科学的入口处，正像地狱的入口处一样”（《政治经济学批判序言》）。在英国伦敦海格特公墓马克思的墓碑上，便镌刻着马克思的名言：“哲学家们只是用不同的方式解释世界，而问题在于改变世界。”（《关于费尔巴哈的提纲》）知识者正是通过科学地研究自然界和人类社会，“解释世界”，发现真理以影响大众从而“改变世界”。中国最伟大的思想家孔子两千多年前就倡导“为己之学”，反对“为人之学”（《论语·宪问》）。宋代著名思想家张载说，知识者应该将“为天地立心，为生民立命，为往圣继绝学，为万世开太平”（《横渠语录》）作为自己的信仰。一百年前的1919年，现代学术大师马克斯·韦伯说：“今天，作为‘职业’的科学，不是派发神圣价值和神启的通灵者或先知送来的神赐之物，而是通过专业化学科的操作，服务于有关自我和事实间关系的知识思考。”（《以学术为业》）这也正是二十世纪中国最杰出的学者、一生追求“自由之思想，独立之精神”的陈寅恪在1927年所说的“吾侪所学关天意”（《挽王静安先生》）的核心内涵。现代大学是现代社会生产知识与思想的专业“工厂”，是“研究高深学问”的地方，决定现代大学地位的就是其卓越知识与思想的生产能力。“大学之道，在明明德，在亲民，在止于至善。”（《大学》）大学的知识者应该具有最纯粹的学术信仰，是人类文明的研究者、创造者和守护者、传播者。学术信仰、学术精神，就是深入地研究世界、勇敢地发现真理并追求真理。清代著名学者章学诚对堪称“乾嘉学术第一人”的戴震学术特点的评论，其实可为今日学界之镜鉴：“戴君学术……戒人以凿空言理，其说深探本原，不可易矣！”（《文史通义·内篇·书〈朱陆〉篇后》）在“地球村”的时代，中国亟需面对真问题的真学术，因为，没有严格的“实事求是”（《汉书·河间献王传》），必然不会有方向正确且真正有效的“经世致用”。

时间已经走到二十一世纪，可是，从人类文明发展史和中西关系史来看，我们仍然面对刘文典所面对的时代命题——国家要强大，民族要复兴，人民要幸福，人类文明要交流互鉴。如今，人类科技发展到了一个产生颠覆性突破的关键时刻，世界上的国家关系到了数百年来最大转折的十字路口，中国的发展、中国文化的发展也迎来一个重新审视的历史机遇期，创新能力的竞争更加激烈。虽然我们研究的不是现代科学技术，也不是实用的经济学、法学、社会学等，可是，我们研究的学问至关民族精神的塑造和每个人的精神生活，至关中国的"软实力"提升和中国之崛起：如果没有汉语，中国人必然无法沟通、交流，文化必然无法传承；如果缺少文学的滋养，中国人的心灵将无处安顿，人将因为单纯追求物质利益而沦落。在此背景下，研究中国语言文学，责任重大，使命崇高，任重道远，这也是我们时代所有中国语言文学研究者共同的责任和使命。

奠定刘文典在现代学术史上地位的就是《淮南鸿烈集解》，此书已被公认为《淮南子》研究的学术经典；刘文典当初受命负责筹建安徽大学，社会各界看重的正是其超卓的见识、杰出的学术成就和重要的学界地位。安徽大学文学院既然是国学大师刘文典亲手开创的学院，理当继承前辈高尚的学术品格，弘扬前辈执着的学术精神，开展"高深学问"之研究以丰富时代精神生活，甚至引领社会进步，并在此过程中确立我们学院的研究特色甚至优势，彰显我们的贡献。应该说，曾经在非常艰难的环境里，在资源严重不足的条件下，经过多年的卧薪尝胆，我们在某些研究领域所取得的成就与特色已得到学术界认可，但我们学院的整体研究特色还不够鲜明，学科的综合实力还有待于提升。如今，在伟大的新时代里，我们文学院的全体同仁必将进一步"澡雪精神"，坚守"板凳要坐十年冷，文章不写一句空"的态度，"衣带渐宽终不悔"，努力创造出能够引领学术发展、不负先贤的学术成就、思想成果。

附:《安徽大学文学院文典学术论丛》总目

王达敏《中国当代长篇小说论》
赵　凯《马克思主义文论与当代文艺批评》
欧阳友权《走进网络文学批评》
刘　飞《中国文学批评散论》
周志雄《批评之途》
王泽庆《文学的跨界诠释》

丁　放《中国词学论集》
陈道贵《六朝唐代文学论丛》
吴怀东《杜甫与唐代文学论稿》
方盛良《清代文献文学探微》
耿传友《徽学与明清文学论稿》

杨　军《汉语音韵丛考》
曾　良《俗写与历史词汇丛札》
吴早生《汉语的信息结构与主观表达研究》

2019年10月13日于合肥

目　　录

总　序 ………………………………………………………… 吴怀东 1

领属关系研究的方法与视野 ………………………………………… 1
汉语领属结构的领格类型 ………………………………………… 14
现代汉语“这/那”的类同定指用法 ………………………………… 36
主观非数量评价性的“NP1 的一量 NP2” ………………………… 63
现代汉语光杆被领者的指称性质 ………………………………… 81
现代汉语“这/那”指示义与主观评价及话题功能的关系 ………… 100
现代汉语领属结构被领者上“一/这/那”的语用属性考察 ………… 116
汉语领属结构的参照点分析 ……………………………………… 128
汉语领有者的话题性与信息可及性 ……………………………… 140
汉语定语领属结构的信息定位性 ………………………………… 157
汉语谓词领属结构的信息定位性 ………………………………… 165
现代汉语“V1＋$NP_{V1和V2的受事}$＋V2(V2)”的构式语义 ………… 175
也谈“NP＋的＋VP”偏正结构 …………………………………… 190
入场理论视角下汉语程度副词的完句功能分析 ………………… 213
网络语言的发展与规范 …………………………………………… 230
汉语数字对举格式的构式语义 …………………………………… 240
现代汉语疑问句的语义与逻辑分析 ……………………………… 255

答语与现代汉语疑问句的分类 …… 265
汉语疑问句的语用转换与信息含量 …… 283
安徽旌德三溪话疑问句尾语气词 …… 302
安徽旌德三溪话疑问标记"唉"及其来源 …… 317
光山方言体助词"在" …… 336
从光山话的"恁"看指示代词"三分法" …… 348
光山方言动态助词"倒"和"的" …… 361
旌德三溪话语素形式的程度表达 …… 374

领属关系研究的方法与视野*

领属关系和领属结构一直是语言学者关心的问题，我们认为，语言学者对领属问题的关心，不仅因为"领属"是人类生活中普遍存在的一种方式，也不仅因为领属结构是人类语言中普遍存在的语法形式，更重要的是，领属关系和领属结构在任何语言的语法系统中，都是既有自身的结构特点，同时又对其他语法格式产生深刻影响的一种重要范畴。于是，我们对领属问题的关心，就不仅局限于"彼此之间一方领有或具有而另一方隶属或从属"(《现代汉语词典》)这样的狭义语义理解，也不仅局限于"N1 的 N2"这样的简单格式界定，而是把领属关系作为一种语法范畴，关心它的基本语义及其延伸，关心它的基本格式及其变体，从而在更广阔的范围内去发现领属范畴对汉语语法系统的深刻影响。

关于领属关系的研究，语言学家们作过很多有益的探索。其中最多的是对领属的语义研究，这也是领属研究的最为传统和最为基本的视角，包括领属的语义概念和语义分类等。例如，沈阳、陆俭明(2003)①认为，语言学中所说的"领属"是一个很重要的语义范畴，一般来说是指一个表

---

* 本文得到教育部人文社会科学研究一般项目"汉语领属结构中被领者的句法、语义和语用研究"(项目编号:09XJC74O002)资助，贵州省教育厅高校人文社会科学研究青年项目"汉语领属范畴的可及性研究"(项目编号:08QN002)资助，贵州大学引进人才科研基金资助。

① 陆俭明、沈阳:《汉语与汉语研究十五讲》，北京大学出版社 2003 年版。

示“领”的名词和一个表示“属”的名词组合构成的定中名词短语，我们认为这也是汉语领属的核心部分，是汉语语法学界基本认同的属于领属的内容。例如“我的书桌”。其中还包括领属的套叠，用沈阳的话说就是“某个从属一个‘领NX’名词的‘属NY’名词又可以是领有另一个‘属NY’名词的‘领NX’名词”。如“我叔叔的儿子”。

定义领属并对“N1的N2”进行领属甄别、分类的，主要还有吕叔湘(1976)①，朱德熙(1982)②，黄国营(1982)③，孔令达(1994)④，沈阳(1995)⑤，文贞惠(1999)⑥，陆俭明、沈阳(2003)，陆俭明(2004)⑦，徐阳春、钱书新(2004)⑧，等。这里定义的领属只是领属的一个方面，语言学家们称之为定语领属。实际上除了定语领属，还有很多领属及其关系在汉语研究中尚未纳入到领属系统来进行讨论，需要我们作进一步研究。

除了上述的领属语义研究外，语言学家们还研究了领属的控制特性、领属的原型特征和领属的语法化状况等，甚至还从语用信息角度对领属进行研究，这些有关领属的研究方法在国内还有待加强。下面我们就从这几个研究的视角来分别加以阐述。

一 领属的语义控制特性

根据对领属语义的不同理解，语言学家们对领属的概念作出了多种概

① 吕叔湘：《现代汉语语法提纲》，1976年油印本。

② 朱德熙：《语法讲义》，商务印书馆1982年版。

③ 黄国营：《“的”字的句法、语义功能》，《语言研究》1982年第1期。

④ 孔令达：《“名1+名2”结构中名2省略的语义规则》，邵敬敏编：《九十年代语法思考》，北京语言学院出版社1994年版。

⑤ 沈阳：《领属范畴及领属性名词短语的句法作用》，《北京大学学报(哲学社会科学版)》1995年第5期。

⑥ 文贞惠：《“N_1(的)N_2”偏正结构中N_1与N_2之间语义关系的鉴定》，《语文研究》1999年第3期。

⑦ 陆俭明：《确定领属关系之我见》，《南大语言学》2004年第二辑。

⑧ 徐阳春、钱书新：《“N_1+的+N_2”结构歧义考察》，《汉语学习》2004年第5期。

括，这些语义概括中往往渗透着一个共同的特点——领属的控制特性。Bernd Heine(1997)①指出，在描写领属的各种概念时，“控制”也许是最常被提到的，明显的原因是：领属的原型实例暗示了领有者对被领者的控制。控制涉及领有者操纵被领者的能力。这种语义控制主要表现在以下几个方面：

(一) 领属范围的跨语言和跨文化理解

大部分语言学家认为应该根据语言特性来定义领属，不同语言的说话者有不同的文化和心理认同，一些语言学家正在寻找语言外关于领属的定义。Seiler(1983)②认为领属是个概念关系模式：他把领属定义为人类跟他的亲属、身体部位、文化智力产品间的关系。他观察到，把领属与其它关系领域(如处所)区分开来的是生物文化。Seiler(1977)③提出两种句法配置的跨语言的相关差别，它们分别是“行为施事”和“行为领有者”配置。与前者相比，“行为领有者”配置具有以下特征：(1) 时间稳定性。(2) 施事对比于具体宾语的差别。(3) 这意味着这一配置实例中，主动句和被动句具有共同特征。(4) 施事跟领有者是相互排斥的实体。例如“王冕死了父亲”中的“王冕”是“行为领有者”配置中的领有者，但不是施事也不是宾语。根据 Seiler(1977)的三种语义句法配置：

a	施事	行为	(宾语)
b	(施事)	行为	宾语
c	(宾语)	行为	(领有者)

① Bernd Heine, Possession: Cognitive Sources, Forces, and Grammaticalization. Cambridge University Press, 1997.

② Seiler. Hansjakob, Possession as an operational dimension of language. (Language Universals Series, 2). Tubingen: Gunter Narr, 1983.

③ Seiler. Hansjakob, On the semanto-syntactic configuration “Possessor of an Act”. In: Struktura: Schriftenre ihezur Linguistik, 11. Munich: Wilhelm Fink, 1977.

这与沈家煊(1999)[①]所说的“通常的情况领有者是施事而领有物是受事”,否则是有标记的,有异曲同工之妙,如“王冕死了父亲”中的领属就是有标记的。

(二) 领属关系的让渡性

根据领属的可让渡性,可以把领属关系分为两类:不可让渡领属与可让渡领属。

不可让渡范畴也被叫作“亲密的(intimate)”“内在的(inherent)”“不可分的(inseparable)”,甚至叫做“反常的(abnormal)”,而可让渡范畴被标签为“非亲近的(non-intimate)”“临时的(accidental)”“获得的(acquired)”“可转让的(transferable)”“标准的(normal)”。

粗略来说,这些项目可能属于不可让渡:亲属关系,身体部位,相对空间概念,其它项目的一部分,物理和心理状态,名词化。另外特定语言中还有大量个体概念被当作不可让渡,例如“名字”“声音”“味道”“影子”“脚印”“财产”“家庭”等(Bernd Heine 1997)。

Chappell and McGregor(1996)[②]提出了四种倾向于联系不可让渡性的关系:两个人之间的生物和社会联系(如亲属);构成关系(身体部位和一个整体的其它部分);内在关系(例如空间关系);谋生或生存的要素。并提出了三种核心的范围:亲属关系,身体部位,空间关系。

Nichols(1992)[③]提出了不可让渡成员(亲属关系和/或身体部位;部分整体和/或空间关系;文化上基本被领项目如箭、家养动物)间的蕴含等级:亲属和身体部位的名词>非亲属和身体部位的名词。

不可让渡之外的领属,都属于可让渡领属,对其内部的具体细分较为

① 沈家煊:《不对称与标记论》,江西教育出版社 1999 年版。

② Chappell, Hilary and William McGregor, Prolegomena to a theory of inalienability. In Chappell and McGregor(ed.), 1996, pp. 3 - 30.

③ Nichols, Johnanna, On alienable and inalienable possession. In: Shipley (ed.), 1988, pp. 557 - 609.

少见。这里不再叙述。

(三) 领属关系控制中的时间与空间问题

关于领属的空间问题，经常提到的特征是领有者和被领者间处所的临近和空间的接近。Langacker(1987)①根据“影响的范围”或 Brugman(1988)②的“利益或涉及框架”来定义领有者跟被领者之间的关系。这实际上是对空间接近性的抽象延伸——心理或物质接近性。Miller and Johnson-Laird(1976)③区分以下三种领属：内在领属(inherent)、临时领属(accidental)、物理领属(physical)。并使用下面的句子进行了证明“(a) He owns an umbrella,(b) but he borrowed it,(c) though he doesn't have it with her. (1976:565)”。

关于领属的时间问题，在 Cariban 语言的 Makushi 语中存在现在和以前领属的语法类别。有些语言中，理解相关的领属结构时，人们会提到接触的方向、结果、需要(claim)和特点(quality)等概念。此外在班图语中，还存在着共有和个体领属形态上的对照。

还有人提出必有关系和选择关系：必有领属与前代亲属关系概念相联系，诸如“母亲”“祖母”等，但不一定与后代亲属关系相联系，诸如“女儿”“外孙”等。

而 Fox(1981)④建议放弃不可让渡的概念，因为它既不能必要地，也不能充分地解释观察到的句法现象。相反，她认为“物质临近”是说明身体部位与它们的领有者之间的较为合适的概念。

---

① Fox, Barbara, Body part syntax: Towards a universal characterization. Studies in Language, 1981.

② Brugman, Claudia Marle, The syntax and semantics of HAVE and its complements. PH. D. Dissertation, University of California, Berkeley, 1988.

③ Miller, George A. and Philip N. Johnson-Laird, Language and perception. Cambrige, Mass.: Harvard University Press, 1976.

④ Fox, Barbara, Body part syntax: Towards a universal characterization. Studies in Language, 1981.

（四）第三种结构和被动领属

Chappell and McGregor(1996)还提出：除了界限分明的规范的不可让渡与可让渡之外，还存在第三种结构类型，称之为分类结构(classification)。用这个术语，它们描写了一种现象：从属名词显示了核心名词所指示的实体类型。它细化了核心名词所属的类别，认为非物质可以进入分类词和核心名词之间，进一步修饰核心名词。分类结构表达这样的概念：一般—具体，功能—形式，用法—项目，地位—占有者，槽位—填充物，角色—居住者。

"被动"或"次要"领属表达这样一种行为：领有者是受事、目标或非自愿的体验者，以及不对被领者施加控制。例如"他的绳子捆得他很紧"中"他的绳子"(绳子作用于他，用于捆绑他的)。

二 领属关系的原型特征研究

原型特征的研究实际上是控制特性研究的延续，所不同的是，认为领属关系不是离散范畴，而是原型范畴。如 Taylor(1989)[①]把领属看作经验格式塔(experience gestalt)，并把涉及这些特征束的原型定义如下：

1. 领有者是具体人类。
2. 被领有者是具体事物(通常无生命)，而不是抽象物。
3. 两者间的关系是唯一的，既每一个被领者只有一个领有者。
4. 领有者有权利用被领者，其他人只有经由领有者允许才能利用被领者。
5. 领属关系是一个长期关系，以年月而非小时衡量。
6. 话语篇章中，领有者被描述为指称实体。

① Taylor, John R. , Possessive genitives in English. Linguistics, 1989.

Taylor(1989)还提出了下面特征:领有者凌驾于被领者的权力是通过交易,即购买或继承赋予的,领有者对被领者负责,并且两者间具有空间接近性。一个表达呈现的特征越多,领属原型性就越强。

Taylor(1995)[1]提出,用领有者来识别被领有者。同时在 1989 基础上增加了三条原型领属特征:(1) 领有权的合法性:the possessor's rights over the possessed are invested in him in virtue of a transaction, i. e. through purchase, donation, or inheritance。(2) 领有者的责任性:the possessor is responsible for the possessed; he is expected to care for it, and to maintain it in good condition。(3) 领有者与被领者的临近性:in order that the possessor can exercise his rights and duties with respect to the possessed, possessor and possessed need to be in close spatial proximity。同时减去了 1989 的最后一条。Taylor (1996)[2]又进一步重申了 1995 年领属关系的 8 条经验格式塔。

在汉语中也有人尝试使用原型特征来研究领属关系,如杨安红(2004)[3]在解释类似"中文系有三辆小车"的机构名歧义解释时,就对领有者在领属到存在之间的变化。她指出"这类由机构名词组成的'NP1 有 NP2'存在歧义。因为它们可以代表一定的机构的名称。这个机构由人组成,具有一定的权力,能够行使某种职能,具有驱动力,体现出一定的生命度。这样,由它构成的句子便是领属句。当它表示某种机构的地点时,它是一个典型的无生命客体,生命度消失,而空间性增强,具备了处所名词的特点,这时它表存在义所要求的典型性语义特征,由它构成的句子便为存在句。"下面是杨的等级图:

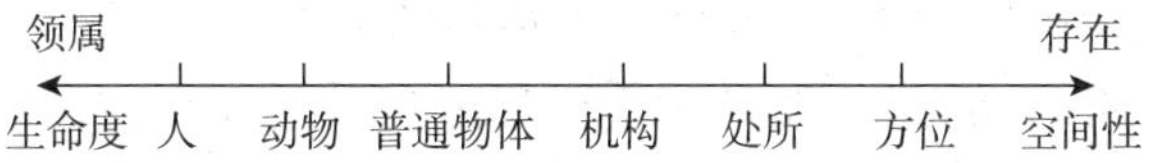

① Taylor, John R., Linguistic categorization: Phototypes in linguistic theory (2nd. Ed.). Oxford university Press, 1995.

② Taylor, John R., Possessives in English. Oxford: Clarendon Press, 1996.

③ 杨安红:《"NP_1 有 NP_2"句式新探》,《东方论坛》2004 年第 4 期。

三　领属关系的语法化研究

(一) 国外领属关系的语法化研究

关于领属语法化的研究，走在最前的当属 Bendix(1966)[①]和 Bernd Heine(1997)，他从定语领属和谓词领属两个角度来研究领属关系的语法化。在研究中提出了领属跨语言语法化的路径，并对各种语法化路径的动因作出解释。

Bendix(1966)用下面概括化的公式定义了非内在领属关系的来源图式和内在领属关系的谓词领属结构：

公式一：作为来源图式的非内在领属关系的一般结构：

B is X A B→ A has B

其中 X ＝ with

for

to＋Verb(＋/—Z)，或者

处所介词(＋/—Z)，和

Y 可以是空的

公式二：内在领属关系的谓词领属结构：There is a C ＋ C is A's B→A has a B

各种图式中作为谓词核心的动词展现的并非同等程度的语法化，相反，存在语法化等级，最左端是语法化程度最低的，而最右端是语法化程度最高的：

① Bendix Edward Herman, Componential analysis of general vocabulary: The semantic structure of a set of verbs in English, Hindi, and Japanese. Bloomington: Indiana University Press, 1966.

位置动词＞方所动词＞存在动词＞带有临时意义的系词＞一般的系词

它们的地域分布不是偶然的，它有着地理学的参数，例如欧洲有近两千年的历史，主要是由“动作”图式发展成“have”结构，而中部和南部非洲偏向于由“共事”领属发展而来。且认为一个特定的社群可同时使用几种甚至全部的来源图式语法化为领属结构。

Bernd Heine(1997)作了更为详细的语法化分析，给出了下面的语法化公式：

(1) X 占有 Y＞X 有，拥有 Y

(2) Y 位于 X＞X 有，拥有 Y

包括两个次级图式：Y 位于 X 的家里＞X 有，拥有 Y

Y 位于 X 的身体部分＞X 有，拥有 Y

(3) X 和 Y 在一起＞X 有，拥有 Y

包括三个次级图式：X 的 Y 存在＞X 有，拥有 Y

Y 为/因 X 而存在＞X 有，拥有 Y

就 X 来说，Y 存在＞X 有，拥有 Y

(4) Y 存在源于 X＞X 有，拥有 Y

(5) Y 是 X 的＞X 有，拥有 Y

(二) 谓词领属语法化的动因

Bernd Heine(1997)认为领属义不是原始的，永远来源于非领属义的表达。在来源结构发展成领属关系 have 结构的过程中，中间过程起到了关键的作用。中介阶段来源结构的基本功能是表达诸如处所、目标等概念，但在某种特定用法中，可以理解为表达领属的概念，为这概念提供便利的释义。一开始这种概念并不凸显，后来抽象性逐渐增强，从而产生了 have 结构。

针对这些语法化现象，语言学家运用各种理论从不同的角度对其进行了解释，主要有隐喻转喻解释、去范畴化解释(包括虚假及物和专指化)。

（1）隐喻转喻解释

关于领属语法化的隐喻、转喻和语用机制的解释涉及到推理、蕴含和很多一般用语，以及语境引起的重新分析（reinterpretation），这里我们不再讨论其中的细节，可参看相关文献。我们认为这一过程既有认知又有语用的作用，前者是根据隐喻扩张，而后者是与语境操作有关。领属是一个抽象的概念，因为很难用语言学术语对它定义，所以人们使用某种概念模式来指称领属并不奇怪，我们把这种模式称为事件图式。

（2）去范畴化

隐喻扩展的内在动力是语境的扩张，开始时这种表达只是来源于图式的字面义，后来这个表达逐渐用在允许领属解释的语境中，直到这种解释成为主要的、规范的。随着来源图式新的功能的出现，构成来源图式的项目失去了它们原先的特性，这就是去范畴化，领属来源图式去范畴化过程中存在两个重要特征的遗留与变化：虚假及物和专指化。

例如，许多学者注意到印欧语中“have 动词”特征遗留。例如 Benveniste（1960）[1]观察到，法语 avoir 有很多及物动词特性：带宾语，有人称、数、时等屈折变化，另一方面，又缺乏其它动词的特性，例如，不能被动化，不能表过程。行为图式语法化为领属结构时，这一状况事实上是可以预测的，一旦图式谓词核心，也就是象动词“占有（take）”“抓住（seize）”“保持（keep）”进入并服务于领属表达，就不再指称行为，而表状态。因此它很可能去范畴化为一个表状态而非过程的词项，这个词项就不再联系施事，也不再联系被动。Benveniste 把这种结构称为“虚假及物（pseudo-transitif）”。

领属图式语法化在去范畴化的同时，还发展出另一个重要的作用，也就是专指化（specialization）。例如用于各种方所概念的大量实例，象“X is at/on/in/near/toY”，随着动词领属模式的发展，这些结构就逐渐被固

① Benveniste, Emile, “Etre” et “avoir” dans leurs functions linguistiques. Bulletin de la Societe de linguistique de Paris , 1960.

化(petrify):不再用于各种不同的方所标记。这样,当来源图式可以与各种方所概念相联系时,用于标记领属的形态就严格受限于表达一个专门的概念。

(三) 汉语领属关系的语法化研究

汉语领属的语法化研究相对薄弱,主要还是集中在定语标记“的”的语法化研究,当然定语标记肯定牵涉领属关系,其中较为突出的成果有江蓝生(1994①,1999②),储泽祥(2002)③,刘敏芝(2006)④等。

江蓝生(1999)“以汉魏六朝白话资料中出现的处所名词‘所’和‘许’作为领格助词的可能性,即在‘名+方+名’结构中,方位词谓语结构助词‘之’的位置上,当方位词词义完全虚化时,通过重新分析,方位词就充当了结构助词”。认为“始见于唐代的结构助词‘底’最初只有‘名/代+底’式,其中的‘底’本是个方位词,它是受处所词‘所、许’的类化而用如结构助词的。‘底’进入结构助词领域后,不仅继承‘所、许’的用法,而且还吸收了结构助词‘者’和‘地’的诸多用法,‘底’字用法的扩大是同一系统内部成员之间功能相互沾染的结果。”

储泽祥(2002)通过对岳西话“N1 底 N2”格式的考察,发现岳西话的结构助词“底”是由方位词“底”转化而来的。岳西话的“N1 底 N2 "里,N1由空间位置到空间属性及空间领属的变化,促发了“底”由方位词向结构助词的转化。认为在这个过程中,“容器(N1)—容纳物(N2)”关系的淡化、消失,是转化的内在原因,而人们是否把 N1 看作包容 N2 的整体,也

① 江蓝生:《“动词+X+地点词”句型中介词“的”探源》,《古汉语研究》1994 年第 4 期。

② 江蓝生:《处所词的领格用法与结构助词“的”的来源》,《汉语现状与历史的研究》,中国社会科学出版社 1999 年版。

③ 储泽祥:《“底”由方位词向结构助词的转化》,《语言教学与研究》2002 年第 1 期。

④ 刘敏芝:《宋代结构助词“底”的新兴用法及其来源》,《中国语文》2006 年第 1 期。

能对“底”的转化产生影响。

刘敏芝(2006)认为汉语的结构助词“底”在唐代开始产生，发展到宋代，出现了一系列新兴的用法。这些新兴的用法包括：1. X 底动/形；2. 在某些动宾复合词或动宾短语中间插入指人的名词加“底”，表示某人是动作的对象(类似现代汉语的“开他的玩笑”)；3. 用于动词和宾语之间，与“是”配合指示句子焦点(类似现代汉语的“我是昨天进的城”)；4. 用于假设复句，相当于“的话”，是语气助词。

四　领属关系研究的语用信息视角

从语用信息角度研究领属关系的文章不多，涉及领属关系语用信息的主要有张伯江(1994)①，徐阳春(2008)②等。

张伯江(1994)从领属原型特征入手，认为完全符合这所有特征的领属结构，任何语言里都不会很多。认为一般领属结构核心意义可用一句话表达：透过领有关系从领有者来识别被领有者。并引用廖秋忠(1986)③的话语提出了领属的宽泛理解。

指出被领者可以具体到部件，也可以抽象到属性，认为“他的篮球打得好”等句式里的特殊领属义是语境造成的，尤其是“他的小说看不完”这样的歧义结构，更要依靠篇章语境来辨识。认为对领属结构的语义理解必须从语用角度出发。在此基础上，张伯江先生引入了篇章分析中的一对指称概念——有指(referential)和无指(non-referential)。认为这才是我们认识狭义/广义领属意义以及分化“N1 的 N2VP”结构歧义的一把钥匙。

徐阳春(2008)在解释非关系组配结构独立指称需要带“的”时，提到

① 张伯江：《领属结构的语义构成》，《语言教学与研究》1994 年第 2 期。

② 徐阳春：《也谈人称代词做定语时“的”字的隐现》，《中国语文》2008 年第 1 期。

③ 廖秋忠：《现代汉语中篇章指同的表达》，《中国语文》，1986 第 2 期。

偏项与正项间存在距离，需要用“的”凸显偏项的修饰性。并认为该结构入句后如果仍然需要凸显偏项，“的”要保留；如果作为一个整体看待，那么“的”可隐去。这一观点虽然没有直接提及领属关系的语用信息研究，但却给我们一个很强的提示，正项和偏项的不同凸显会引起“的”的隐现。如果从另一个角度考虑，我们可发现，偏项和正项的序列的常规凸显应该是线性地落在正项上，只有这时才可以没有标记“的”，反之就必须出现“的”。这就是我们“的”的非常规预设的作用。

另外还有一项研究值得一提，那就是袁毓林（2003）①。该文虽然没有提及领属的研究，但所论句尾“的”的句法功能确实与我们所研究的定语领属标记“的”密切相关，且是从语用信息（焦点理论）的角度进行研究的。作者在文中提出的“（是）……的”结构的窄焦点与广焦点的观点给我们后文“的”的窄预设与广预设的提出以很大的启示。

（原刊于《中国社会科学院研究生院学报》2010 年第 3 期）

① 袁毓林：《从焦点理论看句尾“的”的句法语义功能》，《中国语文》2003 年第 1 期。

汉语领属结构的领格类型

Lyons(1999)[①]通过对领属结构中领有者的限定性的考察,把世界语言分为两种领格类型:限定性领格语言(determiner-genitive language,简称DG语言)和形容性领格语言(adjectival-genitive language,简称AG语言)。

刘丹青(2008)[②]提及汉语领属结构的形容性领格语言特性,认为"汉语的领属结构虽然在语用上容易被理解为有定,实际上没有固定的指称属性,可以通过限定词决定其指称,如有定(我那本书丢了)、无定(我的一本书丢了)和类指(我的书很多)。"

我们研究发现,汉语虽然有时具有形容性领格语言的某些特征,但并不是纯粹的形容性领格语言。

一 什么是限定性/形容性领格语言

下面是Lyons(1985[③]、1986[④]、1999[⑤])关于限定性/形容性领格语言

---

①⑤ Lyons, Christopher. 1999. Definiteness. University of Cambridge.

② 刘丹青:《汉语名词性短语的句法类型特征》,《中国语文》2008年第1期。

③ Lyons, Christopher. 1985. A possessive parameter. Sheffffield Working Papers in Language and Linguistics 2: 98 - 104.

④ Lyons, Christopher. 1986. The syntax of English genitive constructions. Journal of Linguistics 22: 123 - 143.

的界定：

（一）限定性领格语言，一般不会出现定冠词和领属语之外的限定词，形容性领格语言领属语和限定词同时出现，但是限定词占据着限定性位置，而领属语处于非限定的形容性位置。举例如下：

the my book (my book)　　a my book (a book of mine)

（二）限定性领格语言中，因为领属语的限定性，整个短语是定指性的；形容性领格语言中，如果没有其他限定词的限定，不能确定整个短语的限定性。

（三）认为限定性领格语言之所以是定指性的，是由于领属语处于限定位置的原因。

二　汉语是不是形容性领格语言

Lyons(1999)关于 DG 和 AG 两种领格语言的一个重要阐述是：一般情况下，限定性领格语言的领有者是不与其他限定词共现的，而形容性领格语言领有者与其他限定词共现。如果仅从这一个标准出发，苗语领属结构既有限定性领格语言的表现，也有形容性领格语言的表现。先看领属结构中领有者与限定词共现的情况：

（1）小明的一支笔
　　小明的这支笔
　　小明的那支笔

再看领有成分不跟领有者之外的某些限定词（“那/这/一＋量”）共现的情况：

（2）小明的笔　小明的红芯笔

小明的书　小明的语文书

刘丹青(2008)[①]认为汉语是形容性领格语言，是通过限定词来确定指称，言下之意就是汉语的领有者不具有确定指称的作用。

为此，吴早生(2012)专门对汉语领属结构中被领者上的有定/无定限定词进行了统计，发现这些限定词的绝对数量不少，但是相对于被领者上不出现有定/无定限定词(我们称为“光杆被领者”)的情况相比，其比例是极小的。而且即便是被领者上出现了的这些有定/无定限定词，很多情况下也都是表达描写性主观语用意义，而非起限定作用的。另外汉语修饰被领者的有定/无定限定词都是位于领有者之后，并不处于 Lyons 所说的限定词的位置。

此外，汉语中的光杆被领者领属结构，在领属语的限定下，一般也是能确定其是定指的。例如：

(3) 皮埃尔赶忙掉转身子，又一次向玛丽亚公爵小姐询问起他的朋友(≠她的一位朋友)在他的生命的最后的那一段时光的情况。

(4) 嘱咐已毕，他用胳臂推开嘎嘎作响的店门，走进旅店，身后跟着他的女伴(≠她的一位女伴)。

(5) a. 你的书呢？ b. 哦，我的书(≠我的一本书)落在教室里了。

也就是说，汉语当中的光杆被领者领属结构一般是可以推导出定指性的，只有表达不定指的时候，才需要标记限定词“一＋量”。如果不用“一＋量”限定而是光杆被领者结构表不定指的话，是有条件的：主要是出现在偶现信息当中。

所以，我们说汉语并不是纯粹的形容性领格语言。

---

① 刘丹青:《汉语名词性短语的句法类型特征》,《中国语文》2008 年第 1 期。

(一) 领属语/限定词是否占据领属结构的限定性位置

通过考察和统计，我们发现，汉语被领者带有定/无定标记词的领属结构，其有定/无定标记词所处的位置，绝大部分都是位于领有者之后的非居首位置(即：领有者＋一/这/那＋量词＋被领者)，据我们的统计，占据这一位置的倾向性达到了96%。例如：

(6) 我又收到了他的一封信，“我在船上，……我那么难以遏制对你的思念。”

(7) 那年，乌尔班前往南非拜访他的一位笔友。

(8) 对我的恐惧置之不理时，我的一位祖先走过漫长的时间来到了我的身旁。

而“一＋量＋[领＋被领]”，使用频率极低，是“领有者＋一＋量＋被领者”的4%：

(9) 1955年的元月，我突然收到一封他的来信。

(10) 牧羊人递给我一支他的烟。

唐翠菊(2002)[①]从数量词的个体化功能角度考察了多层定名结构中数量词的句法位置，也认为数量词一般居于领属性定语之后、属性定语之前。还详细比较了由于数量词位置不同而形成的同义序列在句法语义上的差异。

有些看似“一＋量＋领有者＋被领者”构成的结构，但其中所谓的“领”已经不是领有者了，而是表示性质特点，其作为领有者的特点已经等

① 唐翠菊：《数量词在多层定名结构中的位置》，《语言教学与研究》2002年第5期。

于零：

(11) 她虽然是个农民，却有着一双艺术家的手。

(12) 这是一辆女人的汽车。

从我们统计的结果来看，那些带有“一＋量”修饰被领者的领属结构，也不符合 Lyons(1999)[①]所定义的 AG 语言位置特征：如果“一/这/那＋量”是冠词的话，应该位于领有者之前，即限定词 det 的位置，但我们的统计结果并非如此。

相反，是汉语领有者占据了定冠词或其他限定词应该占据的最外围的位置。也就是说，尽管汉语的类似限定词的“一/这/那＋量”，有时可以与领有者共现，但它很少占据最外围的位置。而根据 Hawkins(1983)[②]和 Greenberg(1966)[③]共性二十，汉语的居首位置才是限定性最强的位置（指别词位置），才应该属于限定词 det 位置[④]，据此我们推断：汉语的“一/这/那＋量”的限定性要弱于领有者，汉语领有者在领属结构中才是最强的限定词。

---

① Lyons, Christopher. 1999. Definiteness. University of Cambridge.

② Hawkins, J. A. 1983. Word Order Universals. New York: Academic Press.

③ Greenberg, J. H. 1966. Some universals of grammar with particular reference to the order of meaningful elements. In Greenberg, J. H., 2nd ed., Universal of Language. 73－113. Cambridge, Mass.: MIT Press. 中译文：陆丙甫、陆志极译，《某些主要跟语序有关的语法普遍现象》，《国外语言学》1984 年第 2 期。

④ Hawkins(1983)指出，“指别词、数词、形容词分别出现在核心名词两端的共性：任何情况下，不可能形容词前置于核心名词而指别词或数词却反而后置于名词”。Greenberg 共性二十认为，“当指别词、数词、描写性形容词中两个以上前置于名词之前时，它们总是以这种语序（指别词—数词—描写性形容词）出现。如果它们是后置，语序则依旧，或者完全相反”。

根据 Lyons 所定义的 AG、DG 语言的特征、Hawkins(1983)① 和 Greenberg(1966)② 共性二十，现代汉语领有成分的限定性应该是领属结构中限定性最强的成分。即，从领有者成分所处的居首位置，我们可以判断出它的限定性要明显强于所谓的限定词("一+量"或"这/那+量")。也就是说，刘丹青把汉语定位为 AG 语言似乎并不完全符合 Lyons 所定义的 AG 语言的位置特征，也不完全符合 Hawkins(1983)③ 和 Greenberg(1966)④ 共性二十。因此，我们有必要对此进行进一步研究。

即便那些有定/无定标记处于居首位置的极少数反例，也可能是由其他原因造成的，而不完全是被领者造成的居首。我们可以通过比较弱化了语音的独用"一"/独用"量词"，与"一+量"的使用差别，来说明这一点。

从形式上看，作为吞并了量词的"一"，从语法化的角度来说，其限定性这一语法功能应该要比"一+量"强，按理说更有机会进入领有者之前的限定词位置，但是，从实际的语料来看，很少出现"一+领有者+被领者"的例子。也就是说，汉语的"一"还未虚化到可以随意进入冠词、限定词位置的程度。例如，"一+量"可以进入的(13)(14)，独用"一"却不能进入同样的位置，应该说(13)(14)中"一+量"并非是由于强限定性造成居首的，可能还有外在的其他原因(如，宾语位置的要求，而非居首要求等)。

(13) 1955 年的元月，我突然收到<u>一封他的来信</u>。

*1955 年的元月，我突然收到<u>一他的来信</u>。

(14) 牧羊人递给我<u>一包他的烟</u>。

*牧羊人递给我<u>一他的烟</u>。

---

①③ Hawkins, J. A. 1983. Word Order Universals. New York: Academic Press.

②④ Greenberg, J. H. 1966. Some universals of grammar with particular reference to the order of meaningful elements. In Greenberg, J. H., 2nd ed., Universal of Language. 73–113. Cambridge, Mass.: MIT Press. 中译文：陆丙甫、陆志极译，《某些主要跟语序有关的语法普遍现象》，《国外语言学》1984 年第 2 期。

同样，独用“量词”一般也不易用于(13)(14)中相应位置上，如(13’)(14’)，这进一步证明了这里的“一＋量”不是领属结构上的强限定词，可能还有外在的其他原因(宾语位置，特别是远宾语位置的要求，而非居首的要求等)。

(13’) 1955年的元月，我突然收到封他的来信。

(14’) ＊牧羊人递给我支他的烟。

(二) 汉语被领者上“一/这/那＋量”的限定性判定之二——是否限制性

前面，我们从居首位置角度，说明了汉语领属结构不具备限定性领格语言的位置特征，下面，我们再从“一/这/那＋量”的限制/描写性角度作进一步判断。

陈玉洁(2007)①对限制性与非限制性做出了如下的定义：“限制性与非限制性是修饰语在具体运用中所表现出来的语用功能，如果修饰语是对指称有贡献的成分，是必有信息，去掉影响所指的范围，它就是限制性的，如果它对指称没有贡献，是可有信息，去掉之后，不影响所指范围，它就是非限制性的。”

同时指出，汉语中不存在有语法手段标记的限制性与非限制性的对立，并制定了“汉语限制性与非限制性的判定标准：第一，是否能够省略，如果修饰语成分能够省略而不损害句子意义，那么它是非限制性的，如果不能省略，就是限制性的，非限制性的句子只是增加了一些有用的或有趣的信息，但对于句子的意义来说并非是必需的，不影响NP的指称范围。第二，限制性从句限制它所修饰的核心的范围，换个说法，即看核心与‘修饰语＋核心’之间是否构成整体和部分关系，若是，则为限制性从句，若

① 陈玉洁：《指示词的类型学考察》，中国社会科学院研究生院2007年博士学位论文。

‘修饰语＋核心’仍旧等于核心，那么修饰性从句为非限制性关系从句。”

陈玉洁的这一定义与判定标准虽然主要是用来判定关系从句的限制性与非限制性的。但是其他修饰语同样也是有着限制性与非限制性的差别，我们也可以利用这一判定的标准来判定它们的限制性与非限制性的区别。利用这一判定标准，我们可以发现，汉语的“一/这/那（＋量词）”哪些情况下具有限制性，哪些情况下不具限制性：

(15) 我读过他的（一本）书。

(16) 他的（这/那本）书很难懂。

这两句话中被领者上的“一/这/那（＋量词）”一般不能省略，如果省略以后，就会影响指称的范围。例(15)省略前表示指称范围限于“一本”，而省略后，数量是不确定的，可能是一本，也可能是两本或很多本。例(16)省略前表示听说双方共知的那本书很难懂，而省略后表示他所有的书都难懂，而且核心（他的书）与“修饰语＋核心”（他的那本书）之间构成了整体与部分的关系。因而，我们判定：这里的“一/这/那（＋量词）”具有限制性。

这是就单个句子而言，如果在语篇中例(16)的“这/那本”一般也是可以省略的，因为一般都有语境信息可以补足所指，这时的“这/那”从指称角度说，已经是不必要的了，因而也是非限制性的。再看两句：

(17) 他的（一张）嘴从来就没饶过人。

(18) 他的（那/这张）嘴从来就没饶过人。

这两句中的被领者上的“一/这/那（＋量词）”一般都能省略，省略以后，不会影响指称的范围。例(17)和例(18)省略“一/这/那（＋量词）”前后，其指称都不会发生变化，也就是说，省略“一/这/那（＋量词）”没有影响到指称的范围。因而，我们判定：这里的“一/这/那（＋量词）”属于非限制性的修饰语。

一般来说，只有那些具有限制性作用的修饰语，我们才可以说它们具有不/定指性，才有可能成为不/定指性的标记；而非限制性的条件，主要是具有描写性的作用。从这一点看，(17)(18)以及篇章中出现的(16)之类例子中的标记是纯描写性的，表达的是描写性的语用意义。这也从一个侧面证明了主观评价意义分析的合理性。

但是汉语被领者带“一/这/那(+量词)”的例子中，领有者还是具有很强的限制性的，因为同样的省略测试，用在领有者上语句则是不通顺的。例如：

(19) (他的)一张嘴从来就没饶过人。

(20) (他的)那张嘴从来就没饶过人。

这就容易明白：为什么 Lyons 所说的形容性领格语言，有定/无定标记词都是前置于领有者。汉语之所以不是前置于领有者，至少可以让我们明白，在这一类例子中，汉语的有定/无定标记词“一/这/那(+量词)”还是具有很强的描写性。

由此，我们可以说，汉语被领者上限制性的“一/这/那+量词”，其描写性的功能也还很强大，还没有完全虚化到冠词的作用，还具有一定的描写性，因而以置于领有者之后为常，而不是相反，这也就完全符合 Hawkins(1983)①和 Greenberg(1966)②共性二十了，同样也就符合 DG 语言的特点了。因此，把汉语称为“类形容性领格(AG)的限定性领格语言(DG)”，也许更为贴切一些。

① Hawkins, J. A. 1983. Word Order Universals. New York: Academic Press.

② Greenberg, J. H. 1966. Some universals of grammar with particular reference to the order of meaningful elements. In Greenberg, J. H., 2nd ed., Universal of Language. 73-113. Cambridge, Mass.: MIT Press. 中译文：陆丙甫、陆志极译，《某些主要跟语序有关的语法普遍现象》，《国外语言学》1984 年第 2 期。

三　汉语是“类形容性领格（AG）的限定性领格语言（DG）”

“一/这/那(+量词)”的描写性可能与汉语量词的使用有很大的关系。即使在吞并量词的“一”当中，不能不说还有量词的影子在起作用。从现有的关于汉语量词的研究成果来看，汉语量词除了具有个体化功能外，还具有很强的描写性。

(一) 汉语量词的个体化功能

大河内康宪(1985)①认为，汉语的“(一)个”有着不定冠词所具有的个体化、实体化功能的作用。下面是他举的例子：

(21) 你们这儿有老师吗?
(22) 你们这儿有个老师吗?

大河内康宪认为，上面例子的场景是：到公寓拜访一位老师，如果问话人意识中已经有了特定的人，这个人是从事教师工作的，这时容易说后面一句而不是前面一句。而后一句适合于按照名单调查附近是否有从事教师工作的人，而对于这个人是谁毫不过问，他不适用对问话人已经知道特定的那个老师进行提问。并认为“量词的个体化功能体现于此”，因为用上“一个”容易在脑子里浮现语境中的那个人物。

奥田宽(1982)②举了这样一个例子“你们还算得上一个模范学生吗?”，加上“一个”后，使人们明显地感觉到脑子里有一个具体学生的形象，而跟数没有关系。

① 大河内康宪:《量词的个体化功能》(原载 1985 年《中国语学》)，《日本近、现代汉语研究论文选》，北京:北京语言学院出版社 1993 年出版。

② 奥田宽:《说“一个”》，《中国语学》1982 年第 229 号。

从上面的讨论可以看出，汉语的量词具有个体化的功能，而这种功能是以形象的联想作为个体化的主要手段的。也就是说，汉语量词的个体化功能是与汉语量词的描写性密切相关的，这可能与汉语重视意象有关。

（二）汉语量词的描写性

汉语量词本身就是对事物形状或状态的摹写，石毓智（2000）[①]认为“在名词内部，维数的多少直接决定量词的使用，比如表二维概念的名词只能用‘条’或‘张’等修饰，三维概念的名词则只能用‘根’、‘片’、‘块’等修饰。”“比如对二位概念来说，‘宽维’和‘长维’的比值趋于‘1’时，用‘张’，‘宽维’和‘长维’的比值趋于‘0’时，用‘条’。”这实际上就是刻画了量词对事物不同形状的描述。当说出名量词还未说出中心语时，我们已经基本上能够判断出该中心语的大致形状是什么样的。

有时这种描写还会加入人们的主观评价意义，例如我们称“一伙人”“一帮人”“一堆人”，这些量词本身表现了人类对客观事物的主观态度，其描写性要比“条”“根”等更强。生活中更是可以使用量词的错配达到讽喻等效果，如把用于动物的量词用于人。何杰（2000）[②]也有类似的看法，他说“量词在给予客观事物以计量概括认识的同时，还表达了人们对该事物的爱憎意味和褒贬评价：这种主观的情念意味，就是量词的情态色彩。如‘位’这个量词，在表示指‘人’这个词汇义及作量词这个语法义外，还表示着对它所计量的人的尊敬的情感和态度；‘帮’除具有计量多数‘人’的词汇义，以及作量词的语法义外，还附着着对计量对象的憎恶、贬斥的感情和态度。”“量词的情态色彩是人们的情态活动的一种外在表露，在语境中，因人的主观理解不同，可表现出多种类别。”例如：

(23) 我们的总理不仅堪称是一位战略家，而且堪称是<u>一位</u>哲学

① 石毓智：《语法的认知语义基础》，南昌：江西教育出版社 2000 年版。
② 何杰：《现代汉语量词研究》，北京：民族出版社 2000 年版。

家。(彰子强《筑向太空的长城》)

(24) 正待他得意之时,刚抬脚想溜之大吉,抬头猛见一员大将横刀立马挡在桥头,他那刚刚紧把起来的筋骨一下便瘫软下来。(苏同《不忘的岁月》)

例句(23)中的"位"用于人,表示敬意。这里的"位"具有赞扬的褒奖色彩。例句(24)中的"员"用于"大将",说明人们对武艺高强的人的一种赞许,也具有一定的褒奖色彩。

一些文学作品更是充分利用量词的这种描写功能,使文章更加形象生动,例如"一弯新月""一轮明月""一丝希望""一缕青丝"等。何杰(2000)[①]也有同样看法,她认为"汉语量词具有格调色彩。格调色彩有不同的类别,这些量词的不同格调是由于适应不同的语境而形成的,相反它又以不同的格调色彩在创造不同语体风格中起了重要作用。"例如:

(25) 我知道有一天我会悄悄地离开,如同我当年悄悄地来,但当这一天真正来临的时候,我又对巴黎产生了一丝莫名的眷恋。(梅苑《枫升白震》)

(26) 他俯下身来,大颗的泪珠从脸颊上滚落下来,妻子捧在他面前的是家乡的一掬清泉。(柯如《溪流长》)

例句(25)中的"一丝",准确而又细腻地表现了作品中的"我"的眷恋之情;例句(26)中用"掬"计量"清泉"表达了浓烈的思乡之情,感人至深。这些量词的使用都有一字不易的艺术效果。这两句都由于使用了量词情感格调色彩义,使语言产生了突出的表达价值。深刻地表现了人物的内心情感,渲染了作品的气氛,增强了作品的感染力、表现力。量词的这种语义表达特征是值得注意和研究的。

---

① 何杰:《现代汉语量词研究》,北京:民族出版社2000年版。

从上述两个方面的表现，我们可以知道，汉语的量词本身就具有描写性和限定性两个方面的功能。当名词短语本身的限定性在没有量词就已经达到交际要求时，这时的量词主要是用于描写的，反之是用于限定的，当然在限定中还不乏描写性，这正如形容词的双重功能。关于形容词的双重功能，我们以陈玉洁(2007)①的两个例子来说明：

(27) 勤劳聪明的中国人创造了灿烂的东方文明。＝中国人（非限制性）

(28) 只有勤劳聪明的中国人才会有所作为。≠中国人（限制性）

前者没有形容词"勤劳聪明"就已经可以达到交际的基本要求，因而"勤劳聪明"是描写性的；而后者没有形容词"勤劳聪明"却不能达到交际的基本要求，因而具有限制性，而这种限制性的形容词仍具有描写性特征。

（三）"一/这/那＋量词"的弱化省略与限定性/描写性的关系

前面已经讨论了汉语中领属语与"一/这/那(＋量词)"的共现和语序情况以及"一/这/那(＋量词)"的描写性。这里我们将讨论汉语领属结构中那些已经弱化了的"一/这/那＋量"是否虚化为最高限定词？还具不具有描写性？

(一) 汉语的无定标记词语法化程度还很低，即便是吞并了量词的独用"一"也还保留了原来的变调模式，说明该弱化形式还保留了量词所遗留的特征。

北京话"一"的单字调为55，在阴平、阳平、上声字前的连读调应该为

① 陈玉洁：《指示词的类型学考察》，中国社会科学院研究生院2007年博士学位论文。

51。可是这里的"一"既不读55,也不读51,而是读35,而35恰恰是"一"在去声字前的变调。刘祥柏(2004)①由此推断:这里的"一"应是"一个"的合音形式。董秀芳(2003)②发现这里的"一"是因数量结构"一个"脱落量词所致,因而认为"阳平一"应是"一个"的弱化形式。也就是说,原有的数量结构还是存在的,只不过量词隐含在其中。因而还是具有描写性的,其位置还是应该以占据非限定词、非冠词位置为主。吴永焕(2005)③认为,"从'一个'进一步弱化的具体情况看,仅仅是量词'个'的音段成分脱落,超音段成分依然存在,量词的语义成分依附于连读调,得以保留。""由于这里的'一'并没有强调数量的作用,口语里的读音往往比较轻短,有时像个轻声音节"。

对于被领者来说,附于其上的独用"一"也同样具有"阳平一"的特点,因而仍然是弱化了的"一个",仍是依附了量词语义成分的描写性语段,它占据的仍是领有者之后的非限定、非冠词位置为主。如:

(29) 我陪寝室哥们的一朋友喝了一晚上酒。

(30) 清华大学一学生硫酸烧伤黑熊。

(31) 这牛人是我一熟人请的托。

如果独用"一"出现在领有者之前,要么是用于修饰领有者的,例如:

(32) 烟台市某中专两男生抛接床边脱落的铁护栏玩,结果一学生的手筋被划断了。

(33) 一骗子的鬼把戏被我揭穿。

(34) 公布一骗子的电话。

① 刘祥柏:《北京话"一+名"结构分析》,《中国语文》2004年第1期。

② 董秀芳:《北京话名词短语前阳平"一"的语法化倾向》,《语法化与语法研究》,北京:商务印书馆2003年版。

③ 吴永焕:《北京话"一个"弱化的原因》,《语言教学与研究》2005年第2期。

要么，可能被理解为被领者的修饰语。但这种情况下的所谓领有者可能已经带有很强的形容性、描写性了，已不是真正意义上的领属结构了，下面的“艺术家”只是表明了一种身份，是无所指的成分。也许这种结构才是 Lyons(1999)[①]真正意义上的形容性领格结构。

(35) 这个农民有着一双艺术家的手。

一个很好的测试，便是将“一＋[领有者＋被领者]”中所谓的领有者更换为限定性很强的代词或专有名词时，便不能成立。例如：

(36) ＊一看就知道，这是一小王/他的播客。

(37) ＊某中专两男生抛接床边脱落的铁护栏玩，结果一小王/他的手筋被划断了。

(38) ＊我买了一小王/他的摩托车，他的发票和购车手续都丢了，我该办理一个……

(39) ＊一小王/他的鬼把戏被我揭穿。

(40) ＊公布一小王/他的电话。

有些大众人物作为领有者时，似乎可以出现上面例子中的格式，这时的领有者实际上弱化了专有名词的特点，而是表示某种风格特点，表示的是属性义，而非真正意义上的领有者了(犹如“一双艺术家的手”中的“艺术家”)，例如下面两例中的刘德华和琼瑶，主要让人联想到的是刘德华的歌的风格特点和琼瑶小说的风格特点(与张伯江交流)。

(41) A. 昨天晚上，你唱了首什么歌？B. 一刘德华的歌，歌名是《假装》。

① Lyons, Christopher. 1999. Definiteness. University of Cambridge.

(42) A. 最近，你看了本什么小说，这么入迷。B. 一琼瑶的小说，叫《匆匆》。

这两句话中的专名一般不能换成代词，下面换成代词后，仍然是不成立的，如不能说：

(43) A. 昨天晚上，你唱了首什么歌？

B. *我最近迷上了刘德华的歌，我唱了一他的歌，歌名是《假装》。

(44) A. 最近，你看了本什么小说，这么入迷。

B. *我最近迷上了琼瑶的小说，我看了一她的小说，叫《匆匆》。

由此可以推测，限定性领有者前的“一”，一般来说，主要是用于修饰领有者的。有些领属结构，领有者前的“一”，不能理解为修饰领有者，这时的所谓领有者就已经不是真正意义上的领有者了，而是表示形容性的、描写性的成分了。也就是说，如果领有者前面带有被领者的“独用一”，几乎是不太可能的，或者是不合法的，或者是领有者的修饰语而非被领者的修饰语。

有时似乎也会出现两解的情况，下面的第一次变换表明“一”是领有者上的成分，第二次变换表明“一”是被领者上的成分。其实，这第二次变换的所谓领有者已经是偏重于描写性的了。例如：

(45) 一看就知道，这是一老实人的播客。

→ 一看就知道，这是一位老实人的播客。

→ 一看就知道，这是一家老实人的播客。

(46) 我买了一熟人的摩托车，他的发票和购车手续都丢了，我该办理一个什么样的手续，在哪办？

→ 我买了一位熟人的摩托车，他的发票和购车手续都丢了，我该办理一个什么样的手续，在哪办？

→我买了一辆熟人的摩托车，他的发票和购车手续都丢了，我该办理一个什么样的手续，在哪办？

（二）汉语的“独用量词”与英语的不定冠词更是不同，具有贬化作用（见杉村博文 2008），仍具有一定的主观意义。这种弱化的无定标记词不与领属结构中的领有者共现，因而也就不存在它们之间的顺序问题。这种没有有定/无定标记词共现的领属结构，当然就是较为纯粹的限定性领格。

有时也会发现少量用在领有者前面的独用量词，但是出现这类量词的结构一般对领有者都有严格的要求。这时的领有者一般都是被领者的创作者、制造者或是被领者的内容描述，而很少是拥有者。例如：

（47）夜深人静的时候，唱了首刘德华的《假装》。

（48）我刚刚看了本琼瑶的小说，太感人了。

（49）那信里夹了张他的照片，大约是在他就读的那所大学图书馆前照的。

这种被领者的创造者、制造者或者被领者的内容，只是说明了被领者的来源或内容特点，不一定是、且在很多情况下并不是被领者的真正拥有者，从这个意义上说，这时的领有者也是表示某种属性的，具有很强的描写性。

（四）被领者上“一＋量”的位置与主宾语的关系

这种表现，在完整的“一＋量＋领有者＋被领者”结构中的表现也是如此。在我们搜集的所有的“一＋量＋领有者＋被领者”格式中，领有者几乎都是作为被领者的创作制造者或被领者的内容的，且都是处于直接宾语的位置上的。例如：

(50) 1955年的元月，我突然收到一封他的来信。

(51) 章含之同志，你父亲是否要你送过一套他的著作给乔部长！

(52) 他进门的时候，电视上正播放寻他的启事，还配有一张他的标准像。

(53) “老潘”年年来中国，年年捧出一道他的“拿手好菜”。

该格式中，也有个别句子的领有者表示拥有义，但都是有着其他可解释的原因。有的是处在其他特定的格式中，是格式所要求的，例如，双宾句的直接宾语位置。

(54) 在他逝世后，刘昂同志专程来我家中，送给我一件他的最喜爱的日常用品作为永久纪念，那是一对用过数十年用以托放茶杯的小银碟。

(55) 牧羊人递给我一支他的烟。

如果改为非双宾语格式，往往是不自然的，但仍然可以说。

(56) ？牧羊人递了一支他的烟。

(57) ？牧羊人抽了一支他的烟。

这种特殊表现可能与直接宾语结构的特殊要求有关，一般来说，汉语领属结构是不会出现在直接宾语上的(陆俭明 1988①)②，如果真要出现

① 陆俭明:《双宾结构补议》,《烟台大学学报(哲学社会科学版)》1988年第2期。

② 陆俭明认为，领属结构中的O2不能扩展为领属性的偏正结构，认为下面的说法都是站不住的：

A. *送他我的衣服	B. *送王老师小张的像册
*给你王老师的书	*给隔壁奶奶我的带鱼
*还我我的钢笔	*赠学校我们家的油画

在该位置，往往要求用上无定标记词来弱化领属结构的定指性。如果用功能语法的眼光来看，可能就是信息结构的问题，也就是说，汉语的直接宾语强烈要求不定指的内容，因为它处于信息流的最末位置，根据信息增量原则，在无标记情况下，它要求是最新的信息，而领属结构在语用上是定指性的。

但是邢福义、沈威(2008)[①]却发现了大量由领属结构充当直接宾语的例子。

(58) 请给我们你的意见。　　(59) 给你们他的头像。

(60) 给他们我的同情。　　(61) 给她们你的所有。

可我们发现这些例子中的领属结构，要么是抽象名词短语，如(58)(60)(61)，一般来说抽象名词不能带上"一+量"；要么领有者是用于表示内容特点的，不是典型的领有被领有关系，如(59)。

如果说邢沈发现的光杆被领者领属结构还有可解释的理由，但直接宾语由"一+量+领有者+被领者"的例子中，至少(64)(65)两例中的直接宾语，不是陆俭明所说的创作制作义关系，且(64)例的直接宾语，在日常生活中只能理解为拥有关系。例如：

(62) 这位"从未送别人照片"的她，却给了我几张她的照片。(夏之秋《有情人"未"成眷属》)

(63) 拍照后，克里斯托送了我一本他的画集……(邓伟《追求》)

(64) 翩翩少年：白露，送我一瓶你的香水吧。……翩翩少年：(凑近一步)白露，把香水洒在我身上行么？(曹禺、万方《日出》电影剧本)

① 邢福义、沈威：《理论的改善与事实的支撑——关于汉语领属性偏正结构充当远宾语》，《汉语学报》2008年第3期。

(65) 我也会给你一份我的身体检查报告,在这点上我们应该双方心中有数,你也不想后半辈子找个病秧子老伴负担吧?(王朔《我是你爸爸》)

在前人研究的基础上,我们进一步发现这些可以充当直接宾语的例子,如果需要添加"一+量"的话,几乎毫无例外地要求加在整个领属结构的前面,而不能加在领有者和被领者之间,在语料中我们也未发现直接宾语位置上有"领有者+一+量+被领者"结构。如上面例句中的"一+量"改放在领有者和被领者之间时都有问题:

(66) *这位"从未送别人照片"的她,却给了我她的几张照片。(夏之秋《有情人"未"成眷属》)

(67) *拍照后,克里斯托送了我他的一本画集……(邓伟《追求》)

(68) *翩翩少年:白露,送我你的一瓶香水吧。……翩翩少年:(凑近一步)白露,把香水洒在我身上行么?(曹禺、万方《日出》电影剧本)

(69) *我也会给你我的一份身体检查报告,在这点上我们应该双方心中有数,你也不想后半辈子找个病秧子老伴负担吧?(王朔《我是你爸爸》)

从而我们从一个侧面判断出,与领有者和被领者之间的"一+量"相比而言,只有领属结构前面的修饰整个领属结构的"一+量"才是真正的限定词,而领有者和被领者之间的"一+量"限定性较弱,不能起到限定直接宾语的 det 作用(不能真正表明不定冠词的新信息标记作用),因而不能出现在直接宾语位置。

在我们搜集的语料中,也尚未发现一例"一+量+领有者+被领者"格式处于主语位置,几乎全部都是处在宾语的位置,包括介词宾语的位置。这可能与主语位置的定指性要求有关，因为刚刚讲过，领属结构前边修饰整个领属短语的“一＋量”的限定性较强，表达了强烈的不定指性，从而与主语的定指性位置不兼容，发生了指称上的冲突。

上述例子当中的“一＋量＋领有者＋被领者”短语一般不能用在非宾语位置上，我们一般不说（下面各句将“一个”移到领有者前面就变得不合乎语法了）：

(70) a. 他的一本《独步走世界》也已面世。

b. ＊一本他的《独步走世界》也已面世。

(71) a. 主要原因是他的一部小说涉及真主和穆斯林先知穆罕默德的资金结构。

b. ＊主要原因是一部他的小说涉及真主和穆斯林先知穆罕默德的资金结构。

(72) a. 他的一部20万字的反映辽西抗日志士高鹏振的长篇小说将在今年10月出版。

b. ＊一部他的20万字的反映辽西抗日志士高鹏振的长篇小说将在今年10月出版。

(73) a. 他的一部新长篇正在紧张写作之中。

b. ＊一部他的新长篇正在紧张写作之中。

这种句法位置使用上的不对称，进一步反映了汉语中这些极少量的“一＋量＋[领有者＋被领者]”，也有句法位置上的限定，只有在强烈的不定指的宾语位置才有使用它们的可能性，说明这里居首的“一＋量”是宾语位置的“一＋量”，而非领属结构本身的“一＋量”。即便如此，这种用法也是极其有限的。

这样，我们就可以列出“一＋量”在领属结构中出现的位置与主语、一般宾语和直接宾语的关系（实线表示可以兼容，虚线表示相互冲突，不能兼容）：

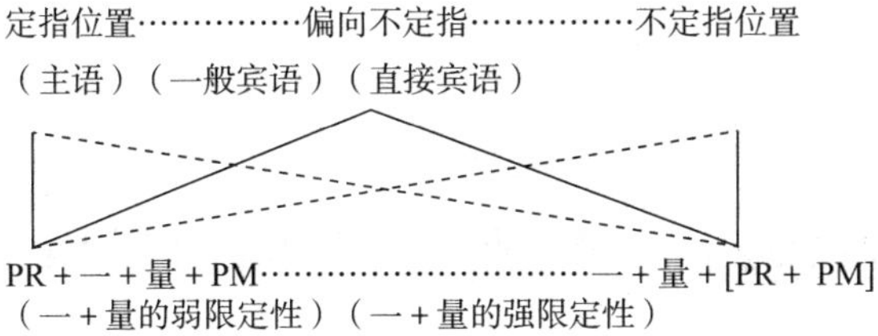

也就是说，直接宾语位置可以是“数量词＋名词”、抽象名词被领者定语领属结构、不典型的定语领属结构和“数量词＋定语领属结构”等，但不能出现“领有者＋数量＋被领者”，因为它们是强限定性的。

总之，现代汉语被领者上的无定标记词实际上还是以描写性的功能为主，因而一般仍然位于领属限定词之后，领属结构的这些表现仍然属于限定性领格语言。只有在那些限定词位于领有者之前的结构才表现出形容性领格语言的特点，但这种用法在汉语中是极为有限的，而且是受到非常严格的条件限制的，甚至这时的名词短语已经不能称为领属结构了，当然也就谈不上是哪类领格语言。现代汉语中，与领有者共现的，特别是非居首的“一＋量”表现出了很强的描写性，甚至可以用于专门表现说话人的主观评价和态度（主要出现在领属结构已经是唯一所指或所指范围很小的情况下，如“他的一张嘴从没饶过人”，这将另文论述），是类形容性领格的限定性领格。

（原刊于《安徽大学学报（哲学社会科学版）》2016 年第 2 期）

现代汉语"这/那"的类同定指用法

引　言

本文主要讨论"我也有这/那本书"、"我也买了这/那本书"等句子中，"这/那本书"的指称性质及其相互关系。

吕叔湘(1985)①认为在名词本身已经有定，无需指别的场合是冠词性的。张伯江、李珍明(2002)②指出非强制性的冠词往往具有意义上的差别③，可以推导出上述结构带与不带"这/那个"应该有意义差别。方梅(2002)④认为定冠词的作用是把一个指称属性不十分确定的名词身份确定化。

我们发现汉语中一些有定标记词"这/那个"，在篇章中表示的并不是确定所指。这种不是确定所指的有定标记词如果不是单指与多指的矛盾

---

① 吕叔湘、江蓝生补《近代汉语指代词》，上海：学林出版社1985年版。

② 张伯江、李珍明：《"是NP"和"是一个NP"》，《世界汉语教学》2002年第3期。

③ 张伯江、李珍明(2002)指出，目前一般语言学著作关于冠词普遍认同的看法是：(1)有的语言里有冠词，有的语言里没有冠词；(2)冠词粘附于名词；(3)冠词是从实词虚化而来的，汉语、英语的定冠词都跟指示词"这/那"有关。他们还通过比较英语、荷兰语和韩语冠词，得出下面结论：

	英语	荷兰语	韩国语
冠词的使用	强制性的	半强制性	非强制性
加不加冠词意义有无区别	/	细微区别	明显区别

④ 方梅：《指示词"这"和"那"在北京话中的语法化》，《中国语文》2002年第4期。

引起的，则一般出现在“有”字领属结构的被领者上和“获得义”动词的受事位置上。这种现象一方面反映了有定标记词本身的一些特殊用法，另一方面也反映了“有”字领属与“获得义”动词之间的密切联系。

一　有定标记词表示不确定所指

研究发现，“有”字领属的被领者带上有定标记词往往不是表示确定所指，而是表示不确定所指，例如：

(1) 甲、我这有一本叫做《吃在常州》的小册子。

乙、我也有那本册子，优惠了3000块钱的。(不确定所指)

(2) 甲、你看，我买的这本画报怎么样?

乙、我也有这本科学画报，内容挺丰富的。(不确定所指)

上面这两个例子中，前一句划线部分“我也有那本册子”属于“有”字领属结构，该领属结构的被领者为“那本小册子”，该被领者表示的并不仅仅是语境中所指的那本具体的书，即，不仅仅是甲所拥有的那一本“《吃在常州》的小册子”，而是指“乙”拥有的“那个内容的小册子”，进而让说话人联想到乙拥有的一本或一些“那个内容的小册子”，因为从最后一句“我也有那本小册子$_i$，Φ_i优惠了3000块钱的”的“零形回指”可以推知，这里应该有这种具体指称的联想。同样，后一句中的“我也有这本科学画报”也属于“有”字领属结构，其中被领者上的“这本”也不完全是语境中所指(定指)的那本具体的画报，即乙所拥有的不是甲买的那一本画报，而是与甲所买的画报内容一致的“那个内容的画报”，从零形回指同样可以知道，这里应该有具体指称的联想。

还有有定标记词的指称有歧义的现象，即，带有定标记词的同一个“有”字领属结构的被领者，既可以表示不是确定所指的对象，也可以表示确定所指的对象，如：

(3) 谁说我什么都没有？我有精神财富，你看，我有这本书。（可以理解为一般定指）

(3') 这是我认为最好的一本书，内容从……我有这本书，是老师发的。（不确定所指）

上面这两个例子中，都出现了相同的谓词领属形式"我有这本书"，但是前者可以理解为确定所指，就是指语境中所指的那本书（但这种理解很少，也不是很自然，实际生活中仍以理解为类同定指为常），而后者并非是指语境中出现的那一本具体的书或言谈中的某个内容的书，而是一本具体的不在听话人意识当中的书，因为这里的具体所指可以从本例最后一句话"我有这本书$_i$，Φ_i 是老师发的"的零形回指推断出来。

比较上面两组例子可以发现，如果谓词"有"前用"也"修饰，被领者上指示词表示的就一定不是确定所指，如(1)(2)，而光杆"有"字领属的被领者（这里所谓的"光杆的'有'字领属的被领者"，是指"有"字领属结构中的"有"不受到状语或补语等成分的限制与修饰。），可能有两种表义的可能：一是确定所指，如(3)，二是不确定所指，如(3')。这种指称的偏向性可以图示如下：

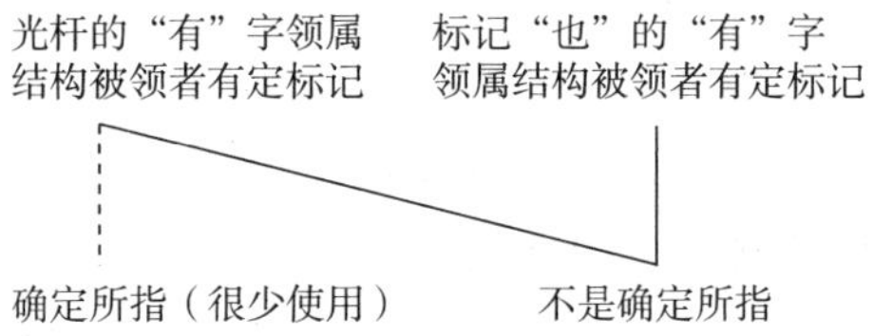

除了上面所举例子，谓词领属被领者带有定标记词表示不确定所指的例子还有很多，如：

(4) A. 甲、我这有一本叫做《吃在常州》的小册子。乙、我也有那本册子，优惠了 3000 块钱的。

B. 针对网上的图片：这套明信片我也有。另外那时候真的没什么零花钱，有一天放学路上看到一本画册……那时候应该是五块多吧。攒了好久才买下来的。

(5) A. 我强烈建议，所有一起研究乐理的兄弟们能统一一下教材。我强烈推荐李重光写的《音乐理论基础》(人民音乐出版社出版)一书，这是我个人认为的最好的一本书，内容从最基本的，音、音符、音列开始讲起，循序渐进，而且还包括了中国五声调试的理论。乙、我有这本书，是以前在合唱团里呆的时候老师发的，开始也学了一点，不过后来团里拆伙了之后就没怎么看过。

B. 针对网上的图片《中国商法·经济法概论》的留言：我有这本书，要的话半价，不过不包邮费的。

C. 针对网上的图片《无线电》的留言：我有这本《无线电》，后来丢了，但我记得，是 1974 年或 1973 年的。

二　类同定指及其出现的句法条件

(一) 类同定指的定义

这里，我们把这种不是确定所指的现象称为类同定指。这主要是因为，这里的指示标记词“这/那”不是仅仅用来指示当前情景听话者可以见到或话语中说过的某个实体，而是表示与这些见到或听到的实体相关的某类实体，甚至是为了让听话者再由这一类实体联想到谓语动词“有”所支配的某个/些具体实体。虽然这里的有定标记不表示确切所指，但是又与确切所指的某个实体相关，是由它联想而来的，因而，我们称它为“类同定指”。这种指示词的所指表达，提供说话者/听话者这样一个联想的过程：

语境定指的实体→与定指实体相关的一类实体(→某个/些实体)

为了更为清晰地说明这一指称现象，我们可以将它图示如下（虚线文本框是指可能会出现的某种联想，相当于上面的“某个/些实体”）：

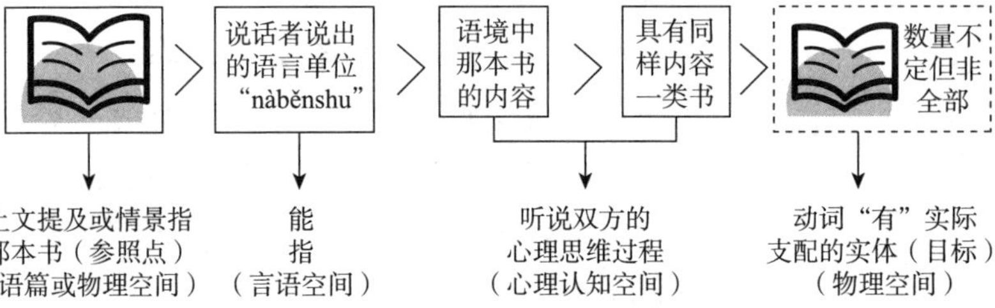

（二）由单指和多指的矛盾引起的类同定指

当谈及某类书的售卖，有时要加上暗含“多本”且指向销售物品的补语，如果说话人又以语境中的“单本书”为参照来说明这些书，就会产生“这本书”与补语含义“多本”在句法层面上的语义冲突，这种情况下，往往被理解为“类同定指”。这里又分为两种情况，一种是多本书的含义未被明确表达出来，例如：

(6) A. 这本书你们卖得怎么样？ B. 这本书我们早卖完了。

句子当中存在的指向受事的补语“（卖）得怎么样/（卖）完”暗示了两个以上（含）的数量，该数量与“这/那本”的单指性产生了冲突，于是推理为类同定指。

还有一种情况是多本书的含义被明确表达出来了，例如：

(7) 这本书我卖了两百本。

同样“两百本”与“这本”共现也推演出类同定指。如果排除这种单指与多指矛盾条件下产生的类同定指，我们还会发现一些导致类同定指的有趣的分布环境，包括文章开头“有”字领属受事上的类同定指。

(三)“买卖”义动词和“有”字领属上的类同定指

不仅“有”字领属被领者上和单指与多指矛盾条件下的有定标记词可以表示类同定指，当“获得义”动词带上“了$_1$”(不是带上表示结束义的“了$_0$”、“过$_0$”①以及相应语义的补语，如“这本书小王买去/走了”中的“去”或“走”等，也不能带上“时体‘的’”)时，其受事上的有定标记也常常可表类同定指。本文将以最典型的[±获得]义动词“买卖”为例来加以论述。例如：

(8) 我买了这本书(针对网上售书图片留言)。(“了”为“了$_1$”，类同定指)

(8’) 我买了这本书(在书店或购书后，晃动着手中已付款盖章的书)。(“了”为“了$_0$”，可以是一般定指)

如“买”义动词受“也”修饰以后，一般只用于表示类同定指了。很难设定一个语境，能使这里的“这/那本”表示定指，即使是上面的第二例(8’)的语境，一般也不能改变类同定指的指称(除非是“一书二卖”的非法贸易)，如例(9)。“卖义”动词受事上有定标记词的这一表现与“有”字领属被领者上的有定标记词是一致的。

(9) 我也买了这本书(“一书二卖”之外的任何情况下)。(类同定指)

对于一般人的买卖而言，“买义”动词用“也”和不用“也”字这两种情况，我们同样可以画出它们受事上“这/那本”表示类同定指或一般定指的

① 张伯江(2005)把“了”分为三个：“了$_0$”“了$_1$”和“了$_2$”，其中“了$_0$”是词汇性的，表示结束义，而“了$_1$”是时体标记，“了$_2$”是语气词。实际上不仅“了”有“了$_0$”的结束义，“过”也存在“结束”义，我们相应地记为“过$_0$”，而表示时体的“过”就相应地记为“过$_1$”。

语义偏向图：

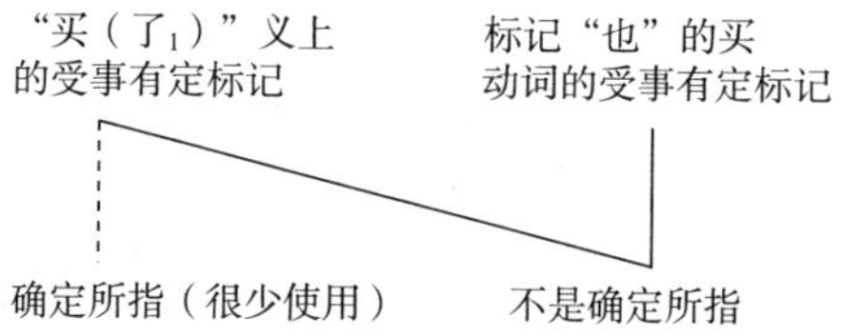

但是，与"买"义动词相反的"卖"义动词的表现，却与之不同。同样条件下，"卖"义动词受事上的有定标记词一般都是表示定指的。例如：

(10) 他卖了那本书/那本书他卖了。

(11) 他卖了这本书/这本书他卖了。

结合"买卖"义动词的受事与"有"字领属结构的有定标记词被领者的不同表现，可以看出"买（了$_1$）"义动词受事上的有定标记词与"有"字领属被领者上的有定标记词的指称表现是一致的，都倾向于表示类同定指；而"卖"义动词上的有定标记词一般表示一般定指。也就是说，"买（了$_1$）"动词和"有"字领属受事位置上的指示词用法，与"卖"义动词宾语位置指示词用法是不对称的，是有偏向性的。为了清晰的显示它们之间的关系，我们可以把"买卖"义动词的偏向性纳入谓词"有"字领属，重新设定一个偏向图，表示如下：

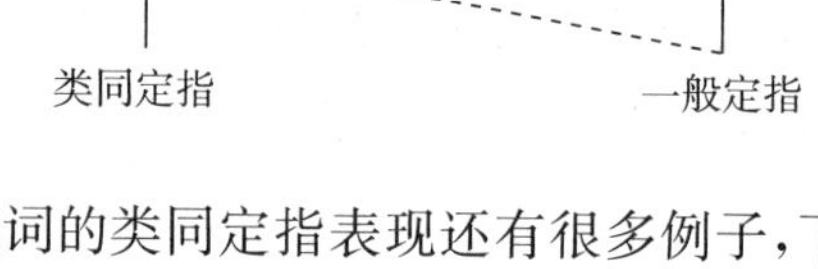

关于"买"义动词的类同定指表现还有很多例子，下面是从网上搜集的一些例子：

(12) 我也买了那本"写真集"，我是在淘宝网上买的，买了才看到吧里很多人说是翻版的。

(13) 他们两个都是现在学生们最推崇的少年作家了,我也买过那本《左手倒影,右手年华》,个人认为还是不错的。

(14) 早想自己给自己解梦了,觉得意思大大的有,曾经也买过那本著名的《梦的解析》,可惜是盗版的,看不下去。

(15) 针对网上售书图片《另一种讲述方式》留言:前几天我买了这本书,印刷的反差调的极其强。黑的没有层次,白的发亮,不愧是另一种讲述方式。

(四)"这/那"类同定指用法的特点与句法测试

上面我们分析的"这/那"的类同定指,实际上是转喻手法的一种特殊表现,是说话人以可见的某个具体事物转喻相同内容的一类事物或认为听话者不了解的具体事物。不论被转喻的是一类事物还是认为听话者不了解的具体事物,这里都是不可见事物。虽然说话人的这些实际所指,在现实情景或话语中都是不可见的,但情景或话语中却有类似的可见/已知的定指事物,因而说话人就利用了这一中间纽带——可见的(或听见的)相似物来指示说话者的实际所指。

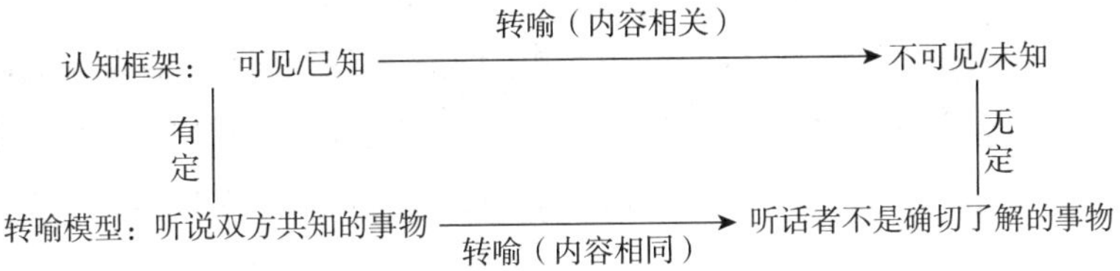

用可见的说明不可见的是一种转喻的过程,而用相似过程指称另一过程是一种隐喻过程,实际上,这里是结合了转喻和隐喻两种手法。也就是说,类同定指通过转喻/隐喻结合了定指和非定指的部分内容,既与定指又与非定指产生了联系。

类同定指与定指相比,1) 不同的是,说话人的实际所指不是语境中定指的某物,而是与之相同的一类事物或该类事物中的某个/些其它具体个体。如例(1)和例(2)中,“那本册子”和“这本科学画报”都不是语境中“甲”所拥有的“小册子”或“画报”,而是需要报道的新事物,因而具有不定指的性质,后文的“优惠了3000块钱的”和“内容挺丰富的”就是针对上句被领者新事物所作的评述,评述句中采用了零形回指。2)相同的是,“有”字领属被领者或买义受事的所指,确实也与语境中的定指事物相联系。例如(1)(2)中的“那本册子”和“这本科学画报”都与上文“甲”所拥有的“小册子”或“画报”相联系,是通过“甲”所拥有的“小册子”或“画报”隐喻/转喻而达到实际所指。

类同定指与无指相比,1)不同的是,类同定指是有所指的,不是仅仅指语境中某定指事物的属性和内涵,而是借助这一中介事物的属性和内涵来指称一类事物,进而联想到某个或某些其它事物;2)相同的是,它也与事物的属性和内涵相关,因为它需要通过属性内涵作为纽带使听话人了解实际所指。

类同定指与类指/通指相比,1)不同的是,类指本身不一定与语境中的定指事物相联系,而类同定指一定与语境中的定指事物相联系;2)相同的是,类同定指的所指至少是需要通过类指及类指的属性这一环节来联系所指。

类同定指与不定指相比,不同的是,不定指事物是说话人认为听话人完全不了解的一个新信息,而类同定指的实际所指,虽然说话人认为听话人不了解,但是说话人知道听话人了解一个与之相同属性内涵的定指事物,而且该事物已经处于言谈的语境之中,在交际中说话人借助于这一定指事物来进行转喻/隐喻,相对来说,语境已经提供给听话人实际所指事物一定的相关信息。

刚才所作的这些比较,让我们知道,类同定指一定同某个或某类事物的属性内涵相联系,这一点与无指现象极为相似,不同的是,这种联系不是到此为止,而是要更进一步,由属性内涵进一步指向一类事物或具体事物。

对于使用指示词表示无指的现象,前人已经做了一些有益的探索,例如，方梅(2002)①就曾经做过研究，并把它与比较句中的"这/那"进行对比分析。她举了下面两个例子进行了分析：

(16) 有的人他是把白薯煮熟了以后，风干，弄成白薯干儿，那个就，我很喜欢吃那个玩意儿，呃，就是，一咬就跟那橡皮筋儿一样。

(17) 熬熬熬，熬到最后熬成一锅黏乎乎的，跟这稀浆糊似的那样的汤，这个拿起来就喝。

她认为，这里的"那橡皮筋儿"和"这稀浆糊"都具有非现实的特征。也就是说，发话人和受话人不用它指称任何事物，但其特点是众所周知的，属于百科知识，说话人只是用它作为参照点来说明"煮熟风干的白薯"和"黏乎乎的汤"的特性，只不过前一个是比拟，后一个是比较而已。而我们发现，我们所讨论的类同定指也是一种比较，只不过是把现实语境中的某个具体的定指事物与所指进行比较，只是因为比较和被比较的对象内容完全相同，以至于在语言表达上使用了同一个言语单位。例如：

(18) 我也有这本书

这句话中的受事"这本书"表达的意思就是一种比较，就像(17)例中"跟这稀浆糊似的那样的汤"一样，其表达的意思是"跟这本书内容一样的书"，只不过这里的本体和拟体语言形式相同(都是"书")，根据语言的经济原则，合而为一了。其过程可能是这样的：

我也有　跟这本书内容一样的(一本/些)书＞
我也有　这样的(一本/些)书＞
我也有　这(本)书

① 方梅：《指示词"这"和"那"在北京话中的语法化》，《中国语文》2002 年第 4 期。

从上面的分析我们可以看到，“指示词＋名词”除了表示定指，有时也可以表示不确定所指。同样的形式具有两种指称用法，我们如何把它们区分开来呢？上面(16)、(17)和(18)中的比拟和比较的事实给我们以启示，我们可以使用句法替换来还原原来完整的比较表达，以区分它与定指的差别。用于类同定指的“指示词＋名词”都可以使用“这/那样＋一＋量词＋名词”进行替换。而定指的“指示词＋名词”不能如此替换。例如：

(19) 他有这/那(本)书＝他有这/那样一本书

(20) 这/那(本)书他有＝这/那样一本书他有

(21) 他也买了这/那(张)画＝他也买了这/那样一张画

(22) 这/那(张)画他也买了＝这/那样一张画他也买了

(23) 他卖了这/那(张)画≠他卖了这/那样一张画

(24) 这/那(张)画他卖了≠＊这/那样一张画他卖了

从这些例句可以看出，凡是表示类同定指的“指示词＋名词”都可以转换为“这/那样＋一＋量词＋名词”，如(19)—(22)中的“这/那(本)书”和“这/那(张)画”可以变换为“这/那样一本书”和“这/那样一张画”。而(23)(24)中的“这/那(张)画”是定指的，因而变换后语义不等，有的根本不能有这种变换，如(24)。

三　“这/那”类同定指出现的语义语用条件

通过前面的研究，我们发现“这/那”的类同定指用法与“买”义动词的受事有着的密切联系，它们是倾向于表示类同定指的，但在一定的语境里仍然可以出现定指的用法。也就是说，“这/那”在买卖义动词受事上表示类同定指是受到一定的语境和句法限制的。研究发现，“这/那”是否为类同定指，除与动词语义有关，还与动词语义之外的语用标记和时体情态等要素有着密切的联系。

研究过程中，我们找到了一些有关“这/那”用法的最小对。下面我们就通过这些“最小对”来看看“这/那”分布所受到的各种制约条件。

(25) 那本书他有/他有那本书

？那辆车他有/他有那辆车(可以说“他有那种车”“那辆车他也有”)

*那套房子他有/他有那套房子(可以说“他有那种房子”)

我们发现，上述这组例子受事位置“那＋量词＋名词”的合法性逐一减弱。比较以后，可以知道，这组句子的其他语言单位都是相同的，所不同的只是“量词＋名词”部分，它们分别是“本＋书”、“辆＋车”和“套＋房子”。这说明这里指称意义的差别不是由“他”、“有”和“那”造成的，而主要是由“量词＋名词”的不同导致的。

这些“量名”到底有什么差别呢？原来它们的差别主要表现在可复制性和可移动性方面。也就是说，“书”的内容是可以复制的，“书”是可以批量生产的，而且往往也是可以移动的；而“车”虽然可以批量生产，可以移动，但其内容的可复制性较弱；“房子”一般不能批量生产，也不易复制得一模一样，更不能移动。这样看来它们的主要差别是在可批量复制以及可移动的程度上(后文统一简称为“可复制性”)。这样，上面这组例子的可复制性差异可以表示如下：

那本书＞那辆车＞那套房子

为什么这种“可复制性”特点正好与类同定指的语义表现这么一致呢？到底有什么理据可以解释？

1)“书”是内容凸显的事物，辨识是否为同一本书往往根据内容，即便外形再像，如果内容不同，肯定不是同一本书；而“房子”是外部凸显的，往往只从结构上就能整体识别；虽然“车子”往往表现为外部凸显，从外型上我们可以判断是什么车,但也需要内部凸显,如发动机等内部要件是判断一辆车好坏的主要标准,因而其凸显度介于“书”与“房子”之间。认知语言学认为,容器比内容更加凸显、易于识别,因而容器的可辨识性较高,容易成为一般定指,内容的可辨识性较弱,不易成为一般定指,反而易于成为不确定所指的类同定指。

2）从另一个角度看,我们也可以解释这一类同定指现象,一般来说,可移动的事物比不可移动的事物更容易转移其领属关系,容易移动的又比不容易移动易于转移领属关系,所以,具有可移动性的可复制性的量名“书”“车子”比“房子”易于发生领属关系的转移,虽然“车子”可以移动,但需要有一定的开车技术才能移动,不像“书”人人都有能力移动它,所以书又比“车子”易于转移。又由于这些事物内容的可复制性,容易用来进行比拟,使人联想到同类事物,因而常用于表达类同定指。

“有”字领属仍然还保留着“有”存在句的一些特点,容易使人联想到新引进的信息,与“指示词＋量词＋名词”搭配时,若能导致类同定指(带有新信息特点)的理解,可用于“有”字领属的被领位置,反之则不然,不易用于该被领位置。有时出现“那辆车他有”之类的句子时,我们在语感上很容易想到的是内容特性上的相同,而不仅是外表上相似,例如同一个牌子和型号的车等,这时,实际上已经把“车”当作可复制性的名词来看待了。

(26) 那本书他买了/他买了那本书。
那本书他卖了/他卖了那本书。
那本书他也买了/他也买了那本书。
那本书他也卖了/他也卖了那本书。

本组例子当中,使用的都是“可复制性”量名,即使“了”都理解为包含了“$了_1$”,前两句中“那本书”的指称仍然表现出了一般定指与类同定指的偏向性差异。比较这两句,可以看出两句的唯一不同在于谓语动词“买”和“卖”的差异,很明显,是动词的语义特征造成了受事指称的差异(在前两个例句的相同条件下,"买"义动词倾向于表示类同定指,而"卖"义动词表示一般定指)。

虽然前一句在无标记的常规情况下"那"只能理解为类同定指,但当"了"理解为"结束义"(即"$了_0$")时,也就是,原句可以变换为"那本书他买走了"的时候,这时"那"一般就理解为定指了。这时动词语义以外的标记"$了_0$"开始起作用。这里要表达的意思是,"那本书"现在已经被人(小王)占有了,现在已经不在买主手上了,实际上表达的是,对于听说双方主观上的失去,于是就跟第二句一样理解为定指了;如果"了"不理解为"结束义",即"买了"不理解为"买走了","那本书"仍理解为类同定指。

这就是上节所提到的"那本书"的指称歧义现象:一个是无标记的("了"理解为实现体"$了_1$"),这时被领者"那本书"表示类同定指;一个是有标记的("了"需理解为结束义"$了_0$",根据张伯江(2005)①,这时的"了"是词汇性的),被领者"那本书"表示一般定指。但是如果在动词上加上一个表示预设的"也"构成"那本书我也买了",情况又会发生变化,这时一般就不会产生指称歧义了,而是只能把"那本书"理解为类同定指。即使原本只能表示定指的"那本书他卖了"变成"那本书他也卖了"之后,一般也都表示类同定指了,如例(26)中的后面两句。

(27) 那套房子他买了。
那套房子他卖了。
*那套房子他也买了。
*那套房子他也卖了。

因为该例中的量词都是非复制性量名"套房子"。对于非复制性量名,情况与上面就完全不同了。这时,不论动词的语义是"买"义,还是

① 张伯江:《功能语法与汉语研究》,《语言学前沿与汉语研究》(刘丹青主编),上海:上海教育出版社 2005 年版。

“卖”义，都不能使“这/那”成为类同定指，而是只能表示一般定指。这时如果在谓语动词前加上“也”，句子就变得不合语法了。因为房子一般只能是容器凸显，而非内容凸显，不能批量生产、移动和不易完全复制，不易形成完全相同的两套房子，不易产生联想比拟，也就不易产生类同定指。因而在严格的类同定指条件下（用“也”），就变得不合语法了，如例(27)的后面两句。

(28) 那本书他买了。
那本书他买的。
那本书他卖了。
那本书他卖的。
他也买的这本书。
他也卖的这本书。

在这一组例子中，我们发现，即使动词的语义是“买”义，受事是可复制性量名，只要用上时体“的”（后文没有特殊注明的，都不包括定语领属标记“的”和语气词“的”①），那么受事如果带有定标记词，那就只能表示为一般定指，而不能表示类同定指了，如(28)第二例。这一点正好与买卖义动词上用“也”修饰相反，前面说过，用“也”修饰谓语动词时，买卖义动

① 这种非时体“的”“了”，如果可以与“了 1、过”共现，共现的语气词“的”“了”一般不改变原有“了 1、过”对“这/那”定指度的限制。

这本书我买过的	这本书我卖过的	过>的$_{语气词}$
这本书我买过了$_2$	这本书我卖过了$_2$	过>了$_2$
我买了$_1$这本书的	我卖了$_1$这本书的	了 1>的$_{语气词}$

从语料表现看，“这/那”的定指度表现，似乎跟“了、过、的”与动词的距离有关，最靠近动词的那个“了$_1$、过”才有定指度的限制作用，而语气词“的”“了$_2$”一般只能位于排列的最外层，而“过”往往排列在最内层。所以它们的对定指度的限制作用是：过>的，过>了$_2$，了$_1$>的。由此可以看出，“了$_2$”和“的语气词”本身都不决定受事的定指度，这一公式与实际例子中的表现基本上是一致的。

词或“有”字领属的带有定标记词的受事只能表示类同定指，而不能表示一般定指，但用时体“的”却不改变原有“也”句受事上“这/那”的指称性。

也就是说，在不用“也”的前提下，这里不论“买”还是“卖”（也就是不论是“买”义动词还是“卖”义动词），只要用上表时体的“的”，受事“那本书”一般都是表示定指的，如(28)的第二、第四例；但用“了$_1$”于“买”义动词之上（如“买了”）时，受事“那本书”却倾向于表示类同定指，如(28)的第一例；用于“卖”义动词时，仍表示一般定指，如(28)第三例。如果“也”与时体“的”在买卖义动词句中共现时，“的”要服从于“也”条件，即不论买义还是卖义动词，受事上的“指示词＋量词＋名词”仍都表示类同定指，如(28)的最后两例，即“也＞的”。

(29) 那套房子他买了。
那套房子他买的。
那套房子他卖了。
那套房子他卖的。

本组使用的都是不可复制量名“套房子”。这种情况下，不论是“买”义动词还是“卖”义动词、也不论是否用“的”，受事“那套房子”只能表示定指，而不能表示类同定指。一般来说，该组的所有例子都不能用“也”修饰谓语动词：

(29') ？那套房子他也买了。
？那套房子他也买的。
？那套房子他也卖了。
？那套房子他也卖的。

此外，用“的”的句子“那套房子他买/卖的”变换为“他买/卖的那套房子”后，可以有两种理解，一种是名词短语，一种是主谓结构；而“那套房子他买/卖了”变换为“他买了那套房子”只能作主谓结构理解。

(30) *那套房子他买过了/*那套房子他卖过了(时体“$过_1$”,类同定指)
那套房子他买过了/那套房子他卖过了(结束义“$过_0$”,一般定指)
那本书他买过了/那本书他卖过了(时体“$过_1$”,类同定指)
那本书他买过了/那本书他卖过了(结束义“$过_0$”,为一般定指)

本组使用了两个不同的“过”字,其中只有时体“过”(后文记为“$过_1$”)能使上述各种条件下的“这/那+名词”变成类同定指,而用上结束义“过”(后文记为“$过_0$”)往往表示一般定指。

综上所述,本小节我们通过一些最小对的比较,归纳出了“这/那”表示类同定指指称义的一些主要条件:

1) 对买卖义动词的要求;

2) 对可复制性量名的要求;

3) 对是否有“也”、“的”、“了”和“过”的要求。

四 类同定指的参照点、转喻/隐喻和心理空间解释

本文的重点是“有”字领属和获得义动词受事上的“这/那+名词”的指称属性。研究中,我们提出了一个新的指称概念,那就是“类同定指”。什么是“类同定指”,前面已有论述。我们这里主要从参照点和心理空间的角度进一步解释类同定指现象,同时比较它与一般参照点结构之间的联系与差异。

(一) 什么是参照点分析

参照点现象在生活中非常普遍,如坐车时,路边闪过树木房屋等是

以"车"为参照点;我们肉眼所看到的都是月球和太阳绕着地球转,这是因为我们的视野如此狭小,只能以地球自身为参照点,这都属于动态参照点。

还有一种参照点叫静态参照点,例如,我们在地图上寻找科威特,首先要找到中东,然后才能确定它在中东的位置。再如,当我们背课文时,每一个字都会唤起我们对下一个字的注意,每一个句子又会唤起我们对下一个句子的注意,每一个段落会唤起我们对下一段的注意,但我们并没有把这些字、句、段想成是参照点。语言分析中所说的参照点主要是指这种静态参照点。

Langacker(1993)[1]认为"我们有能力触发一个实体概念作为参照点以建立与另一个实体的心理联系",并指出"这种参照点能力的其它表现包括话题和类话题结构、代词—先行语关系、转喻以及直接处于关系中并编码关系参与者的这些实体间的差别。"并特别分析了领属中参照点的运用,认为同样是为了与另一个实体建立心理上的联系而能触发某个实体概念。例如下面这句话:

(31) 其实昨天上街时我很想买那件红色的衬衫,就是百货商场看到的那件。

(31') 其实昨天上街时我很想买百货商场(看到的)的那件红色的衬衫。

例(31)后面后一分句中的"百货商场看到的"就是前一分句"那件红色衬衫"的参照点,听话人根据"百货商场"这一参照点实体与另一实体"那件红色衬衫"建立了心理上的联系。如果这两个实体组合在一起就是"百货商场的那件红色衬衫",从而构成了领属结构。

---

① Langacker, Ronald W. Reference-point constructions. *Cognitive Linguistics* 4.1, 1-38.

Langacker(1993)把这种参照点的本质方面概括在图1中,标签C的环形代表概念化者(conceptualizer),R代表参照点(reference),T代表目标(target),也就是说概念化者运用参照点建立心理联系的实体。箭头代表概念化者到达目标的心理路径。最后,标注了D的椭圆代表抽象实体,我们把它看成一个范围(domain),它被定义为参照点能够直接通达的概念领域(或一系列实体)(也就是一类潜在的目标)。我们就以"百货商场的那件红色衬衫"来阐释参照点在语言中的运用,其中左图为Langacker(1993),右图为我们的实例图:

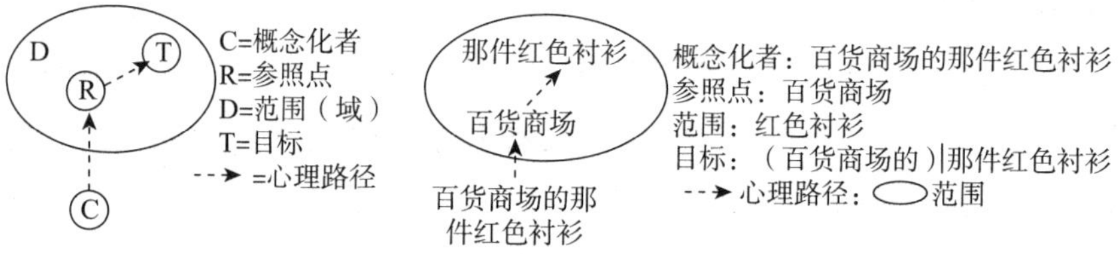

图1

(二)类同定指参照点结构与定语领属等其它参照点结构之间的关系

Langacker(1993)[①]把领属关系等很多语言结构都看成一种参照点结构,认为参照点的作用就是为了与另一个实体建立心理上的联系而触发某个实体概念。参照点的这一作用与类同定指的作用非常相近,因而我们完全可以利用参照点分析的方法来解释类同定指。因为类同定指也是为了使听话者在心理上与目标建立起联系来,与定语领属结构参照点不同的是,其参照点与目标不仅要求相关,而且还要求内容上的几乎完全一致。如果用图示的话,形式上也与图1相同,所不同的是要标注上"R与T的内容是完全一致的"。

① Langacker, Ronald W. Reference-point constructions. *Cognitive Linguistics* 4.1, 1-38.

从语言表达上看，定语领属参照点与目标在言语形式上是分离的，即用两个言语形式来分别表示领有者和被领者，如图1所示的参照点与目标，再如“他的书”，参照点为“他”，目标为“（他的）书”。

而类同定指的参照点（语境中的这本书）和目标（另一本/一些书）因其内容几乎完全相同，因而它们的名称（言语形式）往往也是一样的，也就是说，它们的言语形式上往往是一致的（都是“书”），这就容易使它们合二为一了。这一合并的过程正如前文所图示的，现复制如下：

我也有　跟这本书内容一样的（一本/些）书 ＞
我也有　这样的（一本/些）书 ＞
我也有　这（本）书

现代汉语中，人们往往借用“这/那＋量名”这种一般情况下表示定指的形式来表示类同定指，当然还需要一定的条件才能产生类同定指这一指称意义（这里的条件也就是上文分析的“有”字领属的被领者位置、一定条件下的“买”义动词的受事位置、“也”或时体“过”条件下的买卖义动词受事位置等）。

（三）类同定指结构的转喻/隐喻分析

从认知语言学的角度来说，一般参照点结构都是采用了转喻/隐喻的方法，既然我们认定类同定指是参照点结构的一种，那么我们完全可以利用转喻和隐喻的认知理论来解释类同定指的内在机制，前面在阐述“类同定指”的特点时已经有所涉及，这里再从“参照点—目标”的视角对类同定指的转喻和隐喻问题进行详细论述。

1. 转喻解释

我们先来看转喻的问题。沈家煊（1999）①指出，“转喻不是什么特殊

① 沈家煊：《转指和转喻》，《当代语言学》1999年第1期。

的修辞手段，而是一般的语言现象；转喻也不仅仅是语言现象，而是人们一般的思维和行为方式。我们的思和行所依赖的概念系统从根本上说具有转喻的性质”。沈家煊(1999)还指出，转喻必须发生在同一个认知框架内。指出“‘认知框架’是人根据经验建立的概念与概念之间的相对固定的关联模式，对人来说，各种认知框架是‘自然的’经验类型。说其‘自然’，那是因为它们是人认识自身的产物，是人与外界交互作用的产物，一句话，是人类自然属性的产物。”认为“用 A 转喻 B，A 和 B 除了必须在同一认知框架内，A 还必须比 B 显著，能附带激活 B。用显著的东西来转喻不显著的东西是一般规律。显著是知觉心理学的一个基本概念，显著的事物是容易吸引人注意的事物，是容易识别、处理和记忆的事物。转喻的显著度效应在日常生活中十分常见。”

对于类同定指来说，说话人实际所指和用以触发这一所指的参照点，处在同一个认知框架“参照点—目标”内，而“参照点—目标”认知框架是人们根据经验建立起来的很自然的经验类型。在类同定指的“参照点—目标”认知框架中，起作用的两个相关的认知范畴分别是参照点范畴“语境共知事物(A)”和目标范畴“实际所指的事物(B)”。例如在“(我有)这本书”中表现为：

语例表现 认知框架	(我有)这本书 【=跟这本书内容一样的(一本/些)书】	显著度	转喻过程
语境共知事物(A)	这本书(可见的/已提及的共知的)	高	A ↓ B
实际所指的事物(B)	一本/些书(跟这本书(A)内容一样的)	低	

很明显在类同定指中，“语境共知事物(A)”：这本书(可见的/已提及的共知的)，比“实际所指的事物(B)”：一本/些书(跟这本书(A)内容一样的)，显著度要高。类同定指就是在“参照点—目标”认知框架内，以显著度高的可见/已知的“语境共知物(A)”来转喻“实际所指事物(B)”。就像我们说“壶开了”，实际表达的是“壶里的水开了”，当我们说“我有那本书”，同样不是说“我拥有语境中的那本书”，而是表达“我拥有非语境中的

内容相同的书”。与一般参照点结构不同的是，A(语境中的书)与B(我所拥有的某本/某些书)内容上是完全相同的，言语形式上可以以A转喻B，使人感觉到合二为一了。

2. 隐喻解释

沈家煊(1998)[①]认为“隐喻就是用一个具体概念来理解一个抽象概念的认知方式，现在常说成是从一个认知域到另一个认知域的投射(mapping)”。沈家煊(2006)[②]更加细化了这一解释：“如果把一个概念看作一个‘认知域’，那么隐喻就是认知域与认知域之间的‘映射’(mapping)。这种映射是认知域内部成员‘关系’的映射，即：A∶B∶∶X∶Y，那么A和X常用同一名称称之。例如，‘脚注’这一隐喻，A是身体的最底部‘脚’，B是身体，X是页面的最底部，Y是页面，A与B的关系类似于X与Y的关系。”

一般参照点结构同样也是两个认知域之间的映射，一个是说话人的认知域，另一个是听话人的认知域。例如，“他的书包”，在说话人认知域内A是指示物“他”，B是指示物“(他的)书包”，A与B的关系就是“参照点—目标”关系：他∶言者已知书包。

在听话人的认知域内，X是与听话人共享的指示物，所以X也是“他”，Y在听话人的认知域内是未知的，但X与Y的关系也是“参照点—目标”关系：他∶听者未知书包。

因而由“说域”隐喻到“听域”，听话人由此了解了Y也是“他的书包”：

说域(参照点—目标)		听域(参照点—目标)
他∶言者已知书包	∶∶	他∶听者未知书包

① 沈家煊：《实词虚化的机制——〈演化而来的语法〉评介》，《当代语言学》1998年第3期。

② 沈家煊：《“隐喻语法”和“语法隐喻”》，《语言研究与探索》2006年第13期，北京：商务印书馆。

下面我们再来看看类同定指的隐喻情况，同时比较一下类同定指与一般领属参照点结构的差异。例如，"（他也买了$_1$）那本书"，在说话人认知域内，A 是语境或上文中提到的那本书，B 是说话人认为听话人不可辨但说话人自己可辨的一本/些书，A 与 B 的关系是"参照点—目标"关系：共知的那本书：言者知的另本/些书。

在听话人的认知域内 X 是与听话人共享的指示物，也就是现场或上文中提到的那本书（即"语境共知的事物"），Y 在听话人的认知域内是未知的，但 X 与 Y 的关系也是"参照点—目标"关系：共知的那本书：听者未知的另本/些书。

因而由"说域"隐喻到"听域"，听话人由此了解了 Y 是语境未提及的、但又是以语境已知事物 X 为参照点且说话人可辨的那本书：

说域（参照点—目标）　　　　听域（参照点—目标）

共知的那本书：言者知的另本/些书　：：　共知的那本书：听者未知的另本/些书

类同定指参照点和其它类型的参照点的差异属于隐喻来源域或隐喻目标域内部关系的不同，即说域或听域内部"参照点—目标"之间联系方式的不同而已，而说域与听域之间的隐喻原理是一致的。类同定指如"（他买了$_1$）那本书"中"共知的那本书"与"买"所支配的"一本/些书"，只是强调"参照物—目标"之间相似性不仅是相关性，即参照物与目标在内容上是相同的。而其他参照点结构如"他的书包"中的"他"与"书包"只是强调"参照物—目标"之间相关性不是相似性。

总而言之，类同定指运用了隐喻和转喻两种认知手段，来达到告知听话人一个新信息的目的。其中底层是转喻过程，是在"参照点—目标"认知框架之内进行的，而"参照点—目标"认知框架形成了两个更大认知域，分别是说话者的"参照点—目标"认知域（简称为"说域"）和听话者的"参照点—目标"认知域（简称为"听域"），两个域之间的相似点都是"参照点—目标”关系，这是它们之间的相似点，而说话者对这种参照点的认知度较高，已经知道了认知域内的两个范畴及其关系，因而“说域”的显著度较高，而说话人认为听话者知道参照点（语境共知的事物），但认为听话人对实际所指的事物并不了解，因而说话人认为“听域”的显著度低，于是就以显著高的“说域”来隐喻显著度低的“听域”。

3. 从心理空间的角度来进一步看类同定指与其它指称之间的关系

实际上，我们这里的隐喻牵涉到一系列心理空间的建构问题。Fauconnier（1994）[①]指出，心理空间是我们思维和说话时构建的部分信息的集合，其构建是为了话语局部的理解。心理空间包括认知成分，并由框架和认知模式为其提供一定的结构。心理空间与长时记忆中的抽象知识相联系，随着思维和话语的展开而构建和改变，各种不同的认知映射，连成两个或两个以上的心理空间并形成心理空间网络。Fauconnier（1994）还指出，心理空间是描写人的幕后认知的工具。还可以用来描写日常说话和思维中发生在语言形式幕后的各种语义、语用和文化等信息相互作用和整合的过程。当我们进行任何形式的思维时，特别是以语言为媒介进行思维时，我们会构建和连接不同的认知域。心理空间之间的连接，表示着从一个空间到另一个空间相对应的成分和映现结构。

从上面的转喻/隐喻分析可以看出，类同定指至少包括这样两对概念空间：

1）说话人的概念空间　　听话人的概念空间

2）参照点概念空间　　目标概念空间

在说话人的概念空间里存在两个言者已知的所指（参照点 A→目标 B）。而在听话人的概念空间里只存在一个与说话人的已知概念相同的所指，而说话人认为在说话时刻对听话人来说目标是未激活的（X（＝A）→目标？Y）。也就是说，听说双方概念空间的信息是不对称的。说话人

① Fauconnier, G. *mental space: Aspects of meaning construction in natural language*. Cambridge university press.

正是利用说域的“参照点—目标”框架来隐喻听域，从而建立一个新的听域“参照点—目标”框架，以达到指称说话人已知但听话人未知的目标所指，这一所指也是话语真正的实际所指。这里实际上是以说话人的心理空间为基础，以共享的已知概念为媒介，以“参照点—目标”认知框架为演绎手段，在听话人的心理空间中建立起新的概念，这种概念空间的隐喻过程我们同样可以用“（他也买了）那本书”来例示：

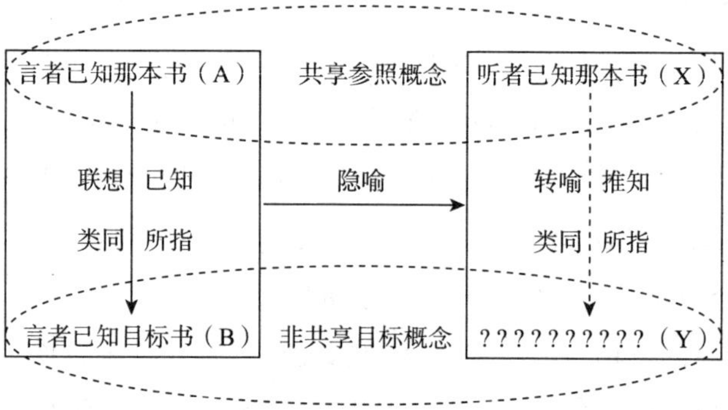

图 2

图 2 中，实线方框表示说话人概念空间（左）和听话人概念空间（右），左右方框各包含了“参照点→目标”认知框架，其中的参照点与目标之间具有类同性。它们分别是“言者已知的那本书→言者已知的目标书”和“听者已知的那本书→未被听者激活的目标书”。

虚线椭圆表示参照点概念空间（上）和目标概念空间（下）。参照点概念空间中的信息“作为参照点的书”是共享的，因而享有的信息是对称的；目标概念空间中的信息“作为目标的书”不是共享的，交际的目的正是通过隐喻方式的传递，使不对称的信息趋于对称。

与定指/非定指相比，类同定指是把定指信息与非定指信息融合在一起的结果，是以“参照点—目标”认知框架为媒介，把定指性的参照点概念与非定指性的目标概念融合在一起了。实际上，定指性的“这本书”我们完全可以用类同定指的共享概念空间（图 2 上部的虚线椭圆）来表示，而非定指性的"一本/些书"也可以用类同定指的非共享概念空间(图 2 下部的虚线椭圆)来表示。

为能更直观的理解,我们可把图 2 中"类同定指融合定指与非定指的过程"简化为下图:

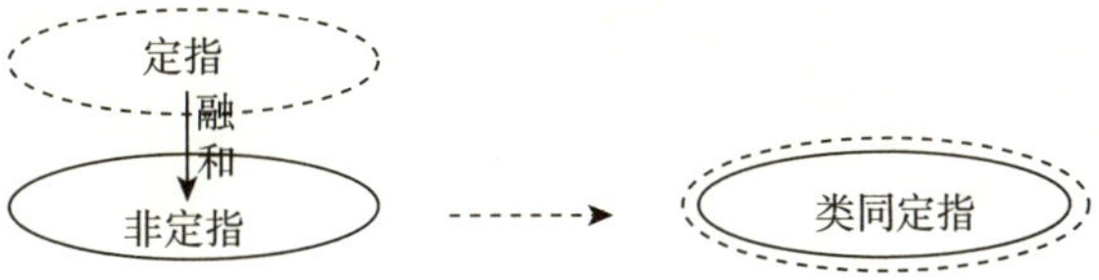

(我也有)跟这本书内容一样的(一本些)书→(我也有)这(本)书

图 3

图 3 中,虚线圈代表定指,定指是指共享的参照点"听说双方共知的那本书"(图 2 上部虚圈的简化);实线圈代表非定指,非定指是指"非共享的作为目标的书"(图 2 下部虚圈的简化)。左图是参照点的显性表现形式,也就是"(我也有)跟这本书内容一样的(一本/些)书";右图是通过联想、转喻等方式融合而成的类同定指,也就是"(我也有)这(本)书"。

五　余　论

有定标记词的所指不确定的现象,前人很少做过研究,应该说是指称研究的一项新课题,本文的研究只是该项研究的一个开始,还有很多问题需要进一步深入探讨。

在探讨了类同定指出现的句法、语义和语用条件后,限于本文的篇幅,我们将在另文对上述各种条件之间的关系进行梳理,下面我们将梳理的结果展示出来。下面是我们另文整理出类同定指出现的条件("∨"表示析取,"∧"表示合取):

1)【有字领属】

2)【也∨时体"过"∨(也∧时体"过")】

3）【买义动词∧复制性量名∧实现体“了”∧无结束义“过”∧无时体“过”∧无“也”】

4）单指与多指的指称矛盾引起的类同定指

（原刊于《四川大学学报（社会科学版）》2014年第4期）

主观非数量评价性的“NP1 的一量 NP2”*

引 言

本文试图回答“他的嘴”和“他的一张嘴”这两种说法有没有区别和有什么区别的问题。

“一”本来就是个数目字，“一个”组合常引申出各种语法作用，包括类似冠词的作用（吕叔湘 1944）①，“一”原本的数目意义还或多或少的保留在里面。有些情况下“一个”的后起语法意义并不那么显豁，而表达数目意义比较突出（陶红印、张伯江，2000）②，也就是这里所说的数量用法。汉语“NP1 的一量 NP2”的被领者 NP2 带上“一量”也常具有这种用法。如“他的一只眼睛瞎了/我只看过你的一场比赛”。

---

* 本文得到教育部人文社会科学研究项目（编号：09XJC74O002）资助，贵州省教育厅高校人文社会科学研究项目（编号：08QN002）资助，以及贵州大学引进人才科研基金资助。本文是作者博士论文的一部分经修改而成，得到了导师张国宪和张伯江两位先生的悉心指导，学兄完权和张定在论文的写作过程中给予了很大的帮助，匿名专家也提出了宝贵意见，在此表示衷心感谢。

① 吕叔湘：《个字的应用范围》，附论《单位词前一字的脱落》，吕叔湘著《汉语语法论文集（增订本）》，北京：商务印书馆 1984 年版。

② 陶红印、张伯江：《无定式把字句在近、现代汉语中的地位问题及其理论意义》，《中国语文》2000 年第 5 期。

关于不定指用法，陈平（1991a）①认为，当说话人预料听话人无法将他说出的名词的所指对象与语境中其他同类成分区分开来，该名词成分就是不定指的（non-identifiable）。陈平（1991b）②指出，主题或者评述部分中以新信息身份出现的所指对象最容易成为下句主题，因而启后性最为强烈。张伯江、方梅（1996）③也认为，无定成分有很强的启后性，很少有承前性，一般来讲这样的句子后面总是随有后续小句的，不大可能光秃秃地作结。汉语“NP1 的 NP2”的被领者 NP2 在很多场合都可以带上“一量”而构成“NP1 的一个 NP2”，而相当多的这种“一量”同样具有引进新的个体化信息的不定指作用④。

一　被领者带“一量”的非数量、非不定指用法

无定标记词“一量”表数量（包括主观数量和客观数量）和不定指是常见用法，前人做过不少研究，本文就不多讨论了。但我们发现，汉语被领

① 陈平：《释汉语中与名词性相关的四组概念》，陈平主编：《现代语言学研究》，重庆：重庆出版社 1991 年版。

② 陈平：《汉语零形回指的话语分析》，陈平主编《现代语言学研究》，重庆：重庆出版社 1991 年版。

③ 张伯江、方梅：《汉语功能语法研究》，南昌：江西教育出版社 1996 年版。

④ 也有一些启后性较弱的情况，但它们主要是出现在偶现新信息当中。Chafe（1994）应用了“偶现（incidental 或 trivial）”新成分的概念，认为“偶现成分既不是已知的（given），也不是可及的（accessible），因为它在唯一的、第一次提及之后，不能在话语中重现”。之后，陶红印、张伯江（2000）在分析无定把字句时，把“偶现新信息”的概念应用到了汉语分析当中。认为“把一个”后面的成分常常是一个新的话语成分，但这个成分并不属于话语事件的主要参与者，不具有话语连续性（topic continuity），这样的成分在有关文献中称为“偶现（incidental 或 trivial）”新成分。如：牛大姐给陈主编汇报事情始末时，陈主编一直在上上下下找他的一支圆珠笔。牛大姐几次停下来，他又说：“往下说。”

划线部分的被领者“一支圆珠笔”是话语中出现的“偶现新信息”，它们既不回指上文，也没有启后性，即也不被后面的成分回指，出现之后便在行文之中消失了。这种不具启后性的“PR＋的＋一量＋名”格式往往只是叙述的一个环节，而不是叙述的主线，所以，出现一次之后就立即消失了。

者上的无定标记词，有时既不是数量用法，也不是不定指用法，这种用法较为特殊。例如：

(1) 他的一张嘴从来就没饶过人，你想他原谅你，哼！我觉得不大可能。

(2) 他那么简单，那么直爽，仿佛永远把他的鲜红可爱的一颗心挂在胸前。

(3) 他的一双眼睛诡秘地闪动着，松弛的皮肉在嘴角皱出两个大弧。

(4) 他的一对老鹰眼转了两三次，就看到树下一片未干的血迹，低着头，咬着牙……

(一) 是不是表客观数量、不定指意义？

据调查(调查张伯江老师等北京人的语感)，北京话中表客观数量的“一量＋名”与表不定指的“一量＋名”在它们可以出现的位置上一般都可以吞并量词而构成“一＋名”格式，包括被领者上表数量和不定指的“一量＋名”，例如：

(5) a. 他刚刚给了我一个苹果、两个枣、三个核桃。

b. 他刚刚给了我一苹果、俩枣、仨核桃。

(6) a. 他的一个老朋友劝他说，移动通信的底子不如固定电话业务厚，而且前景未知。

b. 他一老朋友劝他说，移动通信的底子不如固定电话业务厚，而且前景未知。

利用这一特点，我们来检测被领者上“一量”是不是表客观数量或不定指：看其中的数词能否吞并“量词”构成“一＋名”而不改变原义，如果可以，就是表客观数量或不定指，反之则不然。通过检测我们发现(1)—(4)被领者上“一量+名”都不表客观数量和不定指，它们都通不过量词吞并的检验（也就是说，被领者上“一量”都不能用数词“一”吞并量词而弱化成阳平的“一”[①])：

(1’) ＊他的一嘴从来就没饶过人，你想他原谅你，哼！我觉得不大可能。

(2’) ＊他那么简单，那么直爽，仿佛永远把他的鲜红可爱的一心挂在胸前。

(3’) ＊他的一眼睛诡秘地闪动着，松弛的皮肉在嘴角皱出两个大弧。

(4’) ＊他的一老鹰眼转了两三次，就看到树下一片未干的血迹，低着头，咬着牙……

（二）是不是表主观数量？

(1)—(4)中被领者上“一量+名”既然不表客观数量和不定指，它们似乎只能是主观数量用法（主观数量见李宇明(1997[②]，1999[③]，2000[④])[⑤]）。研

① 关于“量词”的这种弱化，具体参见董秀芳(2003)、刘祥柏(2004)、周韧(2005)和吴永焕(2005)。

② 李宇明：《主观量的成因》，《汉语学习》1997年第5期。

③ 李宇明：《数量词语与主观量》，《华中师范大学学报（人文社会科学版）》1999年第6期。

④ 李宇明：《汉语量范畴研究》，武汉：华中师范大学出版社2000年版。

⑤ 李宇明认为：“在人们的认知世界中，事物、事件、性状等无不含有‘量’的因素。例如，事物含有几何量和数量等因素，事件含有动作量和时间量等因素，性状含有量级等因素。这些量的因素集合起来便构成了‘量’这种反映客观世界的逻辑范畴，客观世界的‘量’的这种逻辑范畴投射到语言中，就形成了语言世界的量范畴。语言世界以客观世界为基础，但并不是对客观世界的简单摹写。客观量和主观量的分别便是语言世界与客观世界的诸多差异之一。语言中的量，有些含有说话人的主观评价因素，有些不含主观评价因素。前者称为‘主观量’，后者称为‘客观量’”。这里的主观量还只是主观的量级，我们称之为主观数量，例如：他只/竟然吃了两个苹果。其中的量是主观数量。

究发现，凡表主观数量的“一量＋名”一般都能重读(下面的“ˈ”表示粗体部分可以重读)。例如：

(7) 正如米卢与他谈话时所说：“我只看过你ˈ一场比赛，怎么放心把你放在……”

(8) 看看赵薇……古巨基的ˈ一脸苦相，苏有朋的假作疯癫，简直让人气不打一处来。

下面就以此来检测汉语被领者上“一量”是否表主观数量：能重读的可表主观数量，不能重读的不表主观数量。检测后我们发现(1)—(4)都不能重读，说明都不表主观数量：

(1”) ＊他的ˈ一张嘴从来就没饶过人，你想他原谅你，哼！我觉得不大可能。

(2”) ＊他那么简单，那么直爽，仿佛永远把他的鲜红可爱的ˈ一颗心挂在胸前。

(3”) ＊他的ˈ一双眼睛诡秘地闪动着，松弛的皮肉在嘴角皱出两个大弧。

(4”) ＊他的ˈ一对老鹰眼转了两三次，就看到树下一片未干的血迹，低着头，咬着牙……

上述两次检测表明，(1)—(4)中被领者上“一量”既不表数量(客观数量和主观数量)，也不表不定指。根据功能语法观点，不同形式往往有不同的功能，这里的“一量”应具有其他功能，于是我们通过比对几组最小对，从词汇、句法语义和篇章三个不同层面考察它们应具有的功能。

二　“领有者＋的＋一量＋被领者”的语用意义

比较下面几组带“一量”被领者的最小对，观察它们之间的差别：

(9) a＊他的一颗心出了毛病　　a'他的心出了毛病
b＊他的一张嘴长了豆豆　　b'他的嘴长了豆豆
c 他的一颗心差点都蹦出来了　　c'他的心差点都蹦出来了
d 他的一张嘴长满了豆豆。　　d'他的嘴长满了豆豆

其中被领者“心/嘴”的特点是，加上领有者后所指是唯一性的，也就是说，“他的心/嘴”对于听说双方而言都是定指的。加上“一量”后，a、b不合法，而c、d却是合法的。

很明显，这种差别不是领属结构本身造成的，因为a与c的领属结构部分以及b与d的领属结构部分是相同的，分别是“他的一颗心”和“他的一张嘴”。因而它们是否合法的机制应来源于句子其他部分与该领属结构的组合，是组合不匹配造成的。其中a和b的共同点是，组合部分只表达了对被领者的客观描述，动词“出”“长”和宾语“毛病”“豆豆”之上都没有任何修饰语，更谈不上主观性评价了；而c和d的共同点是，组合部分在描述被领者的同时，还表达了说话者的主观评价态度：c句采用夸张的方式表达了主观评价（句中的“差点都蹦出来了，真是太紧张了”），d动词上的“满”字，表达了豆豆之多，透露出说话者对“他的嘴上长豆豆”的一种评价，根据语境，或同情，或鄙夷等。

再把左列a—d跟右列a'—d'做个比较：不合语法的a和b去掉“一量”构成a'和b'后都变得合语法了，且基本意义不会发生改变。而去掉“一量”后构成的c'、d'与原句c、d一样仍然是合法的，且基本意义不变。

这一比较结果，给我们以启示：像“心/嘴”这类的被领者，用上“一量”就不能表客观数量了（如a、b），而只能表示对被领者的主观评价或主观态度了（如c、d）；不用“一量”时，既可表客观数量（如a'、b'）也可表主观评价（如c'、d'）。这说明该用法不是二分的，而是不对称的、偏向性的。

再来比较一组被领者带整体性量词“双”的“一量”：

(10) a＊他的一双手长了老茧

a’他的手长了老茧

b 他的一双手长满了老茧

b’他的手长满了老茧(主观评价)

c 他的一双手坚硬有力，灵巧能干

c’他的手坚硬有力，灵巧能干(主观评价)

例(10)“他的手”是作为一个整体来看待的，不区分内在的具体数量，如果带有整体性数量词“一双”，表纯客观的句子不能与之匹配，如(10a)，而带有主观非数量评价(满，坚强有力，灵巧能干)的句子却可以与之匹配，如(10bc)；如果不带数量词时，无论句子有无主观性都是成立的，如(10a’b’c’)。这里主观非数量评价的表现也是偏向性的，与例(9)的表现基本相同，只是被领者加上领有者后是默认整体唯一性的，量词是整体性量词“双”。

综合起来，可以表述为：在领属结构的被领者具有表达唯一性特性(词汇唯一性/默认整体唯一性)的前提下，如果被领者是光杆的，既可表示客观陈述也可表达主观性评价，如果被领者带上“一量”(注：默认整体唯一性被领者须为整体性量词)，只能表示对被领者的主观评价态度。这种偏向性可图示如下：

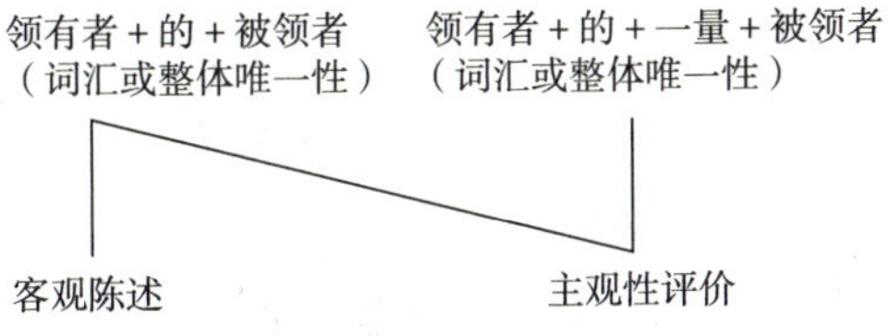

这种主观评价的用法，不是数量量级上的主观，即不是前文讲的主观(数)量，本文称之为“主观非数量评价”，“一量”就是这种用法的标记，称

为“主观非数量评价标记[①]”。

三　主观非数量评价性标记的词汇、句法语义和篇章表现

（一）从词汇层面看被领者上主观非数量评价标记“一量”的使用特点

可以把上文主观非数量评价的“一量＋被领者”用例罗列如下：

（11）一张嘴　一颗受着创伤的心　一颗心　一对老鹰眼　一双手

这些被领者有一个共同特点：都是人的身体器官，要么具有词汇唯一性特征，要么其数目小而固定，可使用整体性量词“对/双”等。

其中“嘴”和“心”在人体上都是唯一的，在领有者限制下，指称是完全确定的、定指的，因为“他的嘴”中的“他”不可能还有第二、第三张嘴等，“他的心”中的“他”也不可能有第二、第三颗心。“他的嘴”和“他的心”就已经清楚地表达所指了，很明显，这里的“一量”不是用于表达指称和基本词汇意义的，因为用不用“一量”，指称和数量并不会发生变化。据不同形式往往有不同功能这一功能语言学观点，“一量”可能有某种语用功能。

	数量（主观/客观）不定指	语用功能
领有者＋的＋光杆器官名词	——	±
领有者＋的＋一张/颗＋光杆器官名词	——	＋

① “一量”在其他结构中的主观非数量评价用法相关文献中也有所涉及，这是我们研究的基础。如张伯江、李珍明（2002）认为“使用‘是（一）个 NP’的句子往往有明显的主观表达意味”，杉村博文（2008）还提到了量词“个”的“贬指”作用。

矩阵中，不论被领者带不带“一量”，该领属结构都不表达“数量意义”和“不定指意义”。既然在“数量意义”和“不定指意义”上表现不出差别，而言语形式又不同，那么它们可能表现出语用功能上的差别。根据成分象似性原则，言语形式多的应该表现出更多的功能，从而推测：被领者带“一量”的领属结构可能具有某种语用功能。

手和眼睛等虽然不是唯一的，但人体上也只有一对/双，如果这些例句不用“一量”，它们在默认情况下都是不强调内在数量的，而是表示对器官的整体指称，因而也可以作唯一性理解，无需用“一对/双”等，若用上它们则有语用含义。这里的量词如果换成“一只”这种非整体性量词，是为了突出数量意义，是采用有标记形式来表明不是默认的“一对/双”等整体性语义，因为默认情况下听说双方都是把这种“领有者＋的＋光杆器官名词”当作一个整体来评述的。此类领属结构相应的功能矩阵如下：

	“一只/条”数量语义	不定指意义	“一对/双”整体语义	语用意义
领有者＋的＋光杆器官名词	－	－	＋	±
领有者＋的＋一对/双＋光杆器官名词	－	－	＋	＋
领有者＋的＋一只/条＋光杆器官名词	＋	±	－	－

前两种格式在前三种语义上没有差别，必然表现出语用意义上的不同，据成分象似性原则，言语形式多的应表现出更多功能：这里的“领有者＋的＋一对/双＋光杆器官名词”的领属结构应有某种语用功能，该功能应负载在“一对/双”整体性量词上。而一、三格式在数量或不定指意义上已表现出差别，“一只/条”就不理解为语用功能。

(二) 从句法语义层面看被领者上主观非数量评价标记“一量”的语义特点

1. 如果被领者上“一量”是表主观非数量评价的，句法上它们是可有可无的。

既然带有主观非数量评价标记"一量"的领属结构所表基本语义与"领有者+的+光杆器官名词"是一致的，那么语篇中如果省略被领者上的主观非数量评价标记"一量"，应该不会引起基本语义差异，如：

(12) 阿四回答，他委实是支撑不住了，他的一双眼皮像有几百斤，只想合下来。

(12') 阿四回答，他委实是支撑不住了，他的眼皮像有几百斤，只想合下来。

(13) 我不由得仔细看了一眼：他的一双手包了一层茧壳，手腕上也是老茧，还有……

(13') 我不由得仔细看了一眼：他的手包了一层茧壳，手腕上也是老茧，还有……

被领者"眼皮"和"手"省略"一量"后，句子的合法性和基本语义并没有改变，只是在情感上弱化了说话者对谈论对象的主观态度。如果被领者上的"一量"是表不定指意义，省略"一量"后，往往会变成定指意义，改变了篇章表达中的实际指称意义①，如：

(14) 到处是熟人的米卢在酒店大堂里又见到了他的一位老友，寒暄之际，大批记者和球迷一起涌到他们周围，让米卢的朋友感叹不已。

---

① 语料中有时也可以看到，被领者上表示不定指意义的"一量"可以省略的情况。但这种情况一般只出现在偶现新信息中。因为偶现成分不是说话者要告诉听话者的重要信息，上述这些偶现新信息甚至可以用模糊性的词语(如"东西"等)来替代，而不影响交际的进行。例如：(1) 牛大姐给陈主编汇报事情始末时，陈主编一直在上上下下找他的一支圆珠笔(他的圆珠笔/他的东西)。牛大姐几次停下来，他又说："往下说。"(2) A：你怎么知道他有外遇？B：我从他的一本书里(≈从他的书里/Φ)发现了他和别的女人的亲密照片，我恨死他了。

(14’)到处是熟人的米卢在酒店大堂里又见到了他的老友，寒暄之际，大批记者和球迷一起涌到他们周围，让米卢的朋友感叹不已。

(15)尽管他的一个邻居曾经抱怨他总是让他的狗到处乱跑，让人很讨厌。

(15’)尽管他的邻居曾经抱怨他总是让他的狗到处乱跑，让人很讨厌。

(14)用了“一位”表示这时见到的不是刚刚见过的老友，而是另一位老友，是不定指的；(14’)不用“一位”，则说明刚刚见过这个老友，现在见到的还是这位老友，是定指的。(15)用了“一个”表示这个邻居对于听话者来说是新信息，是不定指的；不用“一个”则表示该邻居是听说双方共知的那个邻居，是定指的。

2. 修饰语特征——被领者唯一性特点的扩展

被领者修饰语的多少，也密切关系着“一个”的出现与否。Chen Ping (1986)[①]指出“修饰语和其他增强可识别性的具体手段越多，名词短语的可预测性就越弱”，同时他还指出“一个‘已知’的信息不可能要求有很多的修饰语”。方梅(2005a[②]、2005b[③])也认为：“一般说来，言者认为听者已知的信息，编码方式简单；言者认为听者未知的信息，编码方式繁复。”也就是说，增加修饰语和限制语的目的是为了提高言语本身的指别度，当指别度提升到一定的高度时，可以使听话者明确所指。例如“手”加上领有者“我”构成“我的手”后，指别性增强，当说出“我的左手”时，指别度就增加到最高的程度，这时的所指对听说双方而言都是唯一的、确指的了。

① Chen, Ping Referent introducing and tracking in Chinese narrative. Los Angeles:*UCLA Ph. D. dissertation*, 1986.

② 方梅:《篇章语法与汉语篇章语法研究》,《中国社会科学》2005 年第 11 期。

③ 方梅:《篇章语法与汉语研究》,刘丹青主编:《语言学前沿与汉语研究》,上海:上海教育出版社 2005 年版。

如果在这种条件下，还使用其他修饰语的话，其作用就不仅仅是为了提高指别度了，就会有其他语用目的，这就不是指称本身所能解决的问题了。如下面的“戚戚翁的左手”，单从指称上来看，就跟专有名词一样，无需用上“一只”了，但下句仍旧用上了“一只”，这里的“一只”就该具有其他语用目的。

(16) 败事老人亦不由为之流下了两行痛泪，忍不住蹲下身躯，拉住了戚戚翁的一只左手，等待着他的答复。

(三) 从篇章层面来看被领者上的主观非数量评价标记“一量”

唯一性被领者带“一量”或整体唯一性被领者带整体性“一量”时，要么被领者上会伴随着评价性修饰语，如(17,18)，要么要求篇章语境含有说话人的主观评价或态度，如(19,20)。

(17) 他的一对老眼睛看过的事情，好的歹的，善的恶的，太多了；他不便为一件……

(18) 海涅不仅是诗人，而且还是……再加上他的一颗受着创伤的心，满腔的热情……

(19) 他的一张嘴从来就没饶过人，你想他原谅你，哼！我觉得不大可能。

(20) 他的一双眼睛诡秘地闪动着，松弛的皮肉在嘴角皱出两个大弧。

例(17)“眼睛”前用了修饰语“老”，眼睛本身不存在“老”与“不老”的问题，这里“老”不可能用来表示对事物的客观描述，而带有说话者的主观情感。例(18)中“受着创伤”这一修饰语是对被领者的直接评价。例(19)

中的“一张”在语义和指称上看似羡余，但凸显了说话人对被领者“嘴”的功能的态度，表明“他的嘴”说出来的话较为尖刻，得理不饶人，从后面的语气词“哼！”更能反映出说话者的主观态度。如果删去“一量”，基本语义虽然没有太大差别，但是减弱了原句对被领者评价的凸显程度。例(20)中的“他的一双眼睛”后面也紧接着就出现了评价性词语“诡秘”，道理相同。

(四) 从无生命事物的“整体—部分”领属结构来看“一量”的评价性作用。

上面唯一性被领者的领有者都是有生命的，而且一般都是指人的。在无生命的“领有者＋的＋一量＋被领者”用例(主要是整体—部分关系)中，如果被领者对于领有者来说是唯一的，被领者一般也不能加上“一量”。如果加上“一量”，往往也是表示说话者的主观评价。例如：

(21) a 那张桌子的一张桌面就值三万块钱。
a’ 那张桌子的桌面就值三万块钱。
b＊那张桌子的一张桌面是厂家直接送来的。
b’ 那张桌子的桌面是厂家直接送来的。
c＊那张桌子的一张桌面是棕色的。
c’ 那张桌子的桌面是棕色的。

a 句是评价性的篇章环境，就显得很自然，突出了桌面的昂贵，而后面 ab 两句没有评价性的篇章环境都变得不合法了。

(五) 由话语或语境确定的定指性的领属结构

检索语料发现，领属结构由话语或情景语境明确了所指，被领者一般不会使用“一量”，至少目前我们尚未发现此类被领者用例，有待进一步考察。

四　领属关系的让渡性与主观非数量评价的关系

被领者上"一量"主观非数量语用意义的产生，往往与领属结构的让渡性、原型性有着密切的关联。

（一）领属关系的让渡性与原型特征

一般认为，确定典型领属或狭义领属的主要依据是领属的语义标准，其中一条是"领和属的关系是必然的和固有的，即[＋必然/＋固有]"，另一条是"领和属的关系是不可转让的或不可分离的，即[－转让/－分离]（陆俭明、沈阳，2003）①。粗略来说，属于下面概念范围的这些项目可能属于不可让渡：Ⅰ．亲属关系，Ⅱ．身体部位，Ⅲ．相对空间概念，Ⅳ．其他项目的一部分，Ⅴ．物理和心理状态，Ⅵ．名词化（Bernd Heine，1997）②。Chappell and McGregor（1996）③也有类似的概括，并提出了三种核心范围Ⅰ．亲属关系，Ⅱ．身体部位，Ⅲ．空间关系。Nichols（1992）④还分析了不可让渡类别语义成员的蕴含等级：身体部位和亲属名词 ＞ 非身体部位和非亲属名词。

汉语不可让渡领属主要包括亲属关系和身体部位领属，很多情况下都是词汇型定指的，无需有定标记。如汉语"我的嘴"完全可以不用有定标记词就可达到定指要求，用上无定标记往往有其他语用意义。而且现

① 陆俭明、沈阳：《汉语与汉语研究十五讲》，北京：北京大学出版社 2003 年版。

② Bernd Heine, *Possession: Cognitive Sources, Forces, and Grammaticalization*. Cambridge University Press, 1997.

③ Chappell, Hilary and William McGregor, Prolegomena to a theory of inalienability. In Chappell and McGregor, ed. *The grammar of inalienability: A typological perspective on body part terms and the part-whole relation*. Berlin, New York: Mouton de Gruyter, 1996.

④ Nichols, Johnanna *Linguistic diversity in space and time*. University of Chicago Press, 1992.

代汉语这类词汇定指性领属结构,都是最为典型的领有结构,几乎符合 Taylor(1989①、1995)②领属原型特征③中的所有要素。

对照 Taylor(1989、1995)的领属原型特征,"我的嘴"是具有唯一性特征的身体部位领属,"我的父亲"是唯一性的直系长辈亲属领属,是必有领属关系。它们都具备了 Taylor"a—f"所有的要素,它们通过(c)要素,几乎与其他领属完全区分开来,其具备的原型要素最多最全。这两类领属我们又可以根据(d)要素中控制能力的强弱,将它们进一步区分开来。我们知道,领有者对身体部位的控制和利用的能力,要明显强于对直系长辈亲属的控制利用,所以,具有唯一性的身体部位,其原型性要强于直系长辈领属。

其他非唯一性的身体部位,虽然领有者对它控制性较强,但在(c)要素的要求上要弱于直系长辈领属结构,但被领者的数量都是固有的,不易改变,而且其数目较少,一般不会超过两个,最多不超过十个,是人类最熟悉的事物,在人的心理认知上常作为一个整体使用,默认情况下一般都可表定指。其他亲属领属虽然不是"一个领有者只有一个被领者",但是所对应的被领者数目是有限的、较小的、比较容易确定的,它们的所指相对于可让渡领属又要容易判断一些。根据汉语领属原型性强弱,排列如下:

唯一身体部位领属>直系长辈领属>其他身体部位领属>其他亲属领属

① Taylor, John R Possessive genitives in English. *Linguistics*27. 4/6,1989.

② Taylor, John R *Linguistic categorization: Phototypes in linguistic theory* (2nd. Ed.). Oxford university Press,1995.

③ Taylor 的领属原型特征:(a) 领有者是一个具体的人类。(b) 被领者是一个具体的事物,而不是一个抽象物。(c) 两者之间的关系是唯一的,也就是说,每一个被领者只有一个领有者。(d) 领有者有权利用被领者,其他人只有经由领有者的允许才能利用被领者。(e) 领属关系是一个长期的关系,以年月而非小时来衡量。(f) 在话语篇章中,领有者被描述为一个指称实体。

汉语可让渡领属在被领者为光杆名词短语、且不是文章叙述主线的情况下，往往不具备 Taylor 领属原型特征(c)的要求，可以表示一个领有者控制一定数量的被领者。该类领属的领有者对被领者的控制能力是有限的，是可以转让的。其领属的原型性较低，低于所有的不可让渡领属。加上可让渡领属，领属结构的原型性等级可完善为：

唯一身体部位领属＞直系长辈领属＞其他身体部位领属＞非直系长辈领属＞可让渡领属

(二) 领属的原型性、让渡性与主观非数量评价

把上面领属的原型连续统跟领属结构的指称联系起来，我们发现，领属原型的排列顺序与汉语领属结构的定指性强弱密切相关：领属性越强，光杆被领者领属结构定指性也就越强；被领者上的无定标记表示不定指意义的可能性也就越小，而表示主观评价义的可能性也就越大。

1. 处于领属原型连续统最左边的“唯一性身体部位领属”用上无定标记词，整个领属结构仍只能表示定指(如“他的一张嘴”)。可以说，该领属结构定指性最强，因为其定指性不受任何外在标记(甚至是无定标记词)的影响；

2. “直系长辈领属”，被领者上不能使用无定标记词，可以排除于本文的讨论；

3. “其他非唯一性身体部位词”，其数量是固有的，且一般都不会超过两个，最多不会超过十个，在人的心理认知上常常作为一个整体来使用，所以默认的情况下一般也都是定指的。一般来说，使用非整体型无定标记词(只/条等)时才表达数量和不定指；

4. 非直系长辈领属和其他情况的领属，如果不是偶现信息，如果不带无定标记，在篇章中一般也都是定指的，但当它带上无定标记或用作偶现新信息时仍可表不定指。

从这个角度讲，叙述主线中的汉语光杆被领者领属结构往往是表示定指的，如果没有词汇上的指称必要，仍然使用无定标记词，一般是表示语用意义——主观评价或态度。汉语只表示定指意义而不表示不定指意义的领属结构，只有 1. 和 2. ；而其他各项都可以在某种条件下表示不定指，越靠前越有可能定指。如果将汉语领属结构的原型连续统与语用意义联系在一起，我们可以得到下面这个细化的矩阵列表（其中“对”代表整体性量词，“只”代表非整体性量词）：

唯一身体部位＞直系长辈＞其他身体部位＞其他亲属领属＞可让渡

	唯一身体部位	直系长辈	其他身体部位	其他亲属领属	可让渡
光杆定指义	＋	＋	±	±	±
光杆不定指义	－	－	±	±	±
无定标记主观评价	＋	/	±（对＋，只－）	±	－

通过比较我们可以看出，领属的原型性、控制性越强的领属结构，越有可能表达定指，那么用于它上面的无定标记词就越有可能表示“主观评价”的语用意义。

（原刊于《世界汉语教学》2011 年第 1 期）

参考文献：

[1] 董秀芳：《北京话名词短语前阳平“一”的语法化倾向》，吴福祥等主编：《语法化与语法研究》，北京：商务印书馆 2003 年版。

[2] 刘祥柏：《北京话“一＋名”结构分析》，《中国语文》2004 年第 1 期。

[3] 杉村博文：《现代汉语量词“个”的语义、句法功能扩展》，《全国语言学讲习班资料》，2008 年。

[4] 吴永焕：《北京话“一个”弱化的原因》，《语言教学与研究》第 2 期。

[5] 张伯江、李珍明：《“是 NP”和“是一个 NP”》，《世界汉语教学》2002 年第 3 期。

[6] 周韧:《焦点理论下的北京话"一＋ 名"格式分析》,《汉语学习》2005 年第 5 期。

[7] Chafe, Wallace, *Discourse, Consciousness, and Time: The flow and displacement of conscious experience in speaking and writing*. Chicago: University of Chicago Press,1994.

现代汉语光杆被领者的指称性质*

引 言

根据原型领属结构的定义(Seilor 1983①;Taylor 1995②),我们知道:1) 领有者和被领者都是有指的(referential);2) 原型的领有者是定指的(identifiable),通常是单指的(individual);3) 原型的被领者是类指的(generic)③。再根据陈平(1991)了解了类指(即"通指")成分多由光杆名词充当,虽然也可以前加带量词的成分,但多为"种""类"等④。于是得出

* 本文曾在"第十六次现代汉语语法学术讨论会(2010,香港)"上宣读,得到各位专家的指正,在此表示由衷感谢。本文得到了教育部人文社会科学研究一般项目"汉语领属结构中被领者的句法、语义和语用研究"(项目编号:09XJC74O002)资助,贵州省教育厅高校人文社会科学研究青年项目"汉语领属范畴的可及性研究"(项目编号:08QN002)资助,贵州大学引进人才科研基金资助。

① Seiler, Hansjakob. Possession as an operational dimension of language. Language Universals Series, 2. Tubingen: Gunter Nar, 1983.

② Taylor, John R. Linguistic categorization: Phototypes in linguistic theory. 2nd. Ed. Oxford University Press, 1995.

③ 张敏:《认知语言学与汉语名词短语》,北京:中国社会科学出版社,1998 年版,第 323 页。

④ 陈平:《释汉语中与名词性相关的四组概念》,《现代语言学研究》,重庆:重庆出版社 1991 年版,第 140 页。

结论:现代汉语领属结构里的被领者,以光杆形式为常态。

这一推导的结论,在实际语言中能否成立,还需要从材料中得到进一步的验证。下面,我们将通过语料的统计来进一步证明我们推导的结论是符合语言实际的。我们统计的对象是现代汉语定语领属被领者的有定标记、无定标记和不带上述两种标记的光杆被领者。统计它们出现的总体数量和频率,同时比较它们之间的比例。统计的材料主要取自 coco 语料库的部分文章,包括了散文、小说、传记等题材(主要包括:王朔《顽主》(3.4 万多字);汪曾祺《自序》(0.74 万);邓友梅《别愿坚,忆当年》(0.46 万);杨绛《干校六记——下放记别》(2.2 万)(等)),共摘录了 216 个定语领属。统计结果如下:

领属结构	被领者带有定标记	被领者带无定标记	被领者带其他修饰语	光杆被领者
数量(216)	4	1	19	192
比例(100%)	1.85	0.46	8.79	88.9

从统计的结果可以看出,汉语的光杆被领者占有绝对的优势,有 192 例,达到了 88.9%;而带有定标记的被领者只有 4 例,占 1.85%;带无定标记的被领者只有 1 例,占 0.46%;被领者带其他修饰语的也只有 19 例,占全部领属结构的 8.79%,而且绝大部分要么是单音节的形容词,要么是表示数量的词语。这一统计更进一步说明汉语的被领者确实是以光杆形式为原型、为常态的。

一　现代汉语光杆被领者不都表示类指

在证明了汉语的被领者以光杆形式为常态、为原型之后,人们不禁要问:汉语的被领者为什么会以光杆形式占绝对优势呢?汉语光杆被领者到底具有怎样的性质?关于光杆被领者的指称性质,前人也做了一些研究,但结论却值得商榷。

(一) 光杆被领者表示类指的看法

光杆被领者名词短语的指称性质,张敏(1998)倾向于认为是类指性的。张敏(1998)根据 Seilor(1983)关于最原型领属语义关系进行了如下描述:“领有关系是独占的,不与他人共有,一个特定的 p1 可以有多个所属物,可从一类事物中挑出一个来建立领有关系,而一个特定的 p2 一般只有一个特定的领有者。”①推导出“原型的 p2 本身应为类指的(generic),在语境中它自然常表单指,但其单指并非直接实现的,而是通过从类指定下的类中挑出一个的方式来实现的,故它一般由普通名词(common noun)表达”。②

然后,他通过举例专名被领者的不合法性,进一步阐明了原型被领者表示类指的观点:“试比较‘张三(单指名词)的儿子(类指名词)? 张三的小宝(单指名词)’。其实,限定关系中的被限定者通常都应是原本表类指的通名,这是因为只能表单指的代词和专名的所指已足够明确了,无需限定,故我们难以见到代词和专名受限制性定语修饰的例子。通名原本表成类的事物,对它的限定可以从两个方向进行:一是将其指类的意义缩小到指原来的类中的一个成员,一是将其意义缩小到指原来的类中的一个次类。” ③

张璐(2002)认为,原型的被领者和领有者都是有指的(referential),其中领有者常常是定指的(identifiable),更为原型的是单指的(individual),而被领者本身往往是类指的(generic),受领有者的限定而在语境中表单指。那么,在领属范畴中,领有者的作用就是对被领属者所代表的某个类进行限定,使其缩小到指称原来的类中某个成员,从而使被领属者得以确定。因此,被领属者就相当于一个目标,是受某种领属关系的限定而

---

① 张敏:《认知语言学与汉语名词短语》,北京:中国社会科学出版社,1998 年版,第 323 页。

② 同上,第 323—324 页。

③ 同上,第 324 页。

被确定的事物,领属者则是参照点,是为确定目标而建立领属关系的事物。[①] 这与张敏(1998)实际上是同出一辙(的)。

但我们发现很多情况下,并非如张敏(1998)和张璐(2002)所论。例如"A:你去哪儿? 这么急! B:去教室,我的书落在教室里了。"其中"我的书"中的"书"如果真的如张敏所说的是"表类指的通名",按理说,在参照点"我"的限定下,"我的书"应该是次类"我所有的书",但实际上这里的所指并不是指这个次类,而是明显小于这个次类的很少的一些成员,甚至只有一个成员。

再说,在实际会话中,也不是绝对不能出现专名被领者,如"我的小李啊,你得帮帮我呀!"之类的话语中,被领者就是专名,这一点好像与张敏的论证也不完全相符,如何解释这些现象,仍值得进一步讨论。类似现象还有很多,再如"为什么翁美龄安葬在英国的剑桥?"当中,领有者和被领者都是专有名称,都不是类指性的,只不过"英国"比"剑桥"更为凸显而已。再如"我们的周恩来总理在军事上不是有所造诣吗?"当中的"周恩来总理"也是专有名词,照样能够使用在被领者的位置。很明显这里被领者不是类指性的名词,它不仅仅是参照的目标,更重要的是,把专有名词放在被领者位置,是有着其他特殊语用目的的。

(二)汉语基本领属中光杆被领者的类指测试

这里,我们利用刘丹青(2002)关于类指的阐述及测试手段对光杆被领者类指性作进一步测试[②]:

---

① 张璐:《从东西南北谈汉英语语序所反映的认知过程》,《语言研究》2002 年第 4 期。

② 刘丹青(2002)认为类指仍然是一个独立的指称成分,它实际上是有外延的,其隐性的外延相当于全量。只是在认知及交际中未被突出,或者说外延在认知上暂时被抑制。在一定条件下类指成分可以加上全量词突出外延而基本不改变或完全不改变真值条件。如"熊猫吃竹子"倘若说成"所有熊猫都吃竹子",真值条件基本不变,并在文中提出了一系列的测试手段,例如:(注转下页)

1. 看看“他的儿子”是否等于“他的所有/每个儿子”;“他的学生”是否等于“他的所有/每个学生”:

(1) 他的学生应该好好学习=他的所有/每个学生应该好好学习

(2) 北大的学生不该卖肉=北大的所有/每个学生不该卖肉

(3) 我的书质量很好=OR≠我的所有/每本书质量都很好

(4) 他的儿子回来了=OR≠他的所有/每个儿子都回来了

(5) 我的书丢了=OR≠我的所有/每本书丢了

这一测试可以看出,被领者不一定都是表示类指的。其中例(1)(2)的被领者都是表示类指的;例(3)的被领者可以理解为类指,也可以理解为非类指性的;而例(4)(5)的被领者却偏向于理解为非类指性的,特别是最后一例似乎更少理解为类指。

2. 看能不能用“种、类”量词替换“被领者”。(从下例来看)几乎找不到合适的替代语。

(6) 陈主任借了他的一支派克笔=? 陈主任借了他的一支那种笔

(续上页注)

(1) a. 他买了一件这种衬衫 = 他买了一件格子衬衫。(假定在语境中这种衬衫指的是格子衬衫)

b. 老王演过三个那类角色 = 老王演过三个反角。(假定在语境中那类角色指的是反角)

然后,又用分裂式话题结构进一步证明了该假说:

(2) a. 格子衬衫他买了一件。— 他格子衬衫买了一件;b. 反角老王演过三个。— 老王反角演过三个。

(7) 他演过张作霖的一位秘密情人=? 他演过张作霖的一位这种情人

可能有人会认为“一支”、“一位”是数量结构,“那种”、“这种”是“指量结构”,同类性质的词语互相影响而不能共现。但实际上不完全这样,如我们可以说“我买过一件这种衬衫”“我曾经用过一支这种笔”,因为这里的数量结构和指量结构不是处于同一句法层级,即指量结构处于数量结构的下一层级。

3. 看宾语位置领属结构的被领者能不能分裂式移位到话题位置。下面的例子可以看出,被领者不能分裂式前移。

(8) *学生我见过他的一个

(9) *圆珠笔陈主任在找他的一支

结果显示,利用“测试 1.”测出的被领者很多情况下并非表示类指,“测试 2. 和 3.”的测试结果更是不能令人满意。这就说明汉语领属结构中的被领者不一定表示类指。

二 光杆被领者指称不确定的现象

在某些语境下,如“我的书落在教室里了”,对于听话人而言被领者指称不是十分确定的,也就是说,该句中的“我的书”可能是定指的,也可能是不定指的,这要依赖于更大的语境,从而说明光杆被领者也是可以表示不定指的。我们可以设计两个不同的语境,来表示这两种不同的指称。

(1) a. 你的书呢?

b. 哦,我的书落在教室里了。

(2) a. (校园路上偶遇)你干什么去呀,这么匆匆的。

b. 去教室,我的书落在教室里了。

我们可以看出,前一个对话中“我的书”是定指,是话题性信息;而后一个对话中“我的书”则可以是不定指的。其中“我的书”,甚至“我的书落在教室里了”整句都不是必要的信息,并不是问话者要求回答的,不是对话的主线,但它在这里明显属于新信息,可以看作偶现新信息。这种偶现新信息是无需表达清楚其指称的,甚至可以用其他更为模糊的词语代替(如,我的东西落在教室里了)。

Chafe(1994)根据指称的重要性,把指示物的作用分成了三种:主要作用(primary importance)、次要作用(second importance)和微作用(trivial importance)。其中新引进的指示物起着主要作用,是交际的主要目的所在;而已知的(given)、可及的(accessible)指示物不是说话的要点,只是说话的起点,目的是引出后面的评论说明,因而在交际中不起主要作用。有些不定指成分有时候虽然出现在主语的位置,虽然也是新引进的不定指的信息(即,句法语义上表现出主要作用),但篇章上往往是偶现信息,不是叙述的主要情节,出现以后,很快就消失了,因而仍然是“微作用”的成分。因此,他认为主语位置的成分主要包括两种:(a)已知的、可及的(也就是说,不是新的)信息,(b)新的,但属于偶现的、不重要的信息。[①] 于是,Chafe 就把这两种可能性都定义为“轻的(light)”成分,而“重的(heavy)”是指那些新的而且不属于“微作用”的成分。因为主语上的成分往往要求是“轻的”成分,因而有“轻主语限制(light subject constraint)”之说。

下面,我们以“轻主语限制”的眼光来看看汉语光杆被领者基本领属结构的指称问题,汉语领属结构的不定指意义如果是出现在叙述的主线

① Chafe, Wallace. Discourse, Consciousness, and Time: The flow and displacement of conscious experience in speaking and writing. Chicago: University of Chicago Press,1994,91—92.

当中，一般都要求出现无定标记词，如果省去无定标记往往会产生指称上的变化，变成定指的了。也就是说，汉语的光杆被领者领属结构一般情况下还是能够推导出定指性的，例如：(例(3)—(6)出自 coco 语料库，例(7)为自编例句)

(3) 到处是熟人的米卢在酒店大堂里又见到了他的老友(≠他的一位老友)，寒暄之际，大批记者和球迷一起涌到他们周围，让米卢的朋友感叹不已。

(4) “太阳圣殿教”教主乔·迪蒙布洛使他的追随者(≠他的一位追随者)怀孕以后宣称：一个奇迹出现了，将来的救世主即将到来。

(5) 尽管他的邻居(≠他的一位邻居)曾经抱怨他总是让他的狗到处乱跑，让人讨厌。

(6) 三个人转过身，丁小鲁和她的女伴(≠她的一位女伴)随人流走到他们跟前。

(7) a. 你的书呢？ b. 哦，我的书(≠ * 我的一本书)落在教室里了。

而在偶现的新信息当中，还经常会出现光杆被领者领属结构表示不定指的现象(可以是单指的不定指，也可以是多指的不定指)，(8)—(12)都可以省略无定标记词(例句括号内“/”前的文字)而不影响基本语义，出现这种情况主要是因为整个领属结构不是处于叙述性的线索当中，也就是说，它们对听话人来说都是不重要的，没有必要说得那么清楚，因而这时的无定标记可以省去而不影响交际，甚至整个被领者直至偶现结构都可以替换为模糊性词语或省略而不影响交际(例句括号内“/”后的文字)。例如：(例(8)—(10)出自 coco 语料库，例(11)(12)为自编例句)

(8) 牛大姐给陈主编汇报事情始末时，陈主编一直在上上下下找他的一支圆珠笔(≈他的圆珠笔/他的东西)。牛大姐几次停下来,他又说:“往下说。”

(9) 有一回我去找他的孩子,一推门,被眼前的一幕吸引住了:暮色里,他坐在圆凳上弹琴,他的妻子坐在床上,一边给他的一件黄呢子大衣钉扣子(≈给他的黄呢子大衣钉扣子/干活),一边唱歌。

(10) 小白脸和蓝夹克就开始翻车里的东西,将他的一部手机(≈他的手机/他的东西)和一天的600多元车钱抢走后,蓝夹克拿出了一顶线帽将他的头和眼睛给蒙住了。

(11) A:你干啥去? B:去教室,我的一本书(≈我的书/我的东西)落在教室里了。

(12) A:你怎么知道他有外遇? B:我从他的书里(≈从他的一本书里/Φ)发现了他和别的女人的亲密照片,我恨死他了。

从这些语言事实的表现来看,我们可以知道,汉语基本领属结构在无标记(光杆被领者)的情况下一般都以理解为定指性为常,如果出现不定指的领属结构,往往是有标记的(一般是出现在非叙述主线的偶现信息当中)。也就是说,就领属结构而言,我们可以通过领属结构本身来推知它们的定指性,只是对于偶现成分的光杆被领者基本领属结构,才往往可以表示不定指。这一点跟 Chafe(1994)“轻主语限制”的表现是完全一致的。

从这一点看,我们如果把汉语光杆被领者基本领属结构看成是“轻光杆被领者领属结构限制”,一点也不过分,因为它们也是表现为上述“轻主语限制”两个方面的主要内容:(a)已知的、可及的(也就是说,不是新的)信息,如例(3)—(7)。(b)新的,但属于偶现的、不重要的微作用的信息,如例(8)—(12)。但不论是 a 的表现还是 b 的表现,它们都属于 Chafe 所说的在叙事中“轻的”的成分。

三　光杆被领者名词表示定指的现象

方梅(2002)指出,专有名词的形式在某些特殊的条件下也可能表示通指,例如“这雷锋,可不是好当的”,其中的“雷锋”已经转化为通指性质的词语了。① 但是我们发现,在被领者位置上有时也会出现一些专有名词,它们并不是通指用法,例如(出自百度搜索):

(1) 我的小李啊,你得多帮帮我呀!

(2) 你的小睿睿今天怎么没跟你一起来呀!

(3) 你的那个小丁睿今天怎么没跟你一起来呀!

(4) 为什么翁美龄安葬在英国的剑桥?

(5) 我们的周恩来总理在军事上有所造诣吗?

这时的专有名词“小李”“睿睿”等处于被领者的位置上,但是并没有上述“雷锋”那种由专名到通指转化的特点,也就是说,这里的“小李”和“睿睿”仍然是表示现实中特定的人,因而仍然是专有名词的指称,依然是定指性质的。这时的专有名词有时还可以加上指示词(如例(6)),这里的指示词用与不用不会影响指称性质,明显不是用于表示指称的。

(6) 你的那个小丁睿今天怎么没跟你一起来呀!

这里的领属结构已经不是表达真正的拥有义,而是利用领属结构这一构式的框架义来隐喻这里形式上的领有者和被领者之间的关系,这是一种语法隐喻的手段。沈家煊(2006)认为,“如果把一个概念看作一个

① 方梅:《指示词“这”和“那”在北京话中的语法化》,《中国语文》2002 年第 4 期。

‘认知域’，那么隐喻就是认知域与认知域之间的‘映射’（mapping）。这种映射是认知域内部成员‘关系’的映射”。①

我们知道，原型领属的领有者跟被领者之间的成员关系是“领有者有权利用被领者，其他人只有经由领有者的允许才能利用被领者”（Taylor，1995），而这里专有名词跟它的领有者之间虽然不一定具有这种实际的控制关系，但说话人运用领属结构这一构式的关系来隐喻专有名词和他的领有者之间的关系，主观上把二者联系起来，强调了两者之间关系的密切。这实际上是用空间接近性来隐喻心理接近性，我们可以将这种语法隐喻图示如下：

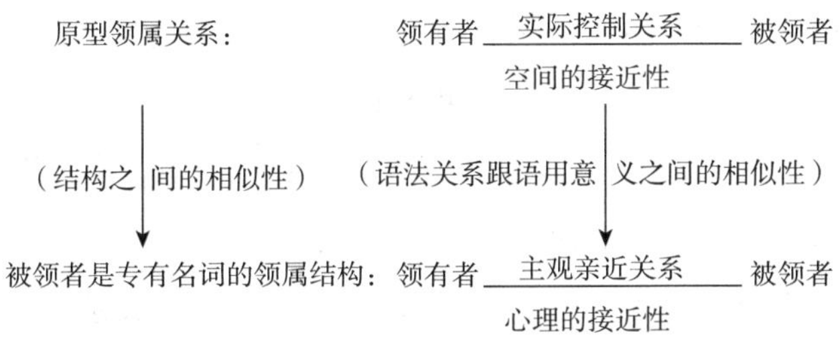

有时，我们还可以在这类领属结构当中的被领者上加上指示词，进一步表达名名之间的主观意义。例如，例(6)加上了“那个”之后，在原来的亲近关系之上又赋予了某些特定的言外之意，如不正常的关系、或说话(人)觉得过于亲昵的关系等。

四　准领属结构被领者的无指现象

张伯江(1994)指出，汉语领属结构中的被领者有时可以表示无指，他例举了“他的篮球打得好”“他的老师当得好”等句子中被领者的无指现象。此外，还有“他打他的篮球”之类的句式在表示“各不相干”等构式语

① 沈家煊：《“隐喻语法”和“语法隐喻”》，《语言研究与探索》2006 年第 13 期，北京：商务印书馆。

义时，被领者也是无指的。①

关于无指的判定，我们可以采用陈平（1991）的方法进行测试。陈平指出，判断一个名词性成分是不是无指可以采用是否可以回指的办法，如果该名词性成分在话语中不能用回指，那么它就是无指，否则就是有指。② 我们发现，上述这些格式的被领者，都不能对其进行回指。所以，我们认定它们是无指的。

（一）主语位置上被领者的无指现象

被领者的这种无指现象，往往需要受到一定的句法语义条件的限制，而这种句法语义的限制往往来自领属结构之外。例如“N_1 的 N_2V 得好（状态补语）”中，“N2”表不表示无指是由“V 得好（状态补语）”这一外部条件决定的。这一句式往往会产生下面 a—d 四种构式，从而造成了有指和无指理解的差别。其中，如果下面的预设义和事件义都成立，那么该构式就能够成立，如果预设 1（N_1 和 N_2 之间是否有拥有关系）、预设 2（N_1、N_2 与谓语中心语 V 是否具有施受关系和具有怎样的施受关系）或事件有一项不成立，那么该构式语义就不成立，从而分化和排除了不同的句式

① 张伯江：《领属结构的语义构成》，《语言教学与研究》1994 年第 2 期。

② Hopper, Paul J & Thompson, Sandra A. The Discourse Basis for Lexical Categories in Universal Grammar Language, 1984, Vol. 60, No. 4. (Dec.) Hopper, Paul J. and Thompson, Sandra A. (1984)认为，范畴属性特征的高低取决于范畴成员在语篇中的作用，其中，语篇中可不可以有回指形式是判断它们是不是典型名词范畴的一个重要特征，他们还指出，如果某一语言实体能够承担语篇功能角色——引入可操控(manipulable)参与者，就能充分体现名词的语义、句法特点，名词的范畴属性特征也就越高。下面是他们所举的处于典型和不典型名词范畴属性特征序列中的三个例子(p708，重新标号如下)，其中例(1)和例(2)不易被回指，不具备典型名词范畴的属性特征，而例(3)可以被 him 回指，具有典型名词范畴的属性特征。

(1) Foxes are cunning.

(2) We went fox-hunting in the Bershires.

(3) Early in the chase the hounds started up AN OLD RED FOX, and we hunted him all morning.

意义。例如,下面带下划线的语义都是成立的句式意义(下面以状态补语“好”为例,其他状态补语的情况是一致的,如“他的局长没当成”的“事件——评价”为“当——没成”,再如“他的主持人做得很出色”的“事件——评价”有两种:“做——很出色”和“主持人——很出色”,类似现象不再重复举例):

	预设 1	预设 2	事件——评价
(1) 他的篮球打得好			
a.	无拥有关系	他打篮球	打——好
b.	他有个篮球	*他的篮球打篮球	打——好
c.	他有个篮球	*他的篮球球打他	打——好
d.	他有个篮球	他打篮球	*篮球——好
(2) 他的老师当得好			
a.	无拥有关系	他当老师	当——好
b.	他有个老师	他的老师当老师	当——好
c.	他有个老师	*他的老师当他	当——好
d.	他有个老师	*他当老师	*老师——好
(3) 他的老师教得好			
a.	无拥有关系	*他教老师	教——好
b.	他有个老师	*他的老师教老师	教——好
c.	他有个老师	他的老师教他	教——好
d.	他有个老师	*他教老师	*老师——好
(4) 他的字写得好			
a.	无拥有关系	他写字	写——好
b.	他有个字	*他的字写字	写——好
c.	他有个字	*他的字写他	写——好
d.	他有个字	他写字	字——好

上述“N_1 的 N_2 V 得好(状态补语)”可以归纳成以下四个格式:

a. 无拥有关系 → N_1VN_2 → V 好
b. N_1 有个 N_2 → N_1 的 N_2VN_2 → V 好
c. N_1 有个 N_2 → N_1 的 N_2VN_1 → V 好
d. N_1 有个 N_2 → N_1VN_2 → N_2 好

上述的四个格式表明:至少当被领者 N_2 理解为宾语且补语指向 V 时,N_2 就理解为无指(如上述的 a、b 语义理解);当领有者 N_1 理解为宾语或补语指向 N_2 时,N_2 就理解为有指(如上述的 c、d 语义理解)。总之,在被领者为逻辑宾语的情况下,补语又不是对被领者进行评价时,被领者应该是无指的,否则,被领者是有指的。

(二) 宾语位置上被领者的无指现象

先看下面一组例子,它们的格式都是“N_1VN_1 的 N_2”形式的,都可以表达“与 N_1 以外的其他人不相干”这一构式义,且被领者都可以表示无指:

(5) 他打他的篮球。
(6) 我当我的老师。
(7) 他修他的鞋,我打我的酱油。
(8) 他看他的小说,我洗我的衣服。

这些“N_1VN_1 的 N_2”格式的例子都具有以下特点:

1. 如果 V 后不能插入时体词“着、了、过”,那么 N_2 一般是无指的。例如,上述各例加上“着、了、过”后,有的不能成立,有的虽然可以成立,但被领者就不再表示无指了,也不再表示“与 N_1 以外的其他人不相干”这一构式义了:

(9) ? 他打了他的篮球。
? 他打过他的篮球。
? 他打着他的篮球。

(10) ? 我当了我的老师。
? 我当过我的老师。
? 我当着我的老师。

(11) 他修了他的鞋,我打了我的酱油。(被领者"有指")
他修过他的鞋,? 我打过我的酱油。(被领者"有指")
他修着他的鞋,我打着我的酱油。(被领者"有指")

(12) 他看了他的小说,我洗了我的衣服。(被领者"有指")
他看过他的小说,我洗过我的衣服。(被领者"有指")
他看着他的小说,我洗着我的衣服。(被领者"有指")

正因为后面两种表达可以加上"着、了、过"而表示"有指",所以它们在一般情况下,会出现歧义理解。

第11、12两组与前面有区别。"他的鞋","鞋"可以是他自己穿的,他也可以是修鞋的;"他的小说",可以指他正在看的小说,也可以是他看自己写的、或他收藏的小说。只有在他是修鞋的(职业)、他正在看的小说这样的意义上,符合论文说的构式义;并且在这样的意义上,加了"着、了、过"前面要加问号。值得注意的是,第9例"他打他的篮球"中的"篮球"也可是是他自己的,也可以是别人的,但一般也不能加"着、了、过",按张伯江(1994)①的看法,那是因为这里的"篮球"表示的是一种活动或职业。

这类格式表示无指,除了可以采用陈平(1991)②的方法进行验证外,

① 张伯江:《领属结构的语义构成》,《语言教学与研究》1994年第2期。

② 陈平:《释汉语中与名词性相关的四组概念》,《现代语言学研究》,重庆:重庆出版社1991年。

我们还可以采用有界和无界理论,[①]进一步证明我们的观点。因为领属结构中的被领者如果是有指的,那么在领有者的限定下应该是有界的。根据有界和无界的理论,这种有界的名词做宾语,最理想的搭配形式应该是跟有界的动词搭配,所以,(7)(8)的宾语理解为有界时(被领者有指),谓词可以加上"着/了/过",构成(11)(12)。

如果有些领属结构,在任何情况下都不能将动词变成有界与之搭配,这应该能够说明该领属结构应该不是有界的。也就是说,如果"N_1 V$\underline{N_1}$

① 关于有界和无界,沈家煊(2006)指出,事物域、动作域、性状域之间存在一种平行"映射"。并认为下面的例子都是"有界"成分和"无界"成分的不匹配造成的:

*盛碗里鱼	盛碗里两条鱼	*雪白衣服	雪白一件衣服
*飞进来苍蝇	飞进来一只苍蝇	*白一件衣服	白衣服
*捂了孩子痱子	捂了孩子一身痱子	*干净一件衣服	干净衣服

其中,有界动作"盛碗里"和无界事物"鱼"不匹配,有界形状"雪白"跟无界事物"衣服"不匹配,无界形状"白"和有界事物"一件衣服"不匹配,因而都是不合法的;而右列都是互相匹配的情形,因而,是合乎语法的。陆俭明、沈阳(2003)也论述了下面一些有界跟无界搭配的一些对立:

a1. 盛碗里两条鱼。(*盛碗里鱼)
a2. 扔河里一块石头。(*扔河里石头)
b1. 来这儿两个人。(*来这儿人)
b2. 住楼上几个学生。(*住楼上学生)
c1. 捂孩子一身痱子。(*捂孩子痱子)
c2. 叮了他一个大包。(*叮了他大包)

另外,我们还可以看到很多无界动词跟无界宾语可以转化成有界动词跟有界宾语搭配的例子。例如:

a. 挖坑→挖成一个大坑
b. 定条例→定出许多条例
c. 吃饭→吃了一碗饭
d. 洗澡→洗了个澡

虽然我们也可以看到有界跟无界搭配的例子,如"他吃完饭就来了"当中"吃完"可跟"饭"搭配,但这只能说有界和有界、无界跟无界搭配是一种倾向性,并不能否认有界性搭配的理论。更何况,这时候"他吃完饭"一般不能独立成句,需要用在更大构式中,从这个角度看,这种例子仍可看成"*"号。

的 N_2”中的领属结构与有界动词是这种绝对不可搭配的关系，那么，我们说，其中的“N_1 的 N_2”不是有界的。也就是说，上面“N_1 VN_1 的 N_2”句式的测试（例(9)和例(10)）告诉我们，这里被领者领属结构不仅没有与有界动词搭配的倾向性，甚至这类搭配在任何情况下都是不太可能实现的，于是我们推论：这里的领属结构是无界的。又因为领属结构是受到领有者的限制的，如果被领者是有指的，整个领属结构就不可能是无界的，这里领属结构的无界性只能将被领者理解为无指的。

如果可以打破这种绝对性的不可搭配（例(11)和例(12)），被领者一定会改变原来被领者的原义，这时它与“N_1 VN_1 的 N_2”“N_2”无指的情况就不是一个句式了，这时的句子也就不能表达构式义——“与 N1 以外的其他人不相干”，于是，同一格式在理解上出现了被领者语义上的对立，这时的被领者在现实中是有所指的。因而，我们判定，只有那些不能在 V 上作出有界标记的“N_1 VN_1 的 N_2”句式中的被领者“N_2”才可能是无指的。

上面是从动词不能有界匹配的角度来解释的，我们还可从领属结构本身来解释该构式中被领者的无指性。一般来说，有指成分一般是可以用数量词或指量词语来修饰的。例如：

(13) 我的一本书　　学校的这些规章制度
　　 他的一条狗　　他的三个妹妹

但是我们发现在“N_1 VN_1 的 N_2”句式中，N_2 前一般不能添加该类数量短语或指量短语。有的虽然可以加，但是会改变原有句式“各不相干”的意义，被领者中心语的意义也会随之改变。所以作为无指的被领者句式“N1VN_1 的 N_2”，它上面不可以有具有指称作用的有定或无定标记词的出现，如(5)—(8)的被领者无指理解时一般不能添加数量词或指量词语。

2. “N1VN_1 的 N_2”中的后一个 N_1，实际上是起到了重叠作用，进一步凸显和强调了 N_1 的主观小量的作用：表明“N1VN_2”只是 N_1 的事，不关 N_1 以外其他人的事。这时的“VN_2”是个整体，就像“吃饭”“走路”是一个整体一样,“饭”和“路”是无指的,这里的 N_2 也是无指的,因为该格式本身就不能进入一个有时体语义的事件,这里虽然插入了“N_1”,但“N_1”只是为了进一步凸显它与整个表达的关系。因为我们可以通过删除法来检测这一意义:

(14) 他打他的篮球——他打篮球

(15) 他当他的老师——他当老师

(16) 他修他的鞋,我打我的酱油。——他修鞋,我打酱油。

(17) 他看他的小说,我洗我的衣服。——他看小说,我洗衣服。

通过删除,我们发现删除前后整个表达只是减弱了“N_1 与整个表达之间关系的主观小量的凸显”,即消除了“与 N_1 以外的其他人不相干”的语义,其他意义并未发生改变。从而说明,“与 N_1 以外的其他人不相干”这一构式意义,是由 N_1 的重叠出现与组合表达出来的,或者说,N_1 重复出现只是为了表达“与 N1 以外的其他人不相干”构式语义。

这一分类对我们分析“我来帮你的忙”“他去捣你的乱”“他盯了我的稍”“我吃过他的亏”“他扫了大家的兴”“他吃我的醋”之类的例子,却有一定的启示作用。我们发现,刚刚分析的两种被领者为无指格式的动宾之间都不能使用“着、了、过”,如果可以使用的话,被领者就变为有指的了。而这几个例子中的动宾之间一般却可以插入时体成分“着、了、过”等,这说明这里的“忙”“乱”“稍”“亏”“兴”和“醋”都是就具体某个事件而言的某个抽象的所指。正如张伯江(1994)所认为的:“我来帮你的忙”或“我帮了你的忙”中的“忙”是指具体某个时间段当中“我忙乱的局面”,它表达的是 V 所关联的一种抽象事物,但抽象事物也是事物,也具有事物义,与非指中的仅仅为了结构上的需要是不同的。因而,这些结构中 V 后的 N 仍然是有指的。①

(《语文研究》2012 年第 1 期)

① 张伯江:《领属结构的语义构成》,《语言教学与研究》1994 年第 2 期。

参考文献:

[1] 刘丹青:《汉语类指成分的语义属性和句法属性》,《中国语文》2002 年第 5 期。

[2] 刘顺:《现代汉语无指的分类和分布位置》,《云南师范大学学报(对外汉语教学与研究版)》2004 年第 2 期。

[3] 陆俭明,沈阳:《汉语与汉语研究十五讲》,北京:北京大学出版社 2003 年版。

[4] Hopper, Paul J & Thompson, Sandra A. The Discourse Basis for Lexical Categories in Universal Grammar. Language, 1984,Vol. 60, No. 4. (Dec.)

现代汉语“这/那”指示义与主观评价及话题功能的关系

引　言

吕叔湘(1985①,1999)②描写了口语中动词、形容词前的“这”、“那”表示夸张的用法(他干起活儿来这猛啊,谁也比不上)。张伯江、方梅(1996)③考察了现代北京话口语的情况,指出在现代北京口语里“这”、“那”指示意义虚化为性状程度的用法十分固定(明明吵嘴哭了,大妈一进来,又装没事人。都不知道你什么时候擦的泪,那熟练那专业)。吕叔湘(1999)④还指出,“那个”作谓语可以代替某种不愿意明白说出的形容词(你刚才的态度真有点太那个了。/老陈呢,人倒是好人,就是脾气那个一点)。其中的“那个”其实都涉及了对人物的消极评价。奥田宽(1998)⑤指出了“这”的一种特殊语用功能:在特定语境中,说话者对特定的人物怀有主观感情(例如不平、不满、批评或感动等,往往是负面的)时,可以在姓

① 吕叔湘、江蓝生补:《近代汉语指代词》,上海:学林出版社 1985 年版。

②④ 吕叔湘:《现代汉语八百词》,北京:商务印书馆 1999 年版。

③ 张伯江、方梅:《汉语功能语法研究》,南昌:江西教育出版社 1996 年版。

⑤ 奥田宽:《汉语的任意性指示词“这”——有关语用学的探讨》(周刚译),《汉语学习》1998 年第 2 期。

名和称呼语之前加上一个不表指称的任意性指示词“这”来表达说话人的主观评价(这个闺女,怎么能这么说话呢!)。张琪昀(2004)①认为,“在语用平面,话语中用来标示当前时期的‘这年头(儿)’以及与之同义的‘这年月’等短语是带有感情色彩的,其所带有的,是贬性的感情色彩,所以可称为‘贬性时标’。”吴早生(2009)②“我的这/那个父亲”中的“这/那个”表示主观评价的语用意义。本文主要探讨这种主观评价意义与其基本功能及汉语话题标记之间的联系。

一　从指示词“这/那”的基本指别功能到主观评价作用

要弄清它们之间的联系,我们可能还是要从汉语光杆名词短语与非光杆名词短语的基本功能说起。一般来说汉语的光杆名词短语是表示通指的(也就是“类指”),而非光杆名词短语都是表示个体的,那些在语篇中形式上表现为光杆名词却能表示个体的名词短语实际上都是省略了限定词(我们认为,实际上光杆被领者名词短语也有表示无指的现象,这里不影响我们的讨论,因为无指也是非个体化的,在表示非个体方面与通指是一致的,这里我们暂且放在通指里一起讨论。关于它们在领属被领者上的区别,我们将在第四、五章讨论)。

这一光杆名词短语类指性观点,主要来自刘丹青(2002)③的“光杆名词短语类指普遍性假说”,该假说认为“在一切名词性单位中,其不带指称标记的 NP 都具有类指的指称义。光杆 NP 假如表达类指以外的指称义,则理解为其他指称标记的省略或零形式标记”。也就是说,汉语的“这/那+量词”等指称标记具有使汉语光杆名词短语个体化的作用。例如:

---

① 张琪昀:《说“这年头”》,《汉语学习》2004 年第 5 期。

② 吴早生:《汉语领属结构中被领者的句法、语义和语用研究》,中国社会科学院研究生院 2009 年博士学位论文。

③ 刘丹青:《汉语类指成分的语义属性和句法属性》,《中国语文》2002 年第 5 期。

(1) a. 熊猫吃竹子。

b. 学生就该好好学习。

(2) a. 我的那支笔很不好用。

b. 过了若干年,这件花瓶数易其主,落到一家人家。

刘丹青运用属性谓语与类指名词短语是否匹配的标准来论证这一观点,认为与类指名词短语相对应的词语往往是非事件属性谓语。他根据海外一些学者的观点(参看徐烈炯 1999 的介评)①,作出了以下论述:光杆名词是类指还是单指(有个体性),跟谓语类型有关。谓语表示状态,或者说属于"属性谓语"(individual-level)②,光杆名词主语常常是类指的(如"青蛙有四条腿");谓语表示事件,或者说属于"事件谓语"(stage-level)③,光杆名词主语常常是单指的(如"青蛙在叫")。上面的(1a)(1b)句都用了属性谓语。假如我们换用事件谓语说成"熊猫吃了竹子"或"学生正在好好学习","熊猫"和"学生"都成了定指或不定指,而不再是类指。这说明类指适合的句法环境是属性谓语而不是事件谓语。

值得注意的是,属性谓语虽然适合类指主语,但并不限于与类指主语同现。比如"这个学生应该好好学习","应该 V"是属性谓语,但"这个学生"则是有定的、个体性的。但这并不否定属性谓语跟类指名词短语组配的倾向性(刘丹青表述中使用的"常常"已经体现了这一倾向性思想)。

根据上面刘丹青(2002)的论述,我们可以将类指(通指)与一般性(属性)谓语,个体性与事件性谓语倾向性地联系起来,为了清晰起见,我们列出了下面的倾向性平行式:

---

① 徐烈炯:《名词性成分的指称用法》,徐烈炯主编:《共性与个性——汉语语言学中的争议》,北京:北京语言文化大学出版社 1999 年版。

② 刘丹青(2002)的具体表述为:"individual-level,本文意译为'属性谓语','个体平面'之说特别不适合类指做主语的情况"。

③ 刘丹青(2002)将"stage-level"意译为"事件谓语",字面义是"阶段平面"。

通指性 —— 属性谓语

个体性 —— 事件谓语

一般来说，一般性的属性的东西往往具有较强的客观性，而事件性的句子才是表达主观评价的最好形式，所以，我们往往要求编写词典的人在解释词条时，尽量不用主观评价性的事件句，例如在词典的词条解释当中尽量不要用事件性很强的"把"字句，就是这个道理，因为词典是客观地向大众介绍知识的工具书，而不是传达编者的主观评价。也就是说，主观事件往往表现在个体事件中，即，个体性事件往往具有主观评价性，当然这些都是倾向性的表现。

因而，我们可以根据上面的倾向性论述，将"通指性/个体性"、"属性/事件"和"客观性/评价性"三者联系起来，构成下面的倾向性平行格式：

通指性 —— 属性 —— 一般性 —— 客观性

个体性 —— 事件 —— 个　性 —— 评价性

而汉语中表示个体性的一个主要的显性表现形式就是"有定/无定标记词"，所以，"有定/无定标记词"也就成了最可能用于表达主观评价性的手段之一。当百科知识、句法手段、篇章语境足以表现出个体性时，这时，"有定/无定标记词"用于表示个体性的功能就明显减弱了，于是，这种显性的"有定/无定标记词"表现形式就转化成了主观评价的标记了。因而，我们又可以将这种条件下的有定/无定标记词"这/那＋量词"与主观评价倾向性地联系起来：

"这/那＋量词" —— 事件(个性) —— 评价性

正因为这种联系的频繁出现，汉语中有时可以省略评价部分，而只用"这/那＋量词"来表达说话人的某种态度。例如上文提到的奥田宽的描写与分析。这里再举其中两例：

(3) 小婷："爸爸，你哪里去？水打来了。"

老林："我就来。"[下]

小婷："这个爸爸！"

(4) 这时,院子里有两个社员正在摇着绳车子打麻绳。一边干着活儿,一边议论石匠爷的病:

"前几天,他的老病根儿,就又有点儿犯。支书让他休息,他说什么也不休息,让他去看病,他也不去!"

"嗨,他那一颗心,是全扑在咱队里那工程上啦!"

"嗨,昨天夜里,社员们很晚才干了一夜!可半夜里,他又一个人跑出去,在那工地上,整整地干了一夜!唉,就这么的,把个老病儿又弄犯了!"

"唉!这个石匠爷呀……"(红雨)

可见,汉语的有定标记词已经可以标记主观评价的作用了,这两句完全可以加上后面未说出的评论性句子。例如,我们可以根据上下文,将前一句补充为"这个爸爸,我真拿你没办法"。如果原句(3)删去了"这个"构成"? 爸爸!",就不能很好地表现出说话人的主观评价了,甚至变得莫名其妙、不合语法。在补充了评价语句的句子中,如果我们删去"这个"构成"? 爸爸,我真拿你没办法",虽然基本意义表达出来了,却不如有"这个"标记的句子的情感表达。"这年月"等的表现也是如此。

有定/无定标记词用在领属结构的被领者上,也有同样的表现,前面已经详细分析了,这里再举几例。下面的例子中,第一句明言了说话人的主观评价,而第二句、第三句虽然没有明说,其实已经暗含了主观评价。如果删去这三句中的有定/无定标记词,句子的主观表达就不如原句更加淋漓尽致,虽然指称上未发生变化。

(5) 他的那双眼睛,眍(注:鲁北方言,厉害的意思)!心虚的人不敢与之对视,犯事的人更受不了那目光,说是像利剑一般,令人胆寒……

(6) 这是个一想起来就让人耳朵哆嗦的"名人",如果让他代言,你可得小心他的那张嘴!

二　从指示词“这/那”的一般评价功能到话题、发语词

现在，汉语学界一般都承认汉语是话题性的语言。也就是说，汉语的句首名词短语往往不是为了表达施事或受事为目的的，而是引出一个需要描写、评价或陈述的对象。也就是说，指示词的评价性功能不仅表现在上述结构（包括领属结构被领者上的指示词）中，而且话题结构中的指示词也已经表现出了这一功能，这是就话题的各种类型而言的，现在单就汉语中指示代词话题标记来做一些讨论。

张伯江、方梅（1996）①认为，“这”原本是指示代词，它后面的名词或名词短语一般为定指性成分。比如“这人我认识”，其中的“人”的所指对象是听说双方共知的实体。这时候的“这”可以换成“这个”，构成“这个人我认识”。

一般来说，句子可以分为话题和焦点两个部分，其中焦点部分往往要读得重一些，而话题部分往往不能重读。就“这个人我认识”而言，其中的“这个”明显是有定标记，“这个人”是话题，“我认识”是焦点。即使把“这个人”放在宾语位置，如果不是对比性的，也只能轻读，也是作为句子的话题。如果“这个人”重读了，则很可能表示的就是对比焦点。试比较下面两句所需的话语环境：

（7）我认识这个人。

（8）我认识这个人。

前者要求“这个人”是篇章话语中谈论的话题，而后者要求“这个人”处于有对比对象的篇章话语当中，是对比性的焦点。也就是说，“这个人”在无标记的情况下（自然焦点句中），一般只能看成焦点以外的话题成分。

① 张伯江、方梅：《汉语功能语法研究》，南昌：江西教育出版社1996年版。

一般情况下，汉语的宾语是语法重音，是自然焦点，但是当宾语位置是指示词修饰的名词短语，如果读成语法重音，反而不是自然焦点，只能成为对比焦点了。

这样看来，汉语中由指示词构成的名词短语，不论是处于主语位置还是宾语位置上，都与话题性有着无标记的天然联系。

前面已经说过，由于汉语中的“这个”经常与个性的东西相匹配，也就有了某种评价性标记的功能。同时，由于汉语的话题部分一般倾向于与表示旧信息的“指示词”搭配，且话题也是用于引起评价议论的，这种形式与功能的一致性，加上指示词名词短语频繁作话题使用，从而导致了“这个”具有了话题标记的功能。但汉语“这个”中的量词还具有个体化的功能，不能修饰某些类指成分和事件成分，于是就脱落了量词，虚化成非定指作用的话题标记。这种话题标记，张伯江、方梅（1996）[①]做了详细的论述，下面是他们举的例子：

(9) 这人怎么都这么坏啊！

这里的“人”并不指某一个实际存在的对象，而是一个通指成分，用在句首的这个“这”的性质与定指成分前的“这”不同。方梅（2002）认为，这种用法的“这”是要先于“一”脱落“个”而形成。

实际上，有时也还能看到使用“这个”标记通指话题和定指话题的例子，不过这时往往要加上其他话题标记，这也许是“这个”的话题性还较弱的缘故，还需要借助于其他话题标记。下面都是网上出现的实际语例（前两例可理解为通指性话题，后面几例为定指性话题）：

(10) <u>这个</u>人吧——还是有点数好。

(11) <u>这个</u>老人啊，就跟小孩似的，你得哄！

---

① 张伯江、方梅：《汉语功能语法研究》，南昌：江西教育出版社 1996 年版。

(12) 我这个人吧，想做的事就非要去做，不喜欢别人的左右。

(13) 我这个人啊，我自己都觉得奇怪，有时候很神经大条，有时候很正常。

(14) 他这个人啊，见人说人话，见鬼说鬼话。

(15) 真让我没想到他竟然今天当什么事情都没发生，和我像往常一样说话，呵呵，这个人啊，真不知道怎么想的，关于昨天竟然只字不提。

上述例句中的“这/这个”，其个体化功能的需求逐渐消失或已经消失，但保留了引起评论作用的话题标记功能。下面这两个例子很能说明这一点，用“这”之前的第(16)例不带有说话人的任何情感，一般用于词典和科学解释，用上“这”以后的第(17)例明显增强了说话人主观情愫，同时具有话题标记和指示的功能。例如：

(16) 熊猫吃竹子

(17) 这(个)熊猫吃竹子(这里的熊猫可以有两解：① 这熊猫吃竹子，你不知道吧/很奇怪吧。② 假设有个别熊猫不吃竹子，这里主要就是为了表达：这个熊猫与一般的差不多，没有什么特别。)

张伯江、方梅指出，当指示词语法化为话题标记后，不仅标记通指名词短语，还可以标记一个陈述形式(比如动词或动词词组、小句)，这就使它后面的陈述形式带上了指称性质。加“这”是口语里使谓词性成分具有自指意义的手段，这个“这”可以看作指称标记。例如：

(18) ……检查说我有肝炎，得让我歇。这是领导上的意图，这让我歇，这是照顾嘛，是不是？

(19) 这一对夫妻只能生一个孩子是国家的政策，谁都得遵守。

下面的例(20)是老舍话剧《茶馆》剧本里的句子,没有用“这”;而北京人民艺术剧院在表演的时候把它变成了该例,加上了“这”。并把剧本跟录音材料对照起来看,这样的例子很常见,仅仅在《茶馆》第二幕里,原剧本没有“这”而演出录音里有“这”的就有 10 例之多。可见这加“这”的确是口语表达引入话题的重要手段。正是由于这个原因,给谓词性成分加上“这”有助于听者或读者把它理解成一个具有指称性质的成分。“这”的使用加大了话题的可识别度。

(20) 你为什么专爱租学生们呢? 学生不是什么老实家伙啊!

我们认为,这里的“这”添上以后,可能不仅仅是增加指别度,可能更重要的作用还是增加说话人对话题的主观评价力度。因为有时候,我们完全可以不用说出评论的内容,就可以表出这一评价内容了。例如下面的文章标题,虽然没有写出评价的内容,但评价的主观情感已经暗含于其中了。如果去掉“这”就很别扭:

(21) 现在这学生啊……

(21’) *现在学生啊……

其实,汉语中指示词的主观评价的话题作用,早在古汉语中就已经出现,例如,古汉语中的发语词便有这一功能。一般认为,文言文的发语词是指用在句首的语气助词,表示要发议论,起到引起下文的作用,其多由指示代词虚化而来,没有实际意义,翻译时可以省去。如“夫”“维”“且”“盖”等均是发语词。“夫环而攻之”中的“夫"就是这个意思(出自《孟子·公孙丑下》)。

关于古汉语发语词的作用,各家表述不尽相同,下面仅以发语词“夫”

为例来说明。马建忠(1898)①认为"连字用以劈头提起者,本无定字,而塾师往往以'夫''今''且''盖'四字,为提起发端之辞,今姑仍之。……总之,'夫'字以冠句首者,皆以顶承上文,重立新义,故以'夫'字特为指明。"王力(1979)②认为,"夫"作为助词,用在句子开头,"有引起议论的作用。有'我们须知''大家知道'的意味"。杨伯峻(1981)③称发语词为提挈助词,说它"用于一个论点或叙述的开端"。康瑞琮(1981)④认为语气词"夫"一般用在句首,有提示的作用,表示要发议论。这种"夫"字是从指示代词发展而来的,已经变成纯粹的语气词了,因而不能再解释为"这个""那个"。韩峥嵘(1984)⑤把发语词叫做"语气词","用在句首,表示要发议论,带有'我们须知''众所周知'的意味,它是由指示代词虚化而来的"。许嘉璐(1992)⑥认为"夫"用于句首表示提起话题,将发议论,是一种提起语气词。何乐士(2004)⑦认为,"夫"作助词总出现在句首,它的基本特点是标志被论述的人、事、物或动作行为。从意义上看,"夫"所标志的范围是在单句、复句或语段中论述的对象。从形式上看,在单句中,"夫"所标志的对象大多是主语,受谓语的评论;在复句或语段中,"夫"所标志的分句接受其他分句的评论。

上述各家的表述虽然不尽一致,但基本思想大致相同,其认识得到了不断的深化,概括起来,主要包括以下几点:1. 用于句子的开头,标志被论述的对象;2. 提起话题,以引起议论或评论;3. 由指示代词虚化而来。

从前人的这些论述来看,发语词与现代汉语的某些话题标记词(如"这"等)的表现是一样的。可以说,现代汉语中的"这"话题功能并不是新起的,而是古已有之。现在的"这"的话题功能只是古汉语发语词"夫"的

① 马建忠:《马氏文通》,北京:商务印书馆 1983 年版。
② 王力:《古代汉语常识》,北京:商务印书馆 2002 年版。
③ 杨伯峻:《古汉语虚词》,北京:中华书局 1981 年版。
④ 康瑞琮:《古代汉语语法》,沈阳:辽宁人民出版社 1981 年版。
⑤ 韩峥嵘:《古汉语虚词手册》,长春:吉林人民出版社 1984 年版。
⑥ 许嘉璐:《古代汉语》,北京:高教出版社 1992 年版。
⑦ 何乐士:《左传虚词研究》,北京:商务印书馆 2004 年版。

替换词语而已，虽然言语形式发生了改变，但意义和功能并无太大变化，即仍然有提起评价议论的话题作用。

三 “这/那”话题作用的“三域”解释

特别值得注意的是王力和韩峥嵘关于发语词“夫”的表述，王力（1979）[①]提到发语词的作用时，认为“‘夫’有‘我们须知’‘大家知道’的意味”，韩峥嵘（1984）[②]也认为“发语词带有‘我们须知’‘众所周知’的意味，它是由指示代词虚化而来的”。这一提法让我们想到了沈家煊（1998[③]，2003）[④]的“三域”理论，也就是说，“夫”这种语义表达的正是“言域”的形式，从而使我们更进一步想到现代汉语相同用法的“这/那”也应属于“言域”的表达。

沈家煊、王伟（2002）[⑤]提到“行指行为、行动，知指知识、观念，言指言语、言说”，并把它们具体运用到汉语研究的层面，指出了三者之间的相互关系。Sweetser（1990）[⑥]的三域理论区分了“行、知、言”三个概念，系统地说明了各类复句所表达的语义关系。沈家煊、王伟（2002）[⑦]和沈家煊（2003）[⑧]运用“三域”理论具体分析了汉语复句，具体总结了主句间的语义关系：

行域：主句是句法语义单位；

---

① 王力：《古代汉语常识》，北京：商务印书馆2002年版。

② 韩峥嵘：《古汉语虚词手册》，长春：吉林人民出版社1984年版。

③ 沈家煊：《实词虚化的机制——〈演化而来的语法〉评介》，《当代语言学》1998年第3期。

④ 沈家煊：《复句三域“行、知、言”》，《中国语文》2003年第3期。

⑤⑦ 沈家煊、王伟：《行·知·言——汉语复句语义的三个域》，《论证：2》（赵汀阳编），桂林：广西师范大学出版社2002年版。

⑥ Sweetser, Eve. From Etymology to Pragmatics: Metaphorical and Cultural Aspects of Semantic Structure. Cambridge: Cambridge University Press, 1990.

⑧ 沈家煊：《复句三域“行、知、言”》，《中国语文》2003年第3期。

知域：主句是逻辑推理单位（前提和结论）；

言域：主句是言语行为单位。

沈家煊（2008）①还进一步把“三域”的概念与“三个世界”（物理世界、心理世界和语言世界）联系起来做了详细的研究。

下面我们就来具体考察汉语发语词“夫”和话题标记“这/那”在“三域”中的表现。王力（1997）②指出，“夫”（fú）字用于句首，表示要发议论。下面是用句首语气词“夫”字的例子：

（22）夫得言不可以不察，数传而白为黑，黑为白。（吕氏春秋·察传）

（23）夫处穷闾阨巷，困窘织屦，槁项黄馘者，商之所短也；一悟万乘之主而从车百乘者，商之所长也。（庄子·列御寇）

（24）夫如是，故远人不服，则脩文德以来之。既来之，则安之。（论语·季氏）

这些例句中的发语词“夫”，都可以根据王力（1979）③所说的“大家知道”“我们须知”的意味翻译为：

（22’）我们知道，获得了言论不可以不审查，传播几次后，白的变成黑的，黑的变成白的。

（23’）大家知道，身居偏僻狭窄的里巷，贫困到自己编织麻鞋，脖颈干瘪面色饥黄，这是我不如别人的地方；一旦有机会使大国的国君省悟而随从的车辆达到百乘之多，这又是我超过他人之处。（这是宋国有个叫“曹商”的人说的话）

（24’）我们知道，做到这样，远方的人还不归服，便发扬文治教

① 沈家煊：《三个世界》，《外语教学与研究》2008年第6期。

② 王力：《古代汉语》，北京：中华书局1997年版。

③ 王力：《古代汉语常识》，北京：商务印书馆2002年版。

化招致他们。他们来了，就得使他们安心。

同样，现代汉语中的话题标记“这/那”也具有古汉语发语词“夫”的作用：用于句首，表示要发议论，有“大家知道”“我们须知”的意味。下面的例句都是张伯江、方梅(1996)①关于“这/那”表示话题标记的例子，都可以有类似于发语词“夫”的对译(重新编号如下)：

(25) 检查说我有肝炎，得让我歇。这是领导上的意图，这让我歇，这是照顾嘛，是不是？

→检查说我有肝炎，得让我歇。这是领导上的意图，大家应该知道，让我歇，这是照顾嘛，是不是？

(26) 这一对夫妻只能生一个孩子是国家的政策，谁都得遵守。

→我们知道，一对夫妻只能生一个孩子是国家的政策，谁都得遵守。

(27) 你为什么专爱租学生们呢？这学生不是什么老实家伙啊！

→你为什么专爱租学生们呢？我们应该知道，学生不是什么老实家伙啊！

前辈学者在阐明发语词“夫”具有言域特征“我们须知”“大家知道”意味的同时，还指出它是从指示代词“夫”字发展来的，已经变成了纯粹的语气词，不能再解作指示意义的“这个”或“那个”了(康瑞琮 1981②，韩峥嵘 1984③，王力 1997)④。这种虚化过程也正是汉语“夫”从行域到言域的发展过程，因为这一发展完全符合沈家煊隐喻虚化的特点。

① 张伯江、方梅：《汉语功能语法研究》，南昌：江西教育出版社 1996 年版。
② 康瑞琮：《古代汉语语法》，沈阳：辽宁人民出版社 1981 年版。
③ 韩峥嵘：《古汉语虚词手册》，长春：吉林人民出版社 1984 年版。
④ 王力：《古代汉语》，北京：中华书局 1997 年版。

根据沈家煊(1997,1998)的介绍,我们知道 Sweetser(1990)①等认为隐喻是虚化最主要的驱动力。知域义和言域义是从基本义派生出来的,派生的途径是隐喻和转喻。隐喻是用一个具体概念来理解一个抽象概念的认知方式,现在常说成是从一个认知域到另一个认知域的投射(mapping)。按照 Sweetser(1990)的观点,"知"比"行"更抽象,所以用前者隐喻后者符合隐喻的一般规律。沈家煊、王伟(2002)②也认为"语言演变中所发生的语法化现象如实词虚化,也正是遵循'行→知→言'的顺序,符合人类从具体到抽象的认知规律。"当然这种隐喻投射是有一定的条件的,那就是要求隐喻的两个域的总体概念结构(如果这种总体概念结构比较具体,现在的认知语言学家称为"意象—图式")有相似之处,而且在投射过程中保持不变。

言语行为除了常见的提问和命令,还有请求、建议、许诺、提醒、断言等(沈家煊 2003)。很明显,发语词"夫"及表示话题的"这/那"所具有的"我们须知""大家知道"的意味不是提问和命令,也不是请求、建议、许诺和断言,而是提醒。正如马建忠(1898)所说"故以'夫'字特为指明",康瑞琮(1981)也认为,语气词"夫"一般用在句首,有提示的作用,表示要发议论。而指示词最基本的作用也是提示和提醒的作用,如直指,就是提示别人把所谈论的东西与语境事物对应起来,提醒听话人并让他知道此事物不是彼事物。而这种提示意义与言域的提醒义相比要更加直观,更容易理解,于是人们就用易于理解的指示行为(行域)来隐喻不易理解的言域内的提醒义。这一隐喻过程可以概括如下:

行域:指示行为(指示所论的事物)	指示提示所指事物
↓	↓
言域:话题表达(指示所论的话题)	提醒陈述对象及内容

① Sweetser, Eve. From Etymology to Pragmatics: Metaphorical and Cultural Aspects of Semantic Structure. Cambridge: Cambridge University Press, 1990.

② 沈家煊、王伟:《行·知·言——汉语复句语义的三个域》,《论证:2》(赵汀阳编),桂林:广西师范大学出版社 2002 年版。

我们再来看看“这/那”的指别功能与主观评价作用的三域联系，先比较一组例子：

(28) 熊猫吃竹子：这/那个熊猫吃竹子

从这两句的比较可以看出，不用“这/那”的句子，表明“吃竹子”是熊猫的一般习性，而用上“这/那”以后，则表现出“吃竹子”是这/那只熊猫的个别习性，而暗示了其他熊猫一般不吃竹子。也就是说，这里的“这/那”的使用，既有指别熊猫的作用，同时又表明了该熊猫的特性与众不同的情感，因而也可以理解为具有主观评价作用。而主观评价的作用是通过熊猫的指别作用推知的。

这种主观评价作用经常使用，从而产生了专表主观评价作用的“这/那”，特别是在没有指别需要的场合下，如情境中只有一个自己的闺女时说“这个闺女”，又如“他的父亲”虽是确定所指，当仍有“他的那个父亲”说法时。这样，我们就可以把指别作用看作是行域，而主观评价时知域，例如：

(29) 这/那个苹果(说话人用手指着众多苹果中的一个)——行域

这/那个熊猫吃竹子——行域/知域

他的这/那个父亲——知域

这种指别意义与主观评价功能的“行—知”联系也可以通过隐喻得到解释：而指示词最基本的作用也是指别(提示和提醒)的作用，如直指，就是提示别人这一事物不同于其他事物，提醒听话人并让他知道此事物不是彼事物。而这种提示意义与知域的评价义(与众不同，有自己的特点)相比要更加直观，更容易理解，于是人们就用易于理解的指示行为(行域)来隐喻不易理解的知域内的评价义。

行域：指别行为(辨别该事物)　　该事物不同于其他事物

↓　　↓

言域：主观评价(评价该事物)　具有该事物自己的与众不同的特点和作用

认知语言学认为，语言的结构特别是语法结构跟人们对客观世界(包括对人自身)的认识有着不同程度的对应或“象似(iconicity)”关系，或者说语法结构在很大程度上是人的经验总结(即人认识客观世界而在头脑中形成的概念结构)的模型。这种象似性包括两个方面：一个是“成分象似”，即语言结构的单位实际上跟概念结构的单位一一对应，例如语言中的每一个词语差不多就是一个概念；还有一个是“关系象似”，即语言结构中单位之间的关系跟概念结构单位之间的关系一一对应。其中又有疏密关系的象似性和数量关系的象似性等(陆俭明、沈阳 2003)。

上述“我的父亲”“他是学生”“王道滨”等在语境中都已经表达足够的指称信息，这时加上“那个”等成分，也就表达了更多的其他信息，不只是重复原来的指别信息。这种概念数量的多少跟词语语素的多少也相互对应：这属于数量关系的象似。这种象似原则体现了形式和意义的一种对应关系。这种对应关系也就是功能语法学者一贯相信的“不同的形式一定有不同的功能，这种不同如果不是句法上的差异，就应该是语义上的差异；如果句法和语义上都看不出差异，也应该有语用上的差异”(张伯江、李珍明 2002)。

(原刊于《贵州师范大学学报(社会科学版)》2010 年第 5 期)

参考文献：

[1] 陆俭明、沈阳：《汉语与汉语研究十五讲》，北京：北京大学出版社 2003 年版。

[2] 沈家煊：《词义与认知——〈从词源学到语用学〉评介》，《外语教学与研究》1997 年第 3 期。

[3] 张伯江、李珍明：《“是 NP”和“是一个 NP”》，《世界汉语教学》2002 年第 3 期。

现代汉语领属结构被领者上“一/这/那”的语用属性考察

我们发现，“他的一张嘴”中的“一张”既不是表示数量的，也不是表不定指的；同样“他的这/那位父亲”中的“这/那位”既不是表示指别，也不是定指标记，但它们都表示主观评价这一语用意义。这里的无定标记“一＋量”与有定标记“这/那＋量”的对立似乎消失了，它们在使用上具体有什么联系与差别，还值得进一步研究。

一　领属结构被领者上带无定和有定标记词[①]的羡余现象

领属结构如果本身已经可以表示定指或默认为定指，甚至是篇章定指，这时再用上有定或无定标记词，则一般具有主观评价的语用意义。因

① 本文关于有定/无定标记的考察，主要限于现代汉语被领者上的有定/无定标记词“一/这/那＋量词”。这里要说明的是，我们所理解的有定无定和有些学者不同，而是采用陶红印、张伯江(2000)的做法，“把有定/无定看作是一种纯粹表层形式特征，而把说话人和听话人对名词所指所作的判断看作是另一类性质的问题，包括信息方面的已知性(given 和 new 的对立)以及理解方面的可辨性(identifiability)(陈平 1987，Chafe 1987，1994，陶红印 1991)”。读者只需注意本文讨论的对象是被领者为带“一/这/那个”(或类似的“一/这/那＋量词”格式)或“个”或“一”的名词成分就可以了。也就是说，本文的“有定/无定”只是作为一个表层形式特征，而定指/不定指才是理解方面的可辨性。

为上述这种情况下的有定/无定标记词完全可以删去，而不影响话语基本意义的表达，不会影响交际的正常进行；只是用上有定或无定标记词以后，说话者的主观情感会表达得更为凸显而已，这种主观评价的语用意义在词汇、句法和篇章上都有所表现。

（一）被领者是否标记有定标记词，不影响基本意义的表达

（1）清楚地看到他的这张脸（≈他的脸）的人心里都捏了一把汗，果不其然，球划门梁而出，贝克汉姆首轮罚失之后，葡萄牙继而丧失了奠定胜局的机会。

（2）丰臣秀吉的身子极为瘦弱，加之他的那张脸上（≈他的脸）布满了浅浅的皱纹，显得皱皱巴巴，再配上一双大得出奇的眼睛，简直就像是一只活脱脱的猴子。

（3）连料理佐料这般粗活，都如此专业化分工，以此类推，红案白案，酒水小吃，锅碗瓢勺，油盐酱醋，更不知该有多少厨师、帮手、采买、杂工，在围着他的这张嘴（≈他的嘴）转。

（4）他把白喜当成红喜办，他的那张嘴（≈他的嘴）整天笑得跟开喇叭花一样！

（5）坐在箱子上的她一直在用漂亮的皮鞋踢着刚下过雨后泥路上积满水的沟坎，焦躁不安透过她的这双脚（≈她的脚）就能看出来。

（6）他的嗓子哑了，他的那双脚（≈他的脚）已是再无力迈动。

（7）他的这双眼睛（≈他的眼睛）虽然可以审视全国最深层的机密，但看起来却像是两个浅浅的水塘。

（8）师志忠的那对眼珠子（≈他的眼珠子）从翠翠的脸上转到锁柱的脸上，又从锁柱的脸上转到翠翠的脸上，忽然大吼一声：“跪下。”

（9）一家人搬到首尔时，父亲把他的这个大女儿（≈他的大女儿）送到了别人家。

（二）被领者标记与不标记无定标记词，而基本不影响基本意义的情况

(10) 李淑琼见到他的一张嘴(≈他的嘴)足有自己横着两个那么长，外面还伸出两颗白森森的大獠牙，顿时骇得闭上了眼睛，尖叫起来道："不要，不要，我不要你亲我。"

(11) 很多人把沙祖康称为"沙将军"，他的一张嘴(≈他的嘴)可以胜过千军万马。

(12) 他几乎没有气力提起他的一双脚(≈他的脚)：当人们不相信真理的时候，他在灵魂的极度痛苦中曾经在地上跺着这双脚，高呼着："但是地在转动呀！"

(13) 年轻的穷小孩从开始便义无返顾的去努力，相信梦想会像星辰一样闪闪发光照耀着前路，相信凭他的一双脚(≈他的脚)可以跨越千里，并且踏上世界最顶级赛事的绿茵。

(14) 其实喜欢他不光是因为他的一张脸(≈他的脸)，因为他的一些感觉吧，他是那样的安静的，永远他感觉他的眼睛是那样的清澈……

(15) 蝴蝶飞到东，他的眼睛就看到东；蝴蝶飞到西，他的一双眼珠(≈他的眼珠)也碌碌的溜到西。

(16) 闲云老道不经意间一转头，看到了萧文秉手中的毛毛虫，他的一对眼珠子(≈他的眼珠子)几乎都要凸了出来。

(17) 说着话，他的一双眼睛(≈他的眼睛)不断的在冰凝的身上四处巡视。

二　领属结构中上述有定/无定标记词的语用意义

既然上述有定/无定标记词用与不用，基本意义相同，即没有指别意

义的差别，其差别可能会表现在其他语用意义上，下面我们将通过一些最小对的比较来验证这些差别的具体语用意义。

首先，让我们来比较下面几组带“一＋量”被领者的最小对，看看它们之间到底有哪些差别，为什么有的合法，有的不合法。

(18) a＊他的一颗心出了毛病　　a’他的心出了毛病
b＊他的一张嘴长了豆豆　　b’他的嘴长了豆豆
c 他的一颗心差点都蹦出来了　　c’他的心差点都蹦出来了
d 他的一张嘴长满了豆豆　　d’他的嘴长满了豆豆

这组例子当中，被领者“心/嘴”的特点是，加上领有者后所指是唯一性的，也就是说，“他的心/嘴”对于听说双方而言都是定指的。但是加上“一＋量”以后，a 和 b 都不合法了，而 c、d 却仍然是合法的。

为什么会出现这种对立和差别呢？很明显，这种差别不是领属结构本身造成的，因为至少 a、c 的领属结构部分以及 b、d 的领属结构部分是相同的，分别是“他的一颗心”和“他的一张嘴”。因而我们推测，它们是否合法的机制来源于句子其他部分与领属结构的组合，是这些组合不匹配造成的。观察上面的例子，我们可以发现，其中 a 和 b 的共同点是，只表达了对被领者的客观描述，动词“出”“长”和宾语“毛病”“豆豆”之上都没有任何修饰语，更谈不上主观性的评价了；而 c、d 的共同点是，在描述被领者的同时，还表达了说话者的主观态度：c 句采用夸张的方式表达了主观评价的态度（句中的“差点都蹦出来了，真是太紧张了”），d 的动词上用了一个“满”字，表达了豆豆的多，也透露出说话者对“他的嘴上长豆豆”的一种评价，根据语境，或同情，或鄙夷等。

再将左列的 a、b 跟右列 a’、b’做个比较，可以发现，原来不合语法的 a 和 b 在去掉“一＋量”后都由不合语法变得合语法了，且基本意义不会发生改变。而去掉“一＋量”后构成的 c’、d’与原句 c、d 一样仍然是合法的，且基本意义不变。

这一比较结果，给我们以启示：像“心/嘴”这类的被领者，用上“一+量”就不能用于表示客观的数量了(如 a、b)，而只能表示对被领者的主观评价或主观态度了(如 c、d)；同时，不用“一+量”时，仍然可以表达人们对被领者的主观态度(如 c'、d')，这说明这种用法不是二分的，而是不对称的、偏向性的。

我们再来比较一组量词为整体性量词“双”的被领者的使用情况：

(19) a＊他的一双黑眼珠上长了豆豆

a'他的黑眼珠上长了豆豆

b 他的一双黑眼珠上长满了豆豆

b'他的黑眼珠上长满了豆豆(主观评价)

c 他的一双黑眼珠滴溜溜地转动着

c'他的黑眼珠滴溜溜地转动着(主观评价)

例(19)的“他的黑眼珠”是作为一个整体来看待的，不区分内在的具体数量，表示纯客观的句子不能与之匹配，如(19a)，而带有主观非数量评价(满，滴溜溜地)的句子却可以与之匹配，如(19bc)。

可以看出，这里主观非数量评价的表现也是偏向性的，与上一组例子的表现基本相同，只是被领者加上领有者后是默认整体唯一性的，量词是整体性量词“双”。综合起来，可以表述为：在领属结构的被领者具有表达唯一性特性(词汇唯一性/默认整体唯一性)的前提下，如果被领者是光杆的，既可以表示客观陈述也可以表达主观性评价，如果被领者带上“一+量”(注：默认整体唯一性被领者须为整体性量词)，只能表示对被领者的主观评价或主观态度。

刚刚已经说过，从语义上来看，“我的父亲”和“我的这/那个父亲”的所指应该是相同的，也就是说其基本语义和指称内容是没有什么差别的。但是我们发现，有时候加上“这/那个”和不加上“这/那个”都是合法的；有时加上“这/那个”是不合法的，而去掉“这/那个”就变得合法了。先看下面一组句子：

(20) a. 我父亲昨天来的北京

a'? 我这/那位父亲昨天来的北京

b. 歹徒刺中了他的嘴

b' * 歹徒刺中了他的那张嘴

c. 他的父亲简直禽兽不如

c' 他这/那位父亲简直禽兽不如

d. 他的嘴红润润的

d' 他的那张嘴红润润的

比较上面的句子可以发现，用上“那个”以后，句子内容对于被领者来说，如果只是一种客观的陈述，句子就会显得不自然、不合法：如 a'和 b'句，如果删除“那＋量词”又重新变得自然了：如 a 和 b 句。句子内容对于被领者来说，如果带有主观评价或态度，用不用“那个”都显得很自然：如 c'/d'和 c/d 句，“禽兽不如”和“红润润的”都是对被领者的主观评价，所以用上“那个”不会使句子不合法，反而使句子变得更加顺畅自然。

于是，我们推断，对于指称唯一性的领属结构，“我的这/那个父亲”因其被领者上带有“这/那个”，就与客观陈述不兼容，但仍与主观评价相匹配。而“我的父亲”因其被领者上不带“这/那个”，既与客观陈述兼容，也与主观评价匹配。所以，我们可以得出初步结论：上述结构中“这/那个”具有主观评价性的语用功能，该语用功能在两种结构上的表现是不对称的。

三　领属结构被领者上带有无定标记词和有定标记词的使用差别

上面的两组例子所展示的，是具有主观表达意义的领属结构里，加不加限定形式大致是自由的；但是在使用了限定形式的实例中，我们发现，加有定标记还是加无定标记，并不是总能自由替换的。这说明二者还是有差别的，下面我们就来看看这种差别具体表现在什么方面。

（一）在篇章话语使用上的差别

通过比较两者在篇章中的表现，我们发现，领属结构中被领者上有定标记词表示评价意义，与同样条件下无定标记词表评价意义所使用的篇章话语环境是有所不同的。为此，我们根据它们在篇章话语中的能否回指前文的情况做了一个统计，结果如下：

标记的统计词语 / 项目	定指性领属结构中被领者上的无定/有定标记词							
	有定标记词						无定标记词	
	“这＋量词”		“那＋量词”		“这/那＋量词”		“一＋量词”	
句　频	例句数	频率	例句数	频率	例句数	频率	例句数	频率
合　计	65	100%	72	100%	137	100%	66	100%
回　指	57	87.7%	26	36.1%	83	60.6%	6	9.1%
非回指	8	12.3%	46	63.9%	54	39.4%	60	90.9%

从我们统计的数据来看，无定标记词“一＋量词”用于表示定指的领属结构被领者上时，主要用于非回指上文的情况，占到了 90.9%，而用于回指上文的情况只占 9.1%，也就是说，它们有用于非回指上文的强烈倾向；而有定标记词“这/那＋量词”用于表示定指的领属结构被领者上时，主要用于回指上文的情况，占到了 60.6%，而用于非回指上文的情况只有 39.4%，与无定标记词的类似用法相比，有定标记词的回指上文用法的频率要比无定标记词高出 51.5 个百分点，而非回指上文的频率相应要低 51.5 个百分点。

如果将有定标记词“这＋量词”和有定标记词“那＋量词”分开来与无定标记词比较，我们同样还是可以看出这一倾向。无定标记词“一＋量词”的非回指上文用法要比有定标记词“这＋量词”的非回指上文用法高出 78.6 个百分点，而回指上文的用法也相应低了同样的百分点；虽然有定标记词“这＋量词”回指与非回指上文的用法总体上还是非回指大于回指，但是与无定标记词回指上文的情况相比，从数量上看，回指的数量已经远远超出了无定标记词回指上文的数量，要高出 27 个百分点。下面我们可以根据上表的回指频率列出一个更为直观的回指性（回指上文）强弱图示：

定指性领属结构中被领者上的无定标记词“一＋量词”（9.1％）
定指性领属结构中被领者上的有定标记词“那＋量词”（36.1％）
定指性领属结构中被领者上的有定标记词“这＋量词”（87.7％）
↓ 回指上文由弱到强

如果把定指性领属结构中无定标记词“一＋量词”的极少数用例看作偶合的话，我们可以把这种分布上的偏向图示如下：

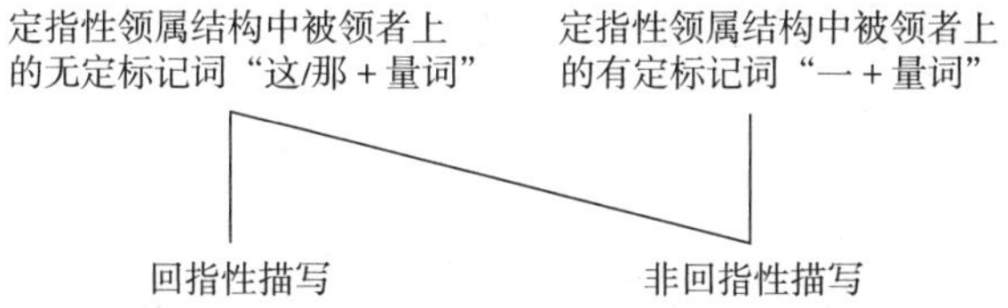

（二）解释

为什么会出现上述的回指性差别呢？这可能与两个方面的因素有关，一是这里“一/这/那＋量词”具有很强的形容性、描写性，二是有定标记词仍有指示词回指特征的留存。这两个方面因素的交互作用，从而导致了上述的回指性强弱的差异。

按理说，主观评价的语用意义属于描写性的用法，而描写性应该与回指性没有太多的关联（虽然一般描写性的文字中也会出现回指，但这种回指不是描写性文字的特性），这一点在该类结构被领者无定标记词“一＋量词”上表现得较为明显，因为从 9.1％的使用频率来看，它确实不能表现出什么回指的性质，该类结构被领者无定标记词“一＋量词”的此种极少数所谓回指，可能只是篇章表达上的偶合而已。

关于汉语数词“一”的形容词特点，张伯江(2004)①由俄语数词的形容词性质②引发，进而指出有些汉语数词“已经有点形容词的味道了”，而这种用法主要表现在数词“一”上面，并认为，“汉语除‘一’以外的其他数词似乎没有这样的用法”，“其实汉语跟俄语这种相似的特点并不是偶然的巧合，而是人类经验现实在语言中的必然反映。数字‘一’是最小的数目字，人们既把它看作最小的个体单位，又可以看作单数集合的全集；对较大的数目字则由于难以把握其精确的数量而宁愿当作个体来处理”。

从我们收集的例子来看，定指性领属结构中被领者上的无定标记词“一＋量词”主要是用在形容性、描写性的语句语段当中，也正因为描写性而非限制性，删除它们不会影响基本意义的表达，不会影响交际的正常进行。例如：

(21) 李淑琼见到他的(一张)嘴足有自己横着两个那么长，外面还伸出两颗白森森的大獠牙，顿时骇得闭上了眼睛，尖叫起来道：“不要，不要，我不要你亲我。”

(22) 像所有的陆军军官那样，不蓄胡子，因而他的(一张)嘴全露出来，这正是他那令人惊叹的脸部线条。

(23) 当他心情不好时他的(一张)嘴可以把人搞很烦很闷，但是当他心情好的时候他可以把对方捧到云端飘飘然。

(24) 事后，华告诉我，他的(一双)脚整整穿了7天7夜的皮鞋，……

---

① 张伯江：《深化汉语语法事实的认识》，《21世纪的中国语言学(一)》，北京：商务印书馆2004年版。

② Comrie(1981)介绍了他对俄语数词的一项考察(Comrie，B.《语言共性和语言类型》(沈家煊译)，北京：华夏出版社1989年版)，他发现俄语数词的性质处于名词和形容词二者之间，他用七项标准给数词分出了七个类。数词“一”具有形容词的所有特性而没有名词的任何特性，相对的另一个极端是数词“百万”以及它以上的数词，他们有名词的所有特性而没有形容词的任何特性；介于二者之间的数词具备的形容词特性和名词特性各不相同。

(25) 他的(一双)脚就像被前方的圆球牵着在机械地运动。渐渐地就要失去感觉了，于是前方传来“真悲壮啊”的声音。

(26) 此外，萨达姆的身材并不太高，但他的(一双)脚却很大，为了让这双大脚跟他……

一般来说，回指上文的表现，主要是出现在叙述性环节当中(前面提到，虽然一般描写性的文字中也会出现回指，但这种回指不是描写性文字本身的特性)。问题是，用在定指性领属结构被领者上的有定标记词“这/那＋量词”虽然是描写性、形容性的，却有大量的回指性表现(已经达到了60.6%)，应该不能看做偶然的巧合了。我们的解释是：这可能是有定标记词“这/那＋量词”的现有描写功能与历史遗留用法交互作用的结果。例如，当我们试图找出实例来分析时，却很难找到作为叙述环节的该类结构，也就是说，它们很少作为篇章叙述的一个环节，仍然主要是用来描写的：

(27) 这个白天是我两年来唯一没有睡觉的白天，它是那么的漫长，以至于主人来打开铁笼的时候，我还在看西山的落日。当樟木门再一次关上的时候，我打量了一下这个号称来自日本狼青家族的家伙，他比我要高一个半头，身体也比我的要长出许多，棱角分明的肌肉在短短的体毛下不停的跳跃着。但当我看到他的嘴巴的时候，我微微的笑了，我居然会笑？但我不得不承认他的这张嘴，在他们那个圈子里是无可挑剔的，就像坦克上的炮管，由粗到细上面没有多余的一点赘肉，犬牙又尖又长，一般性的狗要是被他咬住很难活下来，但对于我们藏獒来讲，长着这样一张嘴只能用来舔屁股，它对藏獒的攻击力和破坏力几乎为零。

(28) 还能记起二十年前你是什么样吗？

看看葛优那张脸，就知道了。

这让我想起大学时老师对葛优的一句评语：他的那张脸代表了

90年代的中国人。如果再过二十年,当回顾那个互联网还未普及的年代,人们怎样评价这张“胆小、卑微和狡黠和不安分”(某次采访中的形容词)的面孔?那个时代,北京的哥还是一个让外地人颇感神奇的职业——从他们那里,我们能得到中南海红墙内的最隐秘生活故事,李东宝还可以从容地耍贫嘴,街头上大卖的不是巴菲特心经,王朔李敖们还是盗版书小贩们的最爱,王小波用他的死换回中国最早的FANS群体以及一个比他更爱放炮的李银河。至今还在播的《编辑部故事》中,当你看到外景的时候,你会感到有些生理上的不适——我真的曾经在那样的城市里生活过吗?

(29)方小案惊恐的眼睛对我瞪大着,“不!你不要靠近我!不要!”而他的这双眼睛,却同时说出了另外一句话,隐藏在他心里的话。

例(27)当中的“他的这张嘴”看起来是回指前句当中“他的嘴巴”,但他的作用却不是用于叙述,而是为了表达对“他的这张嘴”的评论。例(28)中“他的那张脸”看起来是回指前句当中“那张脸”,但与(27)一样,也不是用于叙述,而是为了表达对“他的那张脸”的评论。例(29)的表现也是如此。这几例当中的“这/那+量词”一般都可以删去而不影响基本意义的表达,但是如果换为“一+量词”难免会给人以引入新信息的错觉,似乎不太自然。

这样看来,我们不能仅仅从回指的现象来推导出它们的叙述性和描写性了。但我们从它的表现至少可以看出它们还保留着叙述性的形式特征,即,大量的回指性仍采用了指示词“这/那”的形式,虽然不是作为叙述的回指。也就是说,表示主观评价语义的很多该类结构如果处于回指型的语境当中时,仍偏向于采用“这/那+量词”的形式为常,虽然它们基本上是用于描写的。领属结构中这种评价性(或者说“描写性”)的“这/那+量词”,与一般指示词的回指性的共同特点,不得不让我们联想到这种用法上的偏向性,很可能是指示词由限定性功能向描写性功能语法化过程中的留存。有时,这种回指在有些上下文中也可以换用“一+量词”，说明它们的回指性并不是那么严格，只是指示词历史遗留用法导致的使用惯性，例如：

(30) 但问题是，阿灿有着一张所向无敌的利嘴。他的那张嘴(=他的一张嘴)，上下张动便能轻而易举地说服N个得道高僧立马还俗，并使之终日“酒肉穿肠过，游戏花柳巷。”

所以，我们说该类结构中被领者上有定标记词“这/那+量词”的回指性分布，不是其本身的功能分布所致，而是受“指示词”回指功能的影响或遗留而产生的，以至于可以大量用于回指性的语境当中，而无定标记词“一+量词”则强烈倾向于用在非回指性的语境当中。

(原刊于《贵州民族学院学报(哲学社会科学版)》2010 年第 5 期)

参考文献：

[1] Chafe, Wallace. Cognitive Constraints on Information Flow[C]. In R. Tomlin, ed. Coherence and Grounding in Discourse. Amsterdam & Philadelphia: John Benjamins, 1987.

[2] Chafe, Wallace. Discourse, Consciousness, and Time: The flow and displacement of conscious experience in speaking and writing[M]. Chicago: University of Chicago Press, 1994.

[3] Comrie, B.:《语言共性和语言类型》(沈家煊译)，北京：华夏出版社 1989 年版.

[4] 陈平：《释汉语中与名词性成分相关的四组概念》，《中国语文》1987 年第 2 期。

[5] 陶红印：《言谈分析、功能主义及其在汉语语法研究中的应用》，《海外中国语言学》(石锋编)，北京：语文出版社 1991 年版。

[6] 陶红印、张伯江：《无定式把字句在近、现代汉语中的地位问题及其理论意义》，《中国语文》2000 年第 5 期。

[7] 张伯江：《深化汉语语法事实的认识》，《21 世纪的中国语言学(一)》，北京：商务印书馆 2004 年版。

汉语领属结构的参照点分析

Langacker(1993)认为领属之所以具有定指性功能,有自己的认知基础——“参照点结构”。但他谈及领属结构的参照点时只是谈了它的定指性参照。但汉语领属结构与英语等限定性领格语言(determiner-genitive language)①的领属结构不完全相同,不全都是定指性参照,还可以是一般定位性的(locality),而定指结构只是定位性的一个特例。

一 什么是参照点

参照点现象在我们现实经验中非常普遍,以至于很容易被忽视。如坐车时,路边闪过树木房屋等是以“车”为参照点;我们肉眼所看到的月球和太阳都是绕着地球转,是因为我们的视野如此狭小,只能以地球自身为参照点。我们要讲的参照点作用与上面的动态过程中的参照点不完全相同。打个比方,就像我们在地图上寻找科威特,首先要找到中东,然后才

---

① Lyons(1999)根据领有者句法性质的不同,提出了两种语言类型:限定性领格语言(determiner-genitive language)和形容性领格语言(adjectival-genitive language)。前者简称为DG语言,如英语、爱尔兰语等;后者简称为AG语言,如意大利语、希腊语等。DG语言中,一般不出现定冠词和其他限定词,而由领属语占据该位置;而AG语言中,限定词与领属语共现,领属语处于形容词或其他非限定位置,并指出这是两种领格语言的本质差别。

能确定它在中东的位置。又如我们要找北极星，往往先找到北斗七星，然后找到北斗七星的尾部，顺着尾部我们就找到了北极星，其中北极星整体是其尾部的参照点，北极星的尾部又是北极星的参照点，这时使用的是感性参照点。

虽然我们平时经常会用到参照点，但是很少有人意识到参照点在生活中的作用，没有感觉到它对我们有什么帮助。例如当我们背课文时，每一个字都会唤起我们对下一个字的注意，每一个句子又会唤起我们对下一个句子的注意，每一个段落会唤起我们对下一段的注意，但我们并没有把这些字、句、段想成是参照点。再如每当晚上停电，我们在黑暗中寻找火柴时，我们首先要找到放火柴的桌子，然后找到放火柴的抽屉，最后在抽屉的某个大概的位置找到火柴，这时我们也同样没有意识到参照点，但这里的参照点却是很明显的。

至于领属分析中参照点的运用，是为了与另一个实体建立心理上的联系而能触发某个实体概念。例如下面这句话，“其实昨天上街时我很想买那件红色的衬衫，就是在百货商场看到的那件”。其中后面补充句中的“百货商场看到的”就是“那件红色衬衫”的参照点，听话人根据“百货商场”这一参照点实体与另一实体“那件红色衬衫”建立了心理上的联系。如果这两个实体组合在一起就是“百货商场的那件红色衬衫”，从而构成了领属结构。

二　为什么要选择参照点解释

下面这些领属结构以及很多其它形式的领属表达，如何用统一的方法来说明，成为领属研究中的一个难题。参照点解释的引入就是为了解决这一难题。

(1) a. 我的手表　　　　j. 你们的担忧
b. 她的堂兄　　　　k. 我们的邻居

c. 你的脚
d. 孩子的围兜
e. 他的书
f. 我们的主人
g. 他们球队
h. 小王的办公室
i. 这本书的重量
l. 它的位置
m. 我的困惑
n. 这本书的出版
o. 城市的毁灭
p. 他们的候选人
q. 我的公共汽车(刚走)
r. 猫的虱子(很多)

例如在汉语领属的归类中,各家对领属结构的分类就是五花八门,随意性很大,同一个分类都很难做到统一标准,更不用谈领属研究中标准的统一。如,朱德熙(1982)①把"N1(的)N2"的意义分为 6 类,黄国营(1982)②、孔令达(1994)③分别把"N1(的)N2"内部语义关系分为 8 类和 14 类。沈阳(1995)④分为 10 类,沈阳、陆俭明(2003)⑤分为 15 类。张伯江(1994)⑥还把"他的篮球(打得好)"之类结构也归入领属结构,国外还有人提出定语领属、谓词领属、名词化领属和外部领属等概念,如 Doris L. Payne & Immanuel Barshi(1999)⑦就认为"王冕死了父亲"中含有外部领属。正因为根据现行汉语领属的定义很难解释汉语领属的问题,更是难以将它们统一起来,为此我们采纳了参照点结构分析的思想。

对此,前人也提出了一些方法来解决这一问题。如,原型特征隐喻扩

① 朱德熙:《语法讲义》,北京:商务印书馆 1982 年版。

② 黄国营:《"的"字的句法、语义功能》,《语言研究》1982 年第 1 期。

③ 孔令达:《"名 1+名 2"结构中名 2 省略的语义规则》,邵敬敏编:《九十年代语法思考》,北京语言学院出版社 1994 年。

④ 沈阳:《领属范畴及领属性名词短语的句法作用》,《北京大学学报(哲学社会科学版)》1995 年第 5 期。

⑤ 陆俭明、沈阳:《汉语与汉语研究十五讲》,北京大学出版社 2003 年版。

⑥ 张伯江:《领属结构的语义构成》,《语言教学与研究》1994 年第 2 期。

⑦ Doris L. Payne, Immanuel Barshi. 1999. External possession. John Benjamins Publishing Company.

展法，说上述结构中的所有方法都描述了从原型意义的隐喻扩展，假定(a)这种所有关系是原型，其它的都是原型的扩展。实际上这就是我们平时所说的隐喻，用这种方法来解释领属范畴也有很多的不足。首先是我们不清楚什么是基本的非隐喻意义，不搞清隐喻的基本的原型就无从隐喻。有人认为所有关系（ownership）可以看作原型义，但所有关系传达的概念存在着过多的文化差异，因为不同的社会和文化对所有关系的界定差距很大，以至于不能说明领属的普遍性以及儿童言语的早期表现。

这些结构怎样才能很好地统一起来呢？根据 Langacker（1993），这些结构都可以归入一对对的基本映像图式。这种映像图式能力不只是概念共现，而是内在的不对称的参照点关系。也就是说，一切领属所共有的特点是一个实体被激活作为参照点，以便与另一个实体（被领者）建立心理联系，像后面图 1 和图 2 所概括的。不是假设一个概念（像拥有关系）一定构成唯一清晰的原型和隐喻拓展的基础，而是带有几个概念原型的范畴特征束，每一个都明显并入了参照点关系：这些原型包括所有关系、亲属关系和涉及物质客体（尤其是身体）的部分整体关系等。

Taylor（1989）认为所有关系在一定程度上是首要的，即“拥有一定的独享权和具有一定处置权”。这个概念明显赋予它自己以参照点的功能，所组合的两个名词之间的关系是不对称的。其中人是个体，但大部分情况下我们没有与领属密切联系的可比的个体（除了自己）；而且一个特定的人有大量的领属，并且他普遍地控制其中的每一个领属（根据我们的理想认知模型）；对于一般类型的物体（例如“手表”），我们除了知道它属于一个特殊的个体，什么也不知道。因此人自然就被用作通向他所领属的项目丛的“心理地址（mental address）”。相反的安排，即围绕个体被领属项目对实体进行认知，也许很不自然或行不通。

亲属关系是把人放在相对的参照个体中（社会的和谱系的）。一个人不是自动就成为堂兄或叔叔，也不是相对于任一个体都是相同的亲属称谓。亲属关系强加了一个不对称的解释，其中目标通过它与谱系参照点的联系而被独立地具体地辨识出来。那么亲属关系是领属范畴的中心就不太奇怪了。

整体部分领属结构也是领属范畴中心概念。我们认为部分只能通过整体而被想象,这个整体就功能为部分的自然参照点。我经常提到表示事物一部分概念,如胳膊、尾巴、屋顶或开关等,它们都是在整体概念的基础上而被触发的。这个整体可以凸显一个实体,这个实体下位部分的地位取决于它在更大配置中的功能。如果我们把这个世界看作是胳膊、尾巴、屋顶之类的实体组装而成的是不合适的,相反,我们认为世界是由人、动物、房子和计算机构成的。只有参照了这种特殊的个体,我们才能很好地辨识它的下位部分。Langacker(1993)用一个例外进一步地证明了这一点。他说,假如我们见到一个脱落的尾巴在马路上,在这种情况下,我也许会问"这条尾巴的狗在哪儿?"这段话语有合适的语境,因为这条尾巴的单独出现和可见性使它有充分的凸显以服务于参照点。只是因为我找到了尾巴——从而心理上接触它——导致我们考虑——从而建立心理联系——这条狗的剩余部分作为一个整体的一部分。

参照点分析还可以用于解释汉语中的名词化领属,如"这本书的出版"中的"出版"事件就可以通过参与者"这本书"来加以辨别。因而参与者可以用于锚定过程概念,从而建立心理联系的参照点。

三　定指性领属参照点的映射图式分析

上面的实例以及 Langacker(1993)的分析,大多是定指性领属的参照点。这种参照点的本质方面概括在图 1 中,标签 C 的环形代表概念化者,R 代表参照点,T 代表目标,也就是说概念化者运用参照点建立心理联系的实体。箭头代表概念化者到达目标的心理路径。最后,标签了 D 的椭圆代表抽象实体,我们把它看成一个范围(domain),它

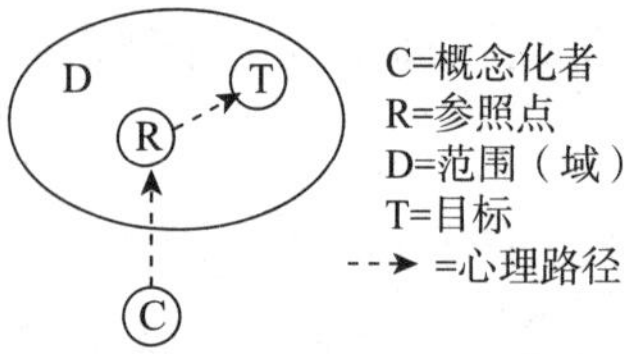

图 1

被定义为参照点能够直接通达的概念领域(或一系列实体)(也就是一类潜在的目标)。

其中粗线圈被用作参照点,目的是表示参照点有一定的认知凸显,不论是内在的还是上下文决定的。当然是因为某种凸显,一个实体在第一场合被选作了参照点。我们现在以定指性领属结构“我的那本书”为例来分析,其中概念化者是“我的那本书”,参照点是“我”,而由“我”这个参照点可以引发很多的实体,这些潜在可以引发的概念构成了一个范围,或者叫“域”,在这个范围之内的潜在实体中,一个实体由于听说双方的某个共有知识而被激活了,这就是目标。我们可以把上图的例示具体化为:

C=概念化者=我的那本书

R=参照点=我

D=范围(域)=我的书

T=目标=那本书

我们还应该进一步注意到参照点凸显有着动态的方面(见图 2)。为了服务于参照点,首先必须激活从而建立一个概念实体以便能够在一定情况下发挥作用。在这第一阶段,对应于图 1 中 C 和 R 之间的箭头,R 凸显为 C 概念的焦点,从而在 R 的范围内创造了激活成分的潜能,然而当这一潜能被开发出来——当 R 实际上被用作参照点——由此而达及的目标现在在 C 概念焦点的意义上变为凸显的。甚至当它履行参照点功能时,R 退居到目标 T 的背景位置,它本身可以被看作一个参照点而达及另一个目标。这种动力学方面是很重要的,图 1 应该被看作图 2 处理序列的缩略示意图。

关于图 2,我们也举一个领属关系的例子“我那本书的封面”。这个参照点分析分为两个阶段,其中“>”前面的图形表示第一个阶段,C1 是概念化者“我的那本书”,R1 是参照点“我”,T1 是“那本书”。“>”后面的图形是第二阶段，其中通过参照点R1概念化的T1“我的那本书”成了参照点R2，以R2为参照点形成了第二个范围域D2“我的那本书的什么”，在听说双方共知的背景（一本书一般只有一张封面）下，达及了最终目标T2。至于更多的有定领属的嵌套依此类推。

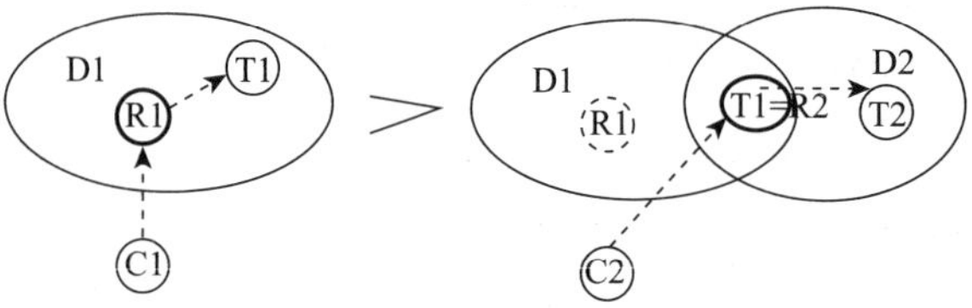

图2

四　被领者为非定指的领属结构参照点映射图式分析

上面我们具体分析了定指性领属的参照点分析。实际上在领属关系中，还存在着大量的非定指性领属，虽非定指性的，但只要是领属关系，总是存在着领属指示物所处的可确定的范围集合，也就是说，领属关系指示物总是可以定位的。对于定指性领属，实际上也是在集合中定位的，只不过定位的范围更小更具体，已经确定到具体的个体，从这个角度看，定指性领属完全可以看作定位性领属的一个特例。下面我们就来看看除定指具体个体以外的领属的参照点分析。

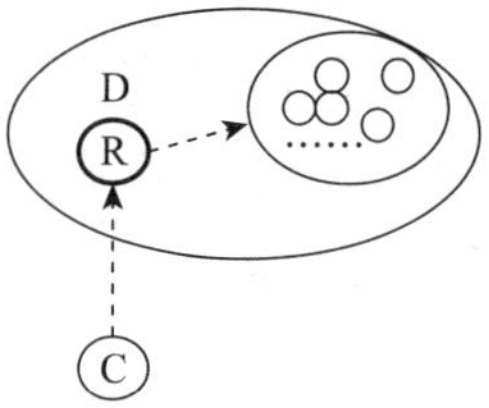

图3

领属关系除了可以表示定指个体（如“我的那套房子”）外，还有以下几种语义信息。(1) 定指一个可辨集合的所有成员，例如“我的书（很多）”，如图3（注：本章图形中，集合内如果有虚线的圆，省略号都代表的虚线的圆的省略，集合内没有虚线圆的代表实线圆的省略）；(2) 定位某个可辨集合中的不可辨个体指示物。如“我的一本书（丢了)”,如图 4;(3) 定位某个集合中的不确定数量的成员。如“我的书(丢了)”,如图 5。下面是三类领属语义信息的图示与分析。

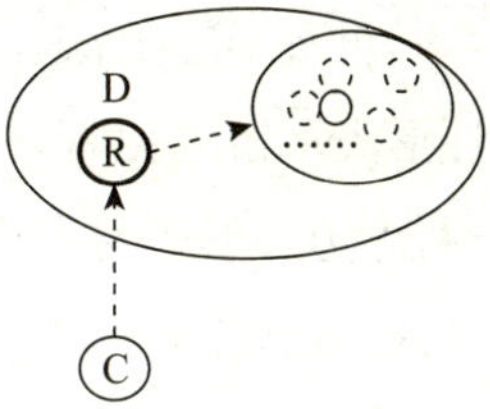

图 4

先看第一类:定指一个可辨集合的所有成员。其中 C 的环形表示概念化者,R 代表参照点,未标注的环形表示目标,这里的目标不是一个具体的个体,而是一个集合,其中包含了集合中所有的个体。也就是说,概念化者运用参照点建立心理联系的实体是集合。D 椭圆代表一个抽象实体,表示一个范围。

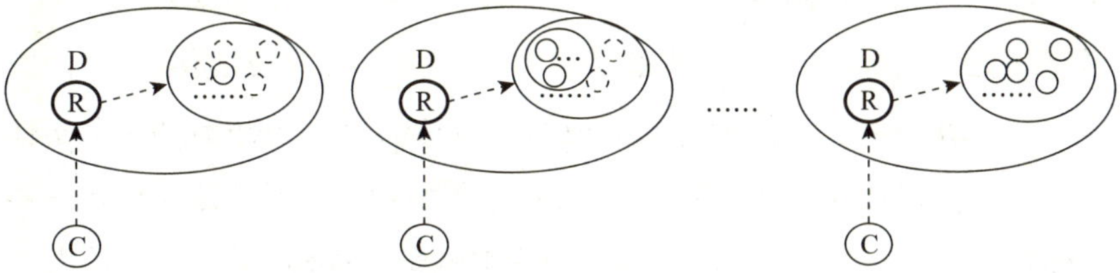

图 5

举例来说,在“我的书(很多)”这个具体领属关系中,概念化者 C 是“我的书(很多)”,参照点为“我”,而由“我”这个参照点可以引发很多的实体,这些潜在的可以引发的概念构成了一个范围,或者叫“域”(D)“我的东西”。在这个范围之内的潜在实体中,其中有一类实体的整个集合都被激活了,这类实体在这个例子中就是“(我的)书”,也就是小椭圆内的所有成员组成的集合。为清晰起见,我们可以用等式表示如下:

C=概念化者=我的书(很多)

R=参照点=我

D=范围(域)=我的东西

T=目标=(我的)书

再看第二类：定位某个可辨集合中的不可辨个体指示物。其中C的环形表示概念化者，R代表参照点，小椭圆内未标注的小实边环形是目标，虚边环形是与实边环形同类的实体，但不是具体的目标指示物。也就是说，概念化者运用参照点建立心理联系的实体是小椭圆集合中的一个个体，但听话者并不能达及该实体，听话者所达及的只是这个个体所处的集合，并知道其中有一个具体个体是目标，但听话者不清楚具体哪个为目标。D椭圆代表一个抽象实体，表示一个参照点R所能达及的范围。

举例来说，在“我的一本书(丢了)”这个具体的领属关系中，概念化者C是“我的一本书(丢了)”，参照点为“我”，而由“我”这个参照点可以引发很多实体，这些潜在的可以引发的概念构成了一个范围，或者叫“域”(D)“我的东西”。在这个范围之内的潜在实体中，其中有一类实体集合T'跟听者产生了心理联系，但听者知道说话者所指的指示物并不是这个实体集合本身，而是该实体集合的某个成员，但听话者并不能从这个集合中辨识出该实体。这类实体集合在这个例子中就是“(我的)书”，而说话者所要达及的真正目标是“(我的)一本书”，听话者在这种情况下，只是能定位“一本书”的范围，而不能确定“这本书”的具体个体。为清晰起见，我们可以用等式表示如下：

C＝概念化者＝我的一本书(丢了)
R＝参照点＝我
D＝范围(域)＝我的东西
T'＝(我的)书
T＝目标＝(我的)一本书

再看第三类：定位某个集合中的不确定数量的成员。其中C的环形表示概念化者，R代表参照点，小椭圆内未标注的小实边环形是目标，虚边环形是与实边环形同类的实体，但不是具体的目标指示物。也就是说，概念化者运用参照点建立心理联系的实体是小椭圆集合中的某些个体，可能是一个、两个，直至整个集合的成员。但听话者并不能达及该实体，听话者所能达及的只是这个个体所处的集合，并知道其中有一些个体是目标，但听话者不清楚具体哪些为目标。D椭圆代表一个抽象实体，表示一个参照点R所能达及的范围。

就以“我的书”为例，可能是一本、两本、三本……我的全部书籍。但在具体的语言环境中，有时可以区分个体的数量，如上面的“我的书（很多）”往往可以表示我所有的书。同样在具体的环境下还可以区分出具体的数量，甚至还可以用“我的书”表示定指，例如，你跟你的同学一起去书店买书回来，路上你有事不能回去了，你跟你的同学说“把我的书先带回去”，这时“我的书”就成了定指的了，包括个体定指（只买了一本）和集合定指（买了若干本）。

五　领有者为非定指指示物的参照点映射图式分析

只有以下两种情况，领有者才有可能表示非定指性的定位指示物：一是在嵌套领属当中，如“我一个朋友的孩子”，其中“孩子”的领有者是“我的一个朋友”。可能有人会问，为什么切分成“我一个朋友/的孩子”而不是“我/一个朋友的孩子”，这一点陆俭明（2005）在分析“父亲的父亲的父亲”时，就已经做出了很好地证明，因为与本文主题不是十分密切，这里就不再赘述了。另外值得注意的是，当领有者非定指时，没有数词限定的被领有者一般都理解为单指的不定指，如“这么匆匆忙忙的，干什么去呀？我一个朋友的孩子病了，我得去看看”，又如“我一个朋友的孩子成绩非常棒”，见图6。有时还会出现“我朋友的两个孩子都在美国攻读博士”，但这里的“我朋友”一般都是定指的，这样该结构就是上文所分析的定指性领有者参照结构，不是本节要分析的内容。

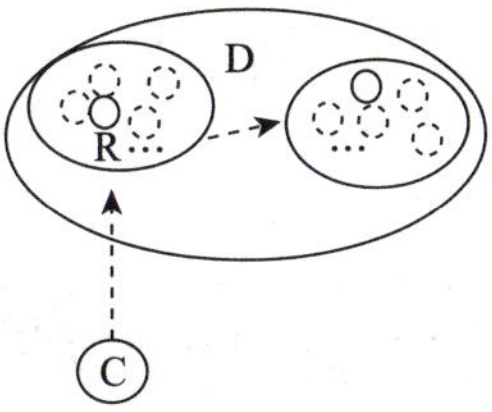

图6

图6是关于的单指不定指。举例来说，“我一个朋友的孩子（病了）这个领属结构中，C代表概

念化者“我一个朋友的孩子”，参照点“我一个朋友”是不定指的，但它处于一个可辨的集合当中，所以是可以定位的。通过参照点“我一个朋友”可以联想到很多相关的实体，例如“父亲”“母亲”“妻子”“孩子”“汽车”“手”等等，这些潜在的可以引发的概念构成了一个范围，也就是这里的“域”(D)“我一个朋友的亲属、东西……”。在D这个域中，有一类实体集合T’与听者产生了心理联系，但听者知道说话者所指的指示物并不是这个实体集合本身，而是该实体集合的某个成员，但听话者并不能从这个集合中辨识出该实体。这类T’实体集合在这个例子中就是“(我一个朋友的)孩子”。值得注意的是如果在嵌套领属中没有用具体的数量词修饰被领有者，人们往往倾向于作单指理解。实际上这里出现了两个参照点嵌套的过程，只不过图6中我们略去了“我一个朋友”的概念化过程。完整的参照点图7，我们就不再详细分析了。可以用等式表示为：

C＝概念化者＝我的一个朋友的孩子
R＝参照点＝我的一个朋友
D＝范围(域)＝我的亲属、东西……
T’＝(我一个朋友的)孩子
T＝目标＝(我一个朋友的)一个孩子

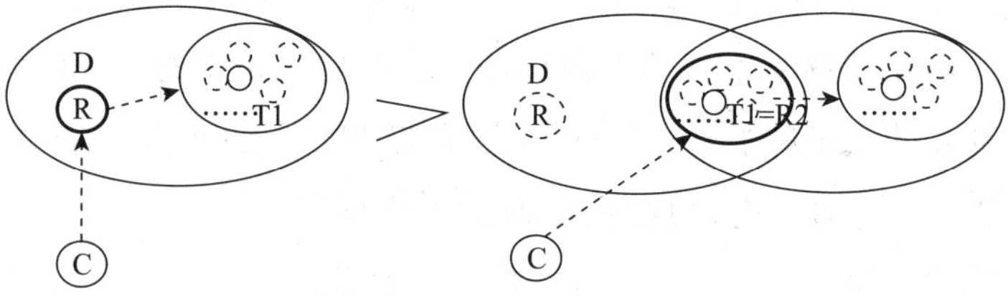

图7

一是领有者的定位性依赖于某个语境，如“我有三个孩子，一个孩子的数学成绩特棒，曾经获得过奥林匹克的全国大奖，另外两个孩子的数学成绩却很差。所以说吧，这教育也不是万能的，同样的家长教育出来的结果却不一样。”当中的“一个孩子的数学成绩”和“另外两个孩子的数学成绩”的领有者也是定位的，这里的定位依赖的是上文的语境，该语境可以推断出句中的“一个孩子”和“另外两个孩子”都处于“我的三个孩子”这一可辨的集合。该类定位性领有者的性质与嵌套领属的性质没有什么区别，所不同的只是表现手段的差异。

（原刊于《楚雄师范学院学报》2010 年第 12 期）

参考文献：

[1] Langacker，Ronald W. Reference-point constructions. Cognitive Linguistics pp：25－53. 1994.

[2] Lyons，Christopher. Definiteness. University of Cambridge. 1999.

[3] Taylor，John R. Possessive genitives in English. Linguistics. 1989.

汉语领有者的话题性与信息可及性

话题性这个术语有不同层面的含义与作用。它可表示一个句子中话题和焦点的关系，也可表示篇章话语中话题连续性的问题。本文主要从话题的这两个角度来谈谈汉语领属范畴领有者的话题性。在讨论领有者的话题性之前，先考察两种不同层面话题的特点。

一　句内话题的语义信息与篇章话题的语用特点

谈到话题，我们一般都要涉及到它的指称信息与篇章特性。也就是说，话题与听说者对话题指示物可辨性的认识是分不开的，与句子中其它成分之间的关系是分不开的，同样与篇章话语的连续性也是密不可分的。Givon(2001)①认为指示物指称上的可及信息可以分为两类：指称可及性(回指的)和主题重要性(持续的)。

他的指称可及性是指说话者假定听话者怎样根据前面的话语语境达及指示物。并建立了三个相关的心理模型：(1) 共享的可见的世界(语义记忆)，(2) 共享的话语语境(工作记忆)，(3) 共享的当前文本(情节记忆)。他的主题重要性是指关于后续话语语境指示物的有意激活。在选择合适的

① Givòn, T. (2001) Syntax: an introduction. Vol I. & II. John Benjamins Publishing Company.

指称编码装置时，说话者向听话者表示在后续话语中该指示物是多么重要，以至于还未展开的话语结构可以围绕这个重要主题而被组织起来。

（一）句内话题的语义信息

关于句内话题和焦点，不同的文献在描写中缺乏统一的术语。除了有早期的心理/逻辑的主语和谓语，目前关于话题的术语还包括主位（theme）和背景（ground），评论（comment）和述位（rheme），话题和焦点。大部分作者认为，这些概念跟主语和宾语那样的纯粹的句法功能不一样，它们有着一致的语义/语用价值。但是关于话题和焦点，也有人直接根据句法结构来定义（例如 Chomsky 1965①，Halliday 1967②，Kiss 1998）③。这样一来，话题、焦点和相关的术语就以双重的意义（有时是同一作者）来使用，既指句法（和语音）范畴，也指它们的语义/语用解释。之所以产生上述的混乱现象，主要还是由于很多人没有弄清语义信息的类别，混淆了两类语义信息：指称型语义信息和关系型语义信息。

根据 Gundel（1988④，1999a）⑤，指称型的新旧信息包括语言表达实体信息和非语言表达实体信息。非语言实体是指与听说者心里、话语（模型）、现实或可能世界有着相应联系的实体。该类语义信息取决于语言的指称和相应的意义被假定存在于何处。指称型已知概念的一些典型的例

① Chomsky，Noam.（1965）. Aspects of the Theory of Syntax. Cambridge，MA：MIT Press.

② Halliday，Michael A. K.（1967）. Notes on transitivity and theme in English，Part 2. Journal of Linguistics 3：199－244.

③ Kiss，Katalin É.（1998）. Identificational focus versus information focus. Language 74：245－273.

④ Gundel，Jeanette K.（1988）. Universals of topic-comment structure. In M. Hammond，E. Moravcsik and J. Wirth（eds.），Studies in Syntactic Typology，209－239. Amsterdam：Benjamins.

⑤ Gundel，Jeanette K.（1999）. On different kinds of focus. In Bosch and van der Sandt（eds.），293－305.

子包括存在预设和各种指称性和特指性的意义（例如 Fodor and Sag 1982①，Enç 1991）②，有定描写的熟知条件（如 Heim 1982）③，Chafe（1994）④和 Lambrecht（1994）⑤所说的活动的和可辨的身份，Prince（1992）所说的说话人新旧信息和话语新旧信息的地位，Gundel 等（1993）⑥的认知地位。下面是 Gundel 等（1993）的已知信息等级，其认知地位就代表了有指的已知身份，即句子中提及的实体可以存在于受话人的心里。

焦点中＞活动＞熟悉＞唯一可辨＞有指＞类型可辨

关系型新旧信息可分成两个补足语部分的句子语义/概念描写的分割物，X 和 Y，其中 X 是句子所要表述的对象（逻辑或心理主语），Y 是阐述 X 的具体内容（逻辑或心理谓语）。在这个意义上 X 相对于 Y 是已知的，是独立于 Y 阐述内容之外的。同样，Y 相对于 X 是新的，是关于 X 的判断、疑问等新信息。因而关系型新旧信息反映了特殊事件的信息内容或用句子表达事件状态的方式，其真正价值在于如何评价。关系型新旧"信息对"包括上面提到的逻辑/心理主语和谓语的概念、预设—焦点（如

① Fodor, Janet Dean and Ivan A. Sag. (1982). Referential and quantificational indefinites. Linguistics and Philosophy 5：355 - 398.

② Enç, Mürvet. (1991). The semantics of specificity. Linguistic Inquiry 22：1 - 25.

③ Heim, Irene. (1982). The Semantics of Definite and Indefinite Noun Phrases. PhD dissertation, University of Massachusetts.

④ Chafe, Wallace. (1994). Discourse, Consciousness, and Time：The flow and displacement of conscious experience in speaking and writing. Chicago：University of Chicago Press.

⑤ Lambrecht, Knud. (1994). Information Structure and Sentence Form：Topic, Focus and the Mental Representation of Discourse Referents. Cambridge：Cambridge University Press.

⑥ Gundel, Jeanette K., Nancy Hedberg, and Ron Zacharski. (1993). Cognitive status andthe form of referring expressions in discourse. Language 69：274 - 307.

Chomsky 1971①, Jackendoff 1972)②,话题—评论(如 Gundel 1974)③,主位—述位(如 Vallduví 1992)④,话题—谓词(Erteschik-Shir 1997)⑤。我们这里使用的术语"话题和焦点"分别是关系型旧信息和新信息。

也就是说,句内的话题—焦点结构是与关系型新旧信息相联系的,在这个意义上话题相对于焦点是已知的,焦点代表了阐述话题的新信息。这种联系逻辑上是独立于指称型新旧信息的,指称型新旧信息根本不必与话题或焦点相联系。句子的焦点(关系新信息)部分可以包含高程度指称旧信息的指示物。例如下面两句中的"他"和"上海"都是指称型已知的旧信息,但在句内都是关系型新信息:

这本书是谁的? 这本书是他的。

你所向往的城市是上海还是北京?(我所向往的城市)是上海。

然而有大量的经验证据表明话题在一定程度上与指称型已知信息有独立的联系,即话题很可能指称已知条件,包括预设、熟知性、特指性、指称性和注意焦点。把话题性和某些指称型已知信息联系到一起的更为重要的事实是话题的"定指性"和预设作用。例如,人们经常提到在日语和韩语中有话题标记的短语具有"定指"(包括通指)的解释。

---

① Chomsky, Noam. (1971). Deep structure, surface structure, and semantic interpretation. In Steinberg and Jakobovits (eds.), 183 - 216.

② Jackendoff, Ray. (1972). Semantic Interpretation in Generative Grammar. Cambridge, MA:MIT Press.

③ Gundel, Jeanette K. (1974). The Role of Topic and Comment in Linguistic Theory. PhD dissertation, University of Texas, Austin.

④ Vallduví, Enric. (1992). The Informational Component. New York: Garland.

⑤ Erteschik-Shir, Nomi. (1997). The Dynamics of Focus Structure. Cambridge: Cambridge University Press.

(1) Neko ga kingyo o ijit-te ...
cat NOM goldfish OBJ play with-and
"The/A cat is playing with the/a goldfish, and ..."

(2) Neko wa kingyo o ijit-te
cat TOP goldfish OBJ play with-and
"The/ * A cat is playing with the/a goldfish, and ..."

(1)的主语短语跟着主格标记 ga,主语和宾语都可以是定指解释或不定指解释。但(2)的主语跟着话题标记 wa,它只能被解释为定指。同样,在原型的话题—评论结构中邻接句子左边的话题短语是定指的:

(3) 我姐姐,她是高中语文老师。

(4) 你昨天借的那本书,(你)看完了吗?

(5) 上午那道题,你做出来了吗?

(6) 小王的那个朋友,你以前认识吗?

不定指一般排斥话题位置,除非作为泛指(通指)理解,如(7)所例示的(from Gundel 1988)[①]:

(7) a. 那扇窗户,它还是开着的。
b. *一扇窗户,它还是开着的。

① Gundel, Jeanette K. (1988). Universals of topic-comment structure. In M. Hammond, E. Moravcsik and J. Wirth (eds.), Studies in Syntactic Typology, 209 - 239. Amsterdam: Benjamins.

Gundel (1985[1], 1988)[2]提出一个恰当话题的条件,这个话题规定它们的指称必须是已经熟悉的,在这个意义上受话人必须在记忆中有一个存在的描写。并认为不定指一般不用作指称熟知的事物(除非它们解释为通指)。Strawson's (1964b)甚至认为只有话题有定才必然带有存在预设。

这个假设尽管得到了普遍的支持,但也不是完全无可争议的。例如有人否定话题一定要有某种程度指称型已知信息,包括熟知性。例如Reinhart (1981)[3]认为话题只不过一定是有指的。她提到特殊不定指,即指称上是不熟知的,可以出现在分支的话题位置上,像下面来自Prince (1985)[4]的例子:

(8) An old preacher down there, they augured under the grave where his wife was buried.

Reinhart (1981)[5]提出的"特殊不定指"是很有道理的,因为汉语中就大量存在这种"特殊不定指"(前文已有举例分析)。这里使用的"特殊不定指"就是我们上一章所讨论的定位性指示物的语义信息。我们认为汉语中的领属关系表达,指称上不一定是已知的,但一定是定位的(locality)(定指只不过是定位的一个特例)。同时汉语的话题性也有相同的要求,即汉语话题一定是定位的,但不一定是定指的。这样我们就可以很

---

① Gundel, Jeanette K. (1985). "Shared knowledge" and topicality. Journal of Pragmatics 9:83 - 107.

② Gundel, Jeanette K. (1988). Universals of topic-comment structure. In M. Hammond, E. Moravcsik and J. Wirth (eds.), Studies in Syntactic Typology, 209 - 239. Amsterdam: Benjamins.

③⑤ Reinhart, Tanya. (1981). Pragmatics and linguistics: an analysis of sentence topics. Philosophica 27: 53 - 94.

④ Prince, Ellen F. (1985). Fancy syntax and shared knowledge. Journal of Pragmatics 9:65 - 81.

好地解释上面的(7a)和(8)例了。(7b)中的一扇窗户没有得到局部的确定,因而不能成为话题,若改成"我家的/有一扇窗户,它还是开着的"。(8)之所以成立,是因为这里出现了参照点"我家的/有",使"窗户"得到了定位。如果我们去掉定位的因素,这一句同样也是不合语法的。其实汉语中有大量类似的例子。例如:

我一个姐姐,她是高中语文老师。

我一个朋友的孩子,身高一米九。

小王的一个舅舅,是台湾的。

张三的一本书丢了。

我的书丢了。(可以是定指或定位的不定指)

总之,我们认为,话题是关系型定位的,即在话语中是有所依托的,从上述的分析和举例可以看到,领属关系是定位性(locality)最重要的依托方式之一。这些话题是句子/语段所关涉的内容,为主要谓词提供了必要的语境,这个主要谓词对相关话题作出评价。当然,人们总是习惯于谈论双方共知的话题,所以在话题定位性这一点上,人们更倾向于选择定指性的指示物或事件(定位性的特例)作为话题。

(二)话题的篇章话语特性

Givon(2001)①认为,话题性是关于句子中作为参与者的实体名词的(最普遍的是主语或宾语)。在状态/事件句中被编码的命题信息是典型的状态/事件参与者,这些话题参与者最为普遍的是句子的主语、直接宾语或间接宾语,因而最普遍的话题是名词短语(实体)而非动词(事件)或形容词(状态)。当整个事件或状态成为话题,它们几乎总是名词化的,也

① Givòn, T. (2001) Syntax: an introduction. Vol I. & Ⅱ. John Benjamins Publishing Company.

就是说，它们被当作形态句法上像名词的实体。

尽管话题性在语法上被看作是句子层面的，但话题性不只是句子层面指示物的特性，还经常依赖于话语篇章。它们虽然在本句内被编码为话题（主语，宾语），但这种语法上被编码的话题，经常是跨越一定跨度的多个命题句的话题。它们的话题性要归因于在更大话语篇章中重现的指示物。

篇章话语中，句子论元的话题性涉及指称连贯性的两个方面，一个是回指，一个是持续，也就是本节开头所说的指称的可及性和主题的重要性。通过"回指"，人们意识到前面话语心理描写中指示物的重要性。回指上已确定的语法手段引导听话人如何确定心理描写中的指示物。通过"持续"，人们意识到后续话语中指示物的重要性。持续上被确定的语法手段引导听话者了解这个指示物在未展开的话语中是多么重要，指导听话者怎样在后面的话语中进行有效的描写。

（三）有标记的话题结构

通过"标记"话题编码结构，人们认识了那些低可及性的指示物结构，可以归因于新的首次引入的信息，可以归因于经过相当长的距离没有出现在话语中，然后再次引入话语，或者可以归因于指称的匹配或对照。有标记的话题结构典型用于描述"非连续的"话题语法，因而主要使用完全形式的 NP。Givon(2001)[①]认为，有标记话题结构的表现形式有存现结构、Y 移位结构、左分支结构、右分支结构、与格转换结构和提升结构等。我们认为汉语中也同样存在这些有标记的话题结构，特别是左分支结构和存现结构，汉语所关心的有标记话题结构是定语领属结构、定位化标记"有"（见第一章第二节）以及与格转换结构和提升结构（见"外部领属"章节），本文主要讨论前面两类。

---

① Givòn, T. (2001) Syntax: an introduction. Vol I. & Ⅱ. John Benjamins Publishing Company.

二 领有者名词的话题价值

领属结构中,说话人是以领有者作为参照点使听者与被领有者建立心理联系的观点。参照点功能不仅在语法结构中有所体现,而且很多语言可以使用一定的语法形式来表达参照点功能,也就是说,这些语言的参照点功能已经被语法化了,汉语和日语中的话题就是如此。

(1) 这道题小王会做。

(2) 大象鼻子很长。

(3) sakana　wa　tai　ga　oisii(日语)

　　鱼　话题标记　红甲鱼　主语标记　味美

Chafe(1976:50)①把"汉语型话题"描述为居首位置的项目,把主要谓词的适用性限制到某个受限的范围;它设定了主要谓词所控制的时间、空间和个体框架。例(1)中的"小王会做"应用到"这道题"所建立的一套实体,(2)中的"鼻子很长"应用到"大象"这套实体。同样,例(3)中的句首名词激活了一个概念范围,也就是"鱼",根据它,后面的谓词得到了解释(Langacker1994)②。

汉语话题的语法化形式不仅仅局限于句子,汉语领有者名词从某种程度上说,也被语法化为话题了,可以被看作一个"局部话题",它像汉语句子话题一样给被领名词的指称可能性划定了界限(表定指的领有者占有优势,具体统计见本章第一节)。同时汉语像日语一样,领有者名词占

① Chafe, Wallace L. (1976). Givenness, contrastiveness, definiteness, subjects, topics, andpoint of view. In C. N. Li (ed.), Subject and Topic, 25－55. New York: AcademicPress.

② Langacker, Ronald W. (1994). Reference-point constructions. Cognitive Linguistics pp:25－53.

据了领属结构的起始位置。

但汉语领属结构和汉语日语句子话题结构之间有一些重要的差别。一个差别是目标实体的特征。在领属结构中,目标是一个名词实体,一般来说是可辨的实体。在句子话题结构中,目标是一个基础小句,也就是说,是一个过程。而且在汉语句子话题结构中,话题和它后面的谓词之间没有显性的形态标记。例(1)和例(2)中没有什么显性标记告诉我们"这道题"和"大象"是话题标记,日语却使用了"wa"显性标记了"sakana"是话题。相比之下,汉语领属结构中的领有者和被领者之间有显性的形态标记,以领属语素的形式出现。虽然如此,领属语素本身并不编码任何具体的语义关系。它只编码定位性语义和话题关系,至于这种关系具体是所有权关系、亲属关系、部分整体关系,还是其它什么关系,绝大部分是根据参与者名词的语义内容,而不是这个结构本身,因为它们不是结构固有的。

按照参照点分析,领有者被激活以使被领者的辨认更加容易。很明显,参照点需要比目标更容易可及。如果目标像参照点一样容易可及,使用参照点辨认就没有用处。如果参照点没有目标可及,用一个不可及的实体去帮助识别一个更可及的实体,这一定是很荒谬的。Chafe(1987:36)①认为,描写信息通常的处理方法是,选择一些典型的指示物概念,并把它作为起点,然后在它的上面添加信息。当说话者一个接一个地描述意识焦点时,每一个被添加的信息都被嫁接到其它在某种程度上已经被描写的片段上。对于领属短语来说,可以把被领者的新信息嫁接到可及的领有者身上,如果领有者是不完全可及的,这时再把领有者嫁接在更为可及的指示物上,包括情景暗示的指示物和前文提及的指示物。这就使领属内部的"局部话题"向话语篇章进一步延伸了。

一般情况下,我们是把每一个新的概念,也就是存在于说话者意识中的先前未被激活的一个概念(它被假定为对听话者不可利用的),嫁接到

① Chafe, Wallace L. (1987). Cognitive constraints on information flow. In R. S. Tomlin(ed.), Coherence and Grounding in Discourse, 21-51. Amsterdam: Benjamins.

"起点"上，也就是在说话者的意识中已经被激活的或至少是半激活状态的概念上（说话者假定它在听话者的意识中同样也是被激活的）。对Chafe来说，这种"编队策略"成为小句主谓组织的基础，更概括地说，成为说话者控制话语信息流方式的基础。

Givon(1990①:897-898)指出，任何语段，如果交际是成功的，需要求助于听者已知的信息，另外传递听者不知道的信息。只传递已知信息的语段是冗余的，只传递新信息的语段是不连贯的，因此说话者在假定听话者已经有所知的语境中描述新的信息，使得新信息与听话者最大相关。Prince(1981)②提到，当"崭新"的概念被介绍到话语中，它们典型地需要被"锚定"，也就是说，需要负在其它对听者来说已知话语实体上(p.236)。因此，在下例中，"一个朋友"通过话语指示物"我"来锚定的。

我的一个朋友买了这本书。

一乘警说："一个旅客的行包丢了，7号车厢的。"（列车上正在谈论）。

我们从这个例子可以看到，汉语中的领属结构可以用来锚定新信息，使之成为定位的信息。当领有者不是完全可及的，它必须能够进一步锚定更为可及的指示物来补足，以做到领有者信息的定位，这里的列车和7号车厢就是语境和上下文的参照点，使领有者"一个旅客"得到了定位。这里我们可以假定领有者名词需要命名一个认知上可及的实体，或者用Chafe的话来说，是"某种程度上已经被描述的实体"。因此，我们需要提供认知上可及的概念。这里有两个方面需要考虑。首先，一个概念可以由它出现的话语语境来造成可及，我把它看作话语条件的可及性。我们

① Givón, Talmy (1984—1990) Syntax: A typological functional introduction. Vol I. John Benjamins. pp. 384-436, "definiteness and referentiality".

② Prince, Ellen F. (1981). Toward a taxonomy of given/new information. In P. Cole (ed.), Radical pagmatics. New York: Academic press, 223-255.

也可以考虑这种可能性：某些概念，通过它们的特性，内在的比其它的概念更加可及，而几乎不管话语语境，我们把它叫做内在可及性。内在可及性的例子，如“专有名词和代名语”等，领属结构“小王的钱包”中，“小王”就是内在可及性的概念。

从以上分析我们可以看出，领有者在领属结构中是用来锚定被领有者的。领有者是可辨性相对较高的信息，至少是可以定位的（例如在嵌套领属中或语境指示中），它的作用是把新信息（包括指称型新信息和关系型新信息）介绍到话语中。从这一点来看，领有者实际上就是被领有者的话题，领有者是陈述对象而被领有者是陈述内容，这个角度的话题是内在的局部的。但从话语篇章的连续性来看，这种内在的局部话题往往还会向外部篇章的话题进一步延伸。

三　领有者名词在篇章话语条件下的话题性

领有者名词可以引入一个新的概念，这一点就可以说明它是可及的，汉语中至少在非嵌套领属和无语境提示被领者相关范围的情况下是这样的。也就是说，在嵌套领属中和语境提示情况下也可以不完全可及，但必须是定位的。因此，领有者名词一定是有所知的，且绝大部分情况下（除上述情况）是“已知的”而不是“新的”。Halliday（1970[①]：163）把已知信息描述为：说话者假定听话者从上文或语境中能够发现或得出的信息。Chafe 把已知和心里可及明确地联系起来。他把已知信息定义为，说话者假定的说话时刻处于受话人意识中的信息（Chafe 1976[②]：30）。

已知性的一个明显的测试，是上文话语中最近提及的概念，是构成文

① Halliday, Michael A. K. (1967). Notes on transitivity and theme in English, Part 2. Journal of Linguistics 3: 199 - 244.

② Chafe, Wallace L. (1976). Givenness, contrastiveness, definiteness, subjects, topics, andpoint of view. In C. N. Li (ed.), Subject and Topic, 25 - 55. New York: AcademicPress.

本话题或主题的概念。然而这并不严格要求上文或语境提及的概念已明确为它命名，并有了已知的身份。它的已知身份也可以通过“框架”的激活进入人们意识焦点中，也就是，通过与传统已命名概念或与语境的某些特征相联系的大量知识来激活，使某些更进一步的期望得到了保证，例如上文刚刚提到“小王”，紧接着写到“手”，这里的“小王”就是以整体—部分框架的整体来激活部分。当然，领属如果选择一个唯一可辨的实体作为参照点，比选择一个不具体的实体或一类实体更有意义，以至于在汉语中定指的领有者要绝对多于定位性领有者。其中篇章话语语境是人们交际中使用最为频繁的、用于激活领有者指称的一个重要手段。

我们可以利用 Givon(2001)①中涉及的话题指称连贯性的两个方面(一个是回指，一个是持续)对汉语领有者的话题性进行测试。统计的方式采用的是 Cheryl Brown(1983)②的指标，做出两个连续性评价。

回指是指在大量小句中，现在提到的指示物与最近提到的指示物之间的距离(领有者前所出现的回指与该领有者之间的相隔字数)。在评测回指时，我们采用的最大切取值为 20 字。低回指值的表示该指示物在前面最近的语境中提到。回指值为 20 字时的表示这个名词正在引入一个实体，它实际上前面没有提到。

持续是指对直接跟在当前领有者后面的持续所指的数量的测量。0 持续的价值表示这个指示物，在它引入之后，马上从话语中消失了。较高的值表示这个指示物在后面的小句中有不间断的出现。对于持续，不设定最大切取值。

我们首先统计一下汉语句子中主要名词性成分在不同句法位置上的回指和持续，以比较它们之间的话题性的强弱，测试不同句法成分的已知性强弱。

① Givòn, T. (2001) Syntax: an introduction. Vol I. & Ⅱ. John Benjamins Publishing Company.

② Brown, C. (1983), Topic continuity in written English narrative, in Givon (ed.), Topic Continuity in Discourse, 315 - 341.

下表中主语、直接宾语、间接宾语和领有者的平均回指和平均持续，是从8万多字的书面叙述《周恩来的最后十年》中统计出来的：

表一

	主语	宾语	领有者
平均回指 平均持续	14.77 1.56	19.03 0.13	13.92 1.85

名词的主要句法成分主语和宾语的平均回指和平均持续上表中已经给出。我们见到主语指示物不仅倾向于在话语中已被最近提到，而且它们在后面的话语中还在一到两个小句中被提到。换句话说，主语是构成了语篇话题的特别好的例证。主语与宾语有高度的差别。宾语倾向于把新的指示物引入话语，而且它还倾向于后面的直接话语中很快消失。也就是说，在句子的主语和宾语话题性表现中，主语最具有话题性，宾语最不具有话题性，主语的已知性程度绝对高于宾语。这个表对我们特别有用的部分当然还是领有者名词，它们表现出比主语更为强烈的话题性特征。在平均数上，领有者名词有着最低的句法位置回指和最高的持续性。

参照点分析说明了这种趋势的简单解释。领有者名词是为了使被领有指示物的辨认更加容易。在书面文本中，缺少现场会话的语境支持，这些名词典型地需要进一步具体化，这样做的一种手段当然是领属结构。

如果领有者，作为一个局部的话题，很可能有已知地位，我们期望被领有者正好是它的反面，也就是说，是新的、非话题的。因此第一个期望是，被领有者应该发生在联系非话题性的句子位置上，下面是我们对同一语料中被领有者话题性的统计。

表二：被领名词的话题连续性

	平均回指	平均持续
被领有者	19.68	0.09

我们看到,被领者绝大多数是把新的先前未命名的实体引进话语。平均回指率,实际上要比表二中任何成分和范畴都要高。而且被领的实体几乎总是在话语中立即消失了。换句话说,被领实体在提及的时间里不仅是非话题的,而且在后面的句子中不能成功地成为话题。关键一点,与指示物的连续性相关的,是被领名词与领有者之间的最大差别。领有者是最大话题名词,它功能为最大非话题被领者的参照点。

四 内在话题性

我们统计到,汉语领属结构中有生的领有者尤其是人类实体的名词,占有优势。在这些语料的 829 个领有者表达中,有 531 种(=64%)是人类的领有者。在这方面,领有者与被领有者也有最大的差别。在 Brown 的语料中,被领有者绝对是无生命的(90%)。一般的模式是人类领有者被看作无生目标的参照点。

很多人注意到,如果领有者是人类,领属结构的运行最佳(Thompson and Martinet1960①:12)。Deane(1987)②的研究更进一步,根据出现的领有者的适切性建立了名词的等级,人类名词永远处于首位。人类领有者的高发生率只是反映了这样的事实:人类话语中绝大多数是关于人类的。因此在文本的任何随机样本中,我们都可以预料,话题性总是与代表人类的名词有着绝对的联系。这些名词频繁地功能为话题,不是因为人类话语绝对关于人类的,而是在这些具体话语作用的背后其他因素被排除了,以至于人类名词比非人类名词更为话题。

内在话题性表明一些话题比其他话题更容易自动可及,而不管语境

① Thompson, A. J. and Martinet, A. V. (1960), A practical English Grammar. Oxford: Oxford University Press.

② Deane, P. (1987), English possessives, topicality, and the Silverstein hierarchy, BLS 13: 65 - 76.

如何。Deane(1992)①用“自动凸显”进行解释，受到了广泛注意。“自动凸显”概念构成了自然的话题，它总是可以用来锚定短语、小句和句子的新的信息内容。

Deane(1992)②认为，内在话题价值是堡垒的功能，或成功使用的频率。他讨论了几个相互联系的因素，这些因素很可能有助于自动凸显。其中包括分类学等级中的自我中心位置和早期习得。

自我中心概念是指下面的内容：已学过的和已理解的，关于说话者自己，他的直接环境与环境的相互作用。

基本层面概念(Taylor1995)③是指更为固守的，因此也是更加容易可及的，而不是上位的和从属的(下位的)概念。它们联系着丰富的理解与感觉运动信息网络，可以通过不同的路径而可及，因而增强了成功使用的机会。

早期儿童习得的概念比后来习得的概念更加固守。早期习得的概念主要是自我中心的和基本层面的，包括自我概念和其它人类概念，联系着现时现地的清晰个体的物质客体和可以受到操纵的客体。

这些各种因素凑起来，提出了某种概念比其它概念有更加内在的话题。话题性最高的是人类。在这个范畴之内，最高的位置是说话者，话语环境中的其他参与者，被命名的个体。说话者强调其他人(human)的能力，从他们的视角观察环境的能力，把意图、情感和立场这些主观概念归因于他们的能力，将进一步增强人类名词的内在话题性。中间作用的较高等动物的名字，以及根据人类的相互作用而被特征化的实体，如社会机构，处所，基本层次客体。最低程度的内在话题性与抽象概念相关，也就是，非人类、非动物、非具体、非操纵、非个体和与现时现地与说话者无联系的概念。

---

①② Deane, P. (1992), Grammar in mind and brain: exploration in cognitive syntax. Berlin: Mouton de Gruyter.

③ Taylor, John R. (1995). Linguistic categorization: Phototypes in linguistic theory(2nd. Ed.). Oxford university Press.

Hawkins(1981)提出了下面的等级,宣称名词前领有者在等级上必须高于被领者。

[人类]<[人类特性]<[非人类生物]<[非人类无生物]

该等级是内在话题性的清晰等级,并等于要求领有者比被领者有更高的内在话题性。

(原刊于《重庆理工大学学报(社会科学)》2010 年第 8 期)

汉语定语领属结构的信息定位性

本文主要从把名词性成分的句法功能同它的指称性质入手，以陈平(1991)提出的定指与不定指的句法格式来检验汉语定语领属的定指性，进而指出定指性在汉语研究中的不足，提出并分析汉语定语领属关系的定位性。

一　指称性在汉语研究中的局限

“指称性”是功能语法研究的一个重要概念。陈平(1991)①指出，“发话人使用某个名词性成分时，如果预料受话人能够将所指对象与语境中某个特定事物等同起来，能够把它与同一语境中可能存在的其他同类实体区分开来。我们称该名词性成分为定指成分。”“相反，发话人在使用某个名词性成分时，如果预料受话人无法将所指对象与语境中同类成分区分开来，我们称为不定指成分。”(陈平的定指性实际上是指受话人对名词性成分的信息可及性)。

① 陈平：《释汉语中与名词性相关的四组概念》，《现代语言学研究》，重庆：重庆出版社1991年版。

(一) 指称形式与句法功能的对应

陈平(1991)①认为,名词性成分的句法功能同它的定指性或不定指性之间关系十分密切。这种密切的关系主要表现在三个方面。第一,有的句子成分强烈倾向于由定指格式的名词性成分充当,而另有一些句子成分则强烈倾向于由不定指格式的名词性成分充当。第二,对于本身不明确指示定指或不定指的格式来讲,名词性成分位于某些句法位置上时,有作定指理解的强烈倾向;而位于另一些句法位置上时,则有作不定指理解的强烈倾向。第三,有的句法位置只接受不定指格式,完全排斥本身具有强烈定指意义的格式,而另有一些句法位置只接受定指格式,完全排斥本身具有强烈不定指意义的格式。并列出下面一些成分有由定指性格式的名词性成分充当的强烈倾向,把指称形式与句法功能对应起来:

主语	
"把"字的宾语	数量宾语前的受事宾语
双宾语结构中的近宾语	定语领属性定语

而另一些成分则有由不定指格式的名词性成分充当的强烈倾向:

存现句中的宾语	处所介词短语前的宾语
双宾语结构中的远宾语	复合趋向补语后的宾语

并认为在这些句子中,名词性成分的句法功能决定了所指对象的定指性或不定指性,这是汉语区别于印欧语言的一个特征。

---

① 陈平:《释汉语中与名词性相关的四组概念》,《现代语言学研究》,重庆:重庆出版社1991年版。

(二) 汉语定语领属结构的句法分布与指称性的局限性

汉语中定语领属结构的格式较为单一，狭义的定语领属主要是“领有者+(的)+被领有者”。Taylor(1996)[①]拓展了定语领属的范围，认为属格的范围包括以下几类：

拥有定语领属：哥哥的书，地球的外壳

来源定语领属：野鸡的窝，自然的工作

主语定语领属：伊丽莎白的统治，人民的拥戴

宾语定语领属：城市的毁灭，这本书的出版

度量定语领属：一小时的间隙，一先令的价值

同位定语领属：Tweed 这条干净的河流

各种定语领属有定性测试基本一致，一般可以用于主语，“把”字的宾语，定语领属性定语（但使用时要求省略定语领属定语内定语领属标记“的”），存现句中的宾语，不能用于数量宾语前的受事宾语，双宾语结构中的近宾语，处所介词短语前的宾语，双宾语结构中的远宾语，复合趋向补语后的宾语。为简洁起见，现仅举拥有定语领属为证：

爸爸的书很多。

我把爸爸的书全卖了。

这些都是我爸爸的书。

你那儿有我的一本书。

也就是说，各种定语领属都可以有三种定指分布位置（主语、“把”字的宾语、定语领属性定语），只有一种不定指分布位置（存现句中的宾语）。

---

① 范继淹：《无定 NP 主语句》，《中国语文》1985 年第 5 期。

通过上面的测试我们发现，指称性分析不能完全解决汉语定语领属的语义信息问题。通过测试可以得出以下结论：定语领属在所能使用的测试位置中，可以占据三种定指性位置，只有一种非定指位置。

如果说陈平的这些强烈倾向定指性的句法位置只使用于 NP 的话，我们无法解释定语领属中定指位置的不定指性。例如“我的一本书丢了”、“我的书丢了”“我们班的很多同学是北京的”等句子的定语领属结构“我的一本书”、“我的书”和“我们班的很多同学”虽处于定指的主语位置，当仍然是表示不定指的 NP。

为此，我们提出了一种新的术语——定位性——来解释汉语定语领属中的语义信息问题

二　定语领属语义的定位性

定位性通常代表了指示物的认知地位，传统上它是由术语“可辨/不可辨”来覆盖的。可及性是指发话时间的指示物发话人认为在受话者的意识中是可以辨识的或者说是存在的，这也就是陈平所说的定指性。

（一）定位性的概念及其与可及性指称的区别

定位性是指示物的认知特征，表示是否可以认识，或者在现实世界或话语世界（说话者评介的）共有知识里，是否处于听说者可辨识的集合之中，它不同于定指性，因此定位性的指示物不仅覆盖了可辨别的指示物，即包括通指或由定指表达的指示物，还覆盖了在可辨集合中的不可辨的指示物。例如“我的一本书”是定位的，因为它位于可辨集合“我的书”当中。在陈平（1991）①和 Hawkins（1996）②的术语中，这个 NP 不能被看作

① 陈平：《释汉语中与名词性相关的四组概念》，《现代语言学研究》，重庆：重庆出版社 1991 年版。

② Hawkins, John A. 1996. Definiteness and Indefiniteness. Humanities Press.

定指的。因为定指要求说话人认为受话者可以辨识的，而这个指示物虽然所处集合“我的书”是可辨识的，但该指示物本身仍是不可辨明的，因为受话者不能从集合中挑选出这个指示物。因此定位的指称，除了包括可辨明的指示物，还包括可辨明集合中的不可辨明的指示物，因而定位性比可辨性应用范围更广。

(二) 汉语定语领属结构是表示定位性的句法格式

汉语中表示定位性的方法主要有以下几种。(1) 通过添加“这/那”等指示词或直接用人称代词等代词手段来表达可及性，从而使指示物可定位(我们把可及指示物看作定位性的一个特例)。(2) 通过语境提供的信息来确定 NP 的可辨集合。(3) 通过定语领属形式来标记定位性。

英语是句法控制的语言，它往往用明晰的形式标记 the 和 a 来标记 NP 是定指还是不定指，但英语对指示物定位性与非定位性之间的差别，却没有明显的形式标记。也就是说，英语句法上不区分这种定位的指示物与不可定位的指示物，“I know man”也就是“some man or other that I know”，也就是说，上述表达是否定位性在英语中没有明显的形式对立。所以研究英语的人注重的是定指与不定指的差别，而不在意定位与非定位的差别。

而汉语却不一样，因为汉语是话题标记的语言，而话题的一个重要特点就是在指称上必须是听说双方共知的指示物，或者至少是定位的，所以我们可以利用一个指称结构是否可以充当话题来判断它是否具有定位性。例如下面由数字锚定的成分都归入了定位性的范围，并且在可辨的集合中细化了指示物。例如“我们一位同志”，“美国一位能源专家”，它们都表示指示物的定位性，他们都能独立地充当话题。

(1) 我们一位同志昨天中午走丢了，……

(2) 美国一位能源专家说，……

但这种表示定位性的指称结构 NP 不能出现存在动词“有”前构成话

题。这主要是因为存在动词“有”本身就是定位化的一种手段(这一点我们将在下文专门论述),而这里的定语领属结构已经是定位的结构“我们一位同志”“美国一位能源专家”,这里“我们的同志”和“美国的专家”在两个结构里分别给“一位同志”和“一位专家”划定了范围,如果在用上“有”就重复了定位的手段,反而变得不合法了。例如我们不能说:

(1’) *有我们一位同志昨天中午走丢了,……

(2’) *有美国一位能源专家说,……

如果把数字置于“我们”和“美国”之前,情况就发生了变化,这时的NP指示物就是不可定位的。因为这时的“美国”已不是纯粹的领有者,而是接近于性质名词了,即具有了形容词的特性,有人把它叫做形容词性定语领属,因而不再能给“一位专家”一个可辨的范围了,如果它要充当话题就必须依赖于语境,让语境给“一位专家”一个范围,这样话语才能很好地进行下去。这时的“一位美国能源专家”就可以出现在存在词“有”的后面,因为它不与定位化的手段重复,例如可以说:

(3) 有一位美国能源专家说,……

而“一位同志”因为“我们”是指代词,不能像“美国”一样可以作为性质名词使用,所以就没有“*一位我们的同志”这种表达。但当它置于宾语位置时,有时却可以勉强表达,语料中也有不少这样的例子。原因是当它在宾语位置时,“一个”这一数量有了主语这一明确近距离语境的支撑。例如下面的例子:

(4) a. *一个我认识的人很高。

b. 我认识的一个人很高。

c. A:那是谁? B:? 是一个我认识的人

(4a)中“一个我认识的人”不合语法，而(4b)中“我认识的一个人”却合乎语法，主要是与汉语要求话题位置上至少要求指示物具有定位性有关。类似前面的分析，前者的指示物是不可定位的，“我”处于性质名词的地位，而“我们”充当性质名词很困难，所以是不合语法的；而后者是定位的，它在话题或非话题位置都是可接受的，如(4b)所示。(4c)中虽然“一个我认识的人”的合法度较弱，但有定位的近距离语境，因而合法度较(4a)要高。

这种定位性标记解释了为什么汉语的句子往往以定指名词开始，即使当整个 NP 本身是不定指的；如果能不以定指形式的名词开头，往往能通过语境使受话人意识到它是定指的或是定位的。汉语在某种程度上标记的是定位性而不是定指性，这确实是一个值得进一步研究的领域。

不仅数量词和领有者的位置顺序可以决定一个 NP 是否是定位的，领有者跟形容词等其它词语的语序也同样可以决定了 NP 的定位性。如“牡丹鲜艳的花朵”和“鲜艳的牡丹花朵”，又如“幼儿园很老的教师”和“很老的幼儿园教师”，这两组例子中的前一组都是可以定位的，可确定的局部集合分别是“牡丹的花朵”和“幼儿园的老师”；而后一组都是不可定位的，因为这里的“牡丹”和“幼儿园”处于性质名词的位置上了。归结起来，定语领属关系可以表示定位性，当定语领属格式通过变换语序成为非定语领属关系时，就不一定表达定位性。如上述例子中，将限制被领有者的数量词或形容词提到领有者之前时，原来的领有者名词表达某种性质成为了性质名词，就成为是无指的了，整个结构也就不再表达定位性了。当然如果被领有者前出现“的”，且数量词或形容词处于名词之前可以与名词有语义组合的可能，就会有两种理解。如“鲜艳的牡丹的花朵”中的“牡丹”就有“有指”和表性质的“无指”两种理解。

我们上面分析了“一位美国能源专家”如果处于话题位置时，必须有相关的语境的支撑，以使受话人能定位这一指称的具体范围，这是一种解释。另外还有一种解释，那就是“一位美国能源专家”虽然处于句首位置，但不是话题。例如，在话题信息被描述为整体而不是指示物的句子中，作为焦点的动词前 NP 的指示物不是话题而是评论，因而可以是不可定位的。如“A：谁说的？B：一位美国能源专家说的。”其中的话题是“×××说的”，评论焦点是“一位美国能源专家”，这时的动词前成分就可以是非定位的，因为它本身不是话题而是评论焦点，而评论焦点可以是非定位性的。又如，“（是）小王开的车”，其中话题为“×××开的车”，焦点为“小王”，这时的“小王”因本身是定指的，所以也是定位的。实际上，汉语句子中 NP 的词序和定指性之间关系的合理概括应该是：动词前 NP 代表了可定位的指示物，除了在一些不涉及话题的句子中。因此用能否充当话题来测试定语领属关系的定位性仍然是有效的。

三 小 结

本文主要探讨了定语领属关系的定位性特征。从汉语中的常用的语义信息概念“定指性”入手，指出定指性虽然在汉语中扮演着重要的不可忽视的角色，但它不能完全解释汉语定语领属关系的语义信息问题。为了弄清定语领属关系的语义信息，我们引进了定位性的概念，并对汉语中定语领属的定位性及其作用进行了探讨。

（原刊于《重庆科技学院学报（社会科学版）》2010 年第 18 期）

参考文献：

[1] 朱德熙：《语法讲义》，北京：商务印书馆 1982 年版。

[2] Taylor, John R. Possessives in English. Oxford: Clarendon Press. 1996.

[3] Wu Guo. Information Structure in Chinese. Peking University Press. 1998.

汉语谓词领属结构的信息定位性

本文主要从名词性成分的句法功能同它的指称性质入手，以陈平(1991)[①]提出的定指与不定指的句法格式来检验汉语谓词性领属的定指性，进而指出定指性在汉语研究中的不足，提出并分析汉语谓词领属关系的定位性。

一　指称性在汉语研究中的局限

“指称性”是功能语法研究的一个重要概念。陈平(1991)指出，“发话人使用某个名词性成分时，如果预料受话人能够将所指对象与语境中某个特定事物等同起来，能够把它与同一语境中可能存在的其他同类实体区分开来。我们称该名词性成分为定指成分。”“相反，发话人在使用某个名词性成分时，如果预料受话人无法将所指对象与语境中同类成分区分开来，我们称为不定指成分。”陈平的定指性实际上是指受话人对名词性成分的信息可及性。

---

① 陈平:《释汉语中与名词性相关的四组概念》,《现代语言学研究》,重庆:重庆出版社 1991 年版。

(一)指称形式与句法功能的对应

陈平(1991)[①]认为,名词性成分的句法功能同它的定指性或不定指性之间关系十分密切。这种密切的关系主要表现在三个方面。第一,有的句子成分强烈倾向于由定指格式的名词性成分充当,而另有一些句子成分则强烈倾向于由不定指格式的名词性成分充当。第二,对于本身不明确指示定指或不定指的格式来讲,名词性成分位于某些句法位置上时,有作定指理解的强烈倾向;而位于另一些句法位置上时,则有作不定指理解的强烈倾向。第三,有的句法位置只接受不定指格式,完全排斥本身具有强烈定指意义的格式,而另有一些句法位置只接受定指格式,完全排斥本身具有强烈不定指意义的格式。并列出下面一些成分有由定指性格式的名词性成分充当的强烈倾向,把指称形式与句法功能对应起来:

主语	
“把”字的宾语	数量宾语前的受事宾语
双宾语结构中的近宾语	定语领属性定语

而另一些成分则有由不定指格式的名词性成分充当的强烈倾向:

存现句中的宾语	处所介词短语前的宾语
双宾语结构中的远宾语	复合趋向补语后的宾语

并认为在这些句子中,名词性成分的句法功能决定了所指对象的定指性或不定指性,这是汉语区别于印欧语言的一个特征。

① 陈平:《释汉语中与名词性相关的四组概念》,《现代语言学研究》,重庆:重庆出版社 1991 年版。

(二)汉语谓词领属结构的句法分布与指称性的局限性

Bernd Heine(1997)①把领属结构分为定语领属(attributive possession)和谓词领属(predicative possession)两个大类②,Doris L. Payne & Immanuel Barshi(1999)③又论述了一种特殊的外部领属结构(external possession)④。为清晰起见,列表如下:

领属结构表达式		
领属结构类别	表达式	汉语举例
1. 定语领属	X+领属标记+Y	我的书
2. 谓词领属	八种形式(见下表)	我有一本书
3. 外部领属	X(领有者是句法论元,不是语义论元)+V+Y	王冕死了父亲

Bernd Heine(1997)还详细给出了领属过程的事件图式(event schema),分谓词领属为八种表达图式:

谓词领属表达式		
事件模型类别	表达式	汉语举例
1. 动作领属	X占有Y	我有一本书
2. 方所领属	Y位于X	一书在手
3. 共事领属	X和Y在一起	/

① Bernd Heine. 1997. Possession: Cognitive Sources, Forces, and Grammaticalization. Cambridge University Press.

② Talyor(1996)分析了英语中的名词化领属(nominalizative possession),可以归入定语领属结构当中,如汉语中"这本书的出版"。

③ Doris L. Payne, Immanuel Barshi. 1999. External possession. John Benjamins Publishing Company.

④ Doris L. Payne & Immanuel Barshi(1999)的外部领属结构是指:语义上的领有者—被领者关系是通过编码领有者(PR)为动词的核心语法关系,即把领有者提升为独立于被领者(PM)句法论元,但提升的领有者不是动词的核心语义论元。如汉语中的"王冕死了父亲",其中领有者"王冕"提升为独立于被领者"父亲"的一个句法论元,但提升的领有者不是动词"死"的核心语义论元。

续表

谓词领属表达式		
4. 所有格领属	X的Y存在	/
5. 目的领属	Y为/因X而存在	/
6. 来源领属	Y存在源于X	这本书属于我
7. 话题领属	就X来说,Y存在	/
8. 等式领属	Y是X的	这本书是我的

从上表可以看出,汉语中的谓词领属结构表达形式主要有:

谓词领属第一式　X占有Y:"领有者+有+被领有者"

谓词领属第二式　Y位于X:"被领有者+在+身体部位词"①

谓词领属第六式　Y存在源于X:"被领有者+属于+领有者"

谓词领属第八式　Y是X的:"被领有者+是+领有者+的"

在陈平的有定格式中,"有"字领属、"被领有者+属于+领有者"和"被领有者+是+领有者+的"只能分布在主语位置(如果可以看成主语的话)或者干脆叫主要谓词前位置,不能出现在"把"字的宾语、数量宾语前的受事宾语、双宾语结构中的近宾语和领属性定语的位置。例如:

(1) a. 我有一个工作问题想向你请教。

b. 我有个朋友刚在云南办了个红领巾刊物。

c. 小王有个表姐嫁到了邻村李家。

d. 他有一些想法想跟我们说。

e. 那本书属于你很正常。

f. 那本书是你的是不可能的。

① "被领有者+在+身体部位词"在陈平先生所设的定指成分句法结构中都不能出现。表明它只是一般谓词结构,不能很好的表示指称,还未被领属结构化(如"一技在身/大权在握/一书在手"),本文不作讨论。

陈平(1991)[①]所说的所有不定指成分句法位置,即存现句中的宾语、处所介词短语前的宾语、双宾语结构中的远宾语、复合趋向补语后的宾语位置,均不能出现谓词性领属。通过测试,我们得出的是谓词领属整体功能(或领属参照下的中心成分)的有定性很强,因为它只能位于主要谓词之前。

通过测试可以得出以下结论:谓词领属具有强烈的定指性倾向,几乎只满足于陈平的定指性位置,但实际的情况是,几乎所有的"有"字谓词领属都不是定指的,也就是说,句法分布测试出的定指成分语用上往往并非是定指(可及)的。例如当我们谈及"我有一本书丢了"时,受众并不能分辨出这本书具体所指的是什么书。不仅如此,即便使用"这/那"等指示代词时,也不能指明受众在预设中已能辨明,例如说"我有那/这本书" 时,并非是"我"拥有现场所指的"那/这本书"。

为此,我们提出了一种新的术语——定位性——来解释汉语领属中的语义信息问题。

二　领属语义的定位性

定位性通常代表了指示物的认知地位,传统上它是由术语"可辨/不可辨"来覆盖的。可及性是指发话时间的指示物发话人认为在受话者的意识中是可以辨识的或者说是存在的,这也就是陈平所说的定指性。

(一) 定位性的概念及其与可及性指称的区别

定位性是指示物的认知特征,表示是否可以认识,或者在现实世界或话语世界(说话者评介的)共有知识里,是否处于听说者可辨识的集合之中,它不同于定指性,因此定位性的指示物不仅覆盖了可辨别的指示物,

① 陈平:《释汉语中与名词性相关的四组概念》,《现代语言学研究》,重庆:重庆出版社 1991 年版。

即包括通指或由定指表达的指示物，还覆盖了在可辨集合中的不可辨的指示物。例如“我的一本书”是定位的，因为它位于可辨集合“我的书”当中。在陈平(1991)①和 Hawkins(1996)②的术语中，这个 NP 不能被看作定指的。因为定指要求说话人认为受话者可以辨识的，而这个指示物虽然所处集合“我的书”是可辨识的，但该指示物本身仍是不可辨明的，因为受话者不能从集合中挑选出这个指示物。因此定位的指称，除了包括可辨明的指示物，还包括可辨明集合中的不可辨明的指示物，因而定位性比可辨性应用范围更广。

(二) 汉语谓词领属结构是表示定位性的句法格式

汉语中表示定位性的方法主要有以下几种。(1) 通过添加“这/那”等指示词或直接用人称代词等代词手段来表达可及性，从而使指示物可定位(我们把可及指示物看作定位性的一个特例)。(2) 通过语境提供的信息来确定可辨集合。(3) 通过领属形式来标记定位性。

1. 三种谓词领属的语义信息分析

“领有者＋有＋被领有者”的领有者一般是定指的，如“我有一本书”，还包括表示类指的定指，如“桌子有四条腿”。其被领者一般是不定指的，如“我有三本书”，虽然有时用上了“这/那”等指代词修饰被领有者，但它仍然可以是不定指的，如“我有那本书”，这个例子中的“那本书”是类同定指(另文讨论)，仍是不定指的，因为在说话时间，受话人只能大致判断“那本书”的范围是跟听说双方共知的某一本书内容相同，但仍不能辨识作者所指的书是这一类书中的具体哪本，我们可使用定位性来表述该类领属的语义信息。

至于“被领有者＋(是)属于＋领有者(的)”和“被领有者＋是＋领有者(＋的)”的领有者和被领者的语义信息都是有定的，一般来说，当它们

---

① 陈平:《释汉语中与名词性相关的四组概念》,《现代语言学研究》,重庆:重庆出版社 1991 年版。

② Hawkins, John A. Definiteness and Indefiniteness. Humanities Press. 1996.

在更大的结构中充当论元时，主句的主要谓词都不能是动作性的，一般都是表示判断或心理认知的。也就是说，该类领属结构还是表达事件，而不能作为一个整体表示名词性指称信息，例如它就不具备“有”字句的名词性测试。

与“有”字领属和“在”字领属不同，“有”“在”两种领属结构单独使用时，表示的是一个事件，但当它们在更大结构中使用时，特别是当更大结构的主句动词为动作性动词时，它往往是表示领有者参照下的被领 NP 指称信息的。也正是这种领有者参照下的被领 NP 指示物的信息具有定位性的作用，才使它在汉语中具有话题标记的作用。下面我们就来具体谈谈“有”字领属的定位化和它的话题标记作用。

2. 谓词领属标记词“有”的定位化功能和话题标记作用

传统的汉语语法认为主语往往是有定的，汉语中出现的不定主语，往往被解释为不定 NP 前删除了表示存在的“有”。例如，范继淹(1985)①发现存在的“有”也只能被添加到部分不定指主语之前，其它一些情况也是不恰当和不可接受的，但他没有对此提供解释。朱德熙(1982)②认为句首存在“有”一般被看成是使不定指主语成为可接受逻辑主语的一种工具手段，但未对“有”为什么会使主语变为不定指作出很好的解释。Wu Guo (1998)③对此的解释是，从信息的观点来看，“有”的作用是激活指示物或者是把它引入话语。这个指示物前的“有”的功能是使一个不可定位的指示物，通过断言它的存在或创造在话语世界中的存在而变成可定位的(可以认为该指示物是在说话人的 NP 意识范围之内存在的，这个意识范围通过“有”的标识而凸显出来，从而有了可定位的范围)，以便这个指示物变成 VP 的合法的话题。因此这些句子中的话题标记能够跟在被“有”前置的主语 NP 之后。例如：

---

① 范继淹：《无定 NP 主语句》，《中国语文》1985 年第 5 期。

② 朱德熙：《语法讲义》，北京：商务印书馆 1982 年版。

③ Wu Guo. Information Structure in Chinese. Peking University Press. 1998.

(2) a. ? 一间房子很宽敞。

b. 有一间房子很宽敞。(前面一定是在谈论涉及房屋的话题,或能语境已设定“一间房子”的某个可辨的集合)

指示物“一间房子”放在话题位置时,是不可定位的,所以(2a)不可接受。但(2b)却很自然,因为前面的“有”断言了不定NP指示物的存在,可以使这个指示物定位,因而可以使指示物功能为话题。在某种意义上,这种用法的“有”标记了指示物的定位性。因此,当不定主语理解为定位指示物时,“有”可以被添加,根本不会影响句子,如“(有)一位旅客说,他到过很多地方”。但是当主语不能理解为不可定位指示物时,该句是以事件为话题的武断句(thetic sentence)。如果它前面加上“有”,就使这个句子从武断(thetic)理解转换为一般理解。例(3)—(8)是Wu Guo(1998)①的例子,例(3)包含两个带不可确定主语指示物的武断句(thetic sentence),引入了两个事件。

(3) 五月三十日傍晚,一辆急救车鸣着喇叭,飞快地驶进北京积水潭医院,八名严重烧伤的病人,被送进急诊室。

这个句子描写了一部电影突然开始时的忙碌情景,警笛、救护车和人们正在忙碌着,马上就发生了各种事情。如果主语前加上“有”,这两个句子就成了救护车和病人作为话题的T—C结构。这种作用就像同一部电影的不同开端,首先是出现救护车(把它引入情景),然后让它进入医院(添加一些新信息),以相同的方式先出现八名严重烧伤病人,见到了病人(即把它引入情景),然后让他们进入急诊室。在这些理解中,不同的焦点使它们在不同的语境中可以接受或者是恰当的。再如:

① Wu Guo. Information Structure in Chinese. Peking University Press. 1998.

(4) 一封来信揭开了谜底。

(5) 三个素不相识的青年闯进女学生的家。

例(4)实际上相当于“谜底被一封来信揭开了”,其中的焦点在这封信上,这个句子是关于这个谜底的,也就是说,该句的话题是“谜底”,这个谜底的指示物在语境中是可及的。使用原句表现出“一封来信”的突然性。如果“有”被添加到这个句子中,就不再报道一个事件,而是对这封信的评论。因此“有一封来信”就发生在一些信件已经定位的语境中。同样,(5)中事件反映了闯进这种行为的不可预期性,涉及一些新的指示物。这时候“女学生的家”是定位的,而“三个素不相识的青年”是焦点,是不可定位的;如果用上“有”,其对应物会变成对陌生人“三个素不相识的青年”的评论,作为整体的事件不会不被预期。

新的指示物是被报道事件的结果,这些句子本质上是描写性的,并且这个新指示物就是焦点。当添加了“有”的时候,这些句子就会失去它们的描写性作用,有时变得不可接受,例如(6)就不能添加“有”,因为这里的“一幅漂亮的山水画”是动作“画”产生的结果,不可能让它作为预设话题出现,而让“画好了”作为焦点:

(6) 一会儿,一幅漂亮的山水画画好了。

当这个新的情况是一个突然发生的并涉及新指示物的事件时,认知上很难建立起一个话题,就会出现这个句子的武断(thetic)理解。

(7) “站住!”一个威严的声音喊道。

(8) “吟……”一阵急促的电话铃声,惊醒了值班民警。

在(7)和(8)中,通过添加“有”使处于主语位置的焦点转换为话题,会减少这种惊讶的因素,导致不协调。

上述这些用“有”不协调的情况的句子，往往用上“是”反而较为协调，这更进一步说明了它们虽然位于句首但不是话题，而是报道的焦点，是评论部分。总之，汉语中的“有”具有定位化的标记作用，特别是当其被领者作为话题的时候。

三 小 结

本文主要探讨了谓词领属结构的定位性特征。从汉语中的常用的语义信息概念“定指性”入手，指出定指性虽然在汉语中扮演着重要的不可忽视的角色，但它不能完全解释汉语谓词领属关系的语义信息问题。为了弄清谓词领属关系的语义信息，我们引进了定位性的概念，并对汉语谓词领属的定位性及其作用进行了探讨。

（原刊于《重庆邮电大学学报（社会科学版）》2011 年第 2 期）

参考文献：

[1] Doris L. Payne, Immanuel Barshi. 1999. External possession. John Benjamins Publishing Company.
[2] Taylor, John R. 1996. Possessives in English. Oxford: Clarendon Press.

现代汉语“V1＋NP$_{V1和V2的受事}$＋V2(V2)”的构式语义

一　引　言

连动句一直是汉语研究的热点(杨成凯,2003)①。关于连动式,王福庭(1960)②称其为“连谓式”。李临定、范方莲(1961)③认为连动式有主有从,不是前加就是后补。陆志韦(1961)④同时看到了平均重读的事实。

赵元任(1979)⑤认为,连动式是介乎并列结构和主从结构之间的一种V—V结构,但更接近后者,不赞成连谓式这种说法,因为他认为这类结构还可以充当主语。

朱德熙(1982)⑥用连谓结构的名称定义同类格式,并注明这里的“谓”指谓词说的,不是指谓语说的。称连谓结构是谓词或谓词结构连用的格式。

---

① 杨成凯:《连动式研究》,《语法研究与探索(九)》,2003年。

② 王福庭:《连动式还是连谓式》,《中国语文》,1960年。

③ 李临定、范方莲:《语法研究应该依据意义和形式结合的原则》,《中国语文》,1961年。

④ 陆志韦:《试谈汉语语法学上的“形式与意义的结合”》,《中国语文》,1961年。

⑤ 赵元任:《汉语口语语法》,商务印书馆1979年版。

⑥ 朱德熙:《语法讲义》,商务印书馆1982年版。

杨成凯(2003)[①]根据前人汉语语法论著所述,并结合自己的观点,将"连动式"的结构归结为三个条件:

1. S+V1+V2+……+Vn

2. SV1,SV2,……,SVn,有主谓关系

3. V1,V2,……,Vn,合在一起是一个句子,不是复合句中分句与分句的关系

杨成凯(2003)还说,把V2表目的的句式看作中心在前。他说:"从功能上看连动式,当V1和V2中间没有关联词语时,理论上可能有三种结构:V1作为V2的条件,中心在后;V2作为V1的目的或结果,中心在前;V1和V2平等,中心平均。一般地讲,非中心成分是中心成分的限定因素,往往重读。"

我们认为这种概括基本上是成功的,也是比较全面的。根据杨的前三条,我们可以将以下的V—V结构纳入连动结构。

(1) 做饭吃　　做点饭吃　　做点饭吃吃

首先它们符合杨成凯(2003)连动式的三个条件:都使用同一主语,与V1,V2都有主谓关系而且都是一个句子的内部结构,而不是复合句中分句与分句的关系。

而我们后文提到的张伯江(2003)[②]测试结果是该构式勉强符合杨成凯(2003)第二种说法的一半条件,即"V2作为V1的目的或结果,中心在前"。通过我们的测试发现该结构不符合杨成凯(2003)第二种说法的一半条件,即"非中心成分是中心成分的限定因素,往往重读",看来重新定

① 杨成凯:《连动式研究》,《语法研究与探索(九)》,2003年。

② 张伯江:《汉语连动式的及物性解释》,《语法研究与探索(九)》,2003年。

义这一结构是有必要的。同时我们研究发现这些例句有一个共同特点，即两个谓词共用一个受事，且受事位于它们之间，据此我们暂且称其为内置受事句。

二　内置受事 $V1NP_{V1和V2的受事}$ V2(V2)结构的特点

关于 $V1NP_{V1和V2的受事}$ V2(V2)结构，我们具体定义为：在连动的两个动词中，动词之间的 NP 既是前一个动词 V1 的受事也是后面动词 V2(V2)的受事[①]。同时我们根据它们的内部差别把它们分为以下三类：

(2) 做点饭吃(吃)	做饭吃(*吃)
买包烟抽(抽)	买烟抽(*抽)
借点钱花(花)	借钱花(*花)
熬碗汤喝(喝)	熬汤喝(*喝)
熬碗绿豆汤喝(喝)	熬绿豆汤喝(*喝)
偷点油吃(吃)	偷油吃(*吃)
买块巧克力吃(吃)	买巧克力吃(*吃)
借把起子用(用)	借起子用(*用)
借台电脑用(用)	借电脑用(*用)
杀头牛*吃(*吃)	？杀牛吃(*吃)
买十包烟*抽(*抽)	买烟抽(*抽)
(3) 有(？句)话说(？说)	有话说(*说)
有(？点)饭吃(？吃)	有饭吃(*吃
没(点)事干(干)	没事干(*干)
没(本)书看(看)	没书看(*看)

(4) 抱过(一个/那个)孩子亲了一口(一下/亲/半天)

① 这里的受事采用广义受事的概念。

本文主要分析其中的(2)类,它具有如下特点:

a. V1 是动态动词。即不包括"有、没(有)"等静态词。

b. V2 轻读。

c. V2 可以光杆形式出现、且内置受事 NP 位于 V1 和 V2 之间,从形式上看该 NP 既是 V1 的受事又是 V2 的受事(实际上 V2 与 NP 不是真正的支配关系,见后文)。

(3)类的 V1 是静态的存现动词 V2 不能重叠,NP 一般不能受量词修饰。(4)类虽然内置受事 NP 符合(2)类的特点,但 V2 可以重读且一般不以光杆形式出现。(3)(4)都不完全符合我们所要讨论的(2)类的特征。

三 从多角度看该结构的构式语义

Goldberg(1995)[①]认为构式本身具有意义,该意义独立于句子中的词语而存在,并认为构式语法可以避免不合情理的动词意义,且具有语义经济性。下面我们从语义的角度来看看内置受事结构除了本身词语的意义外,还表达了哪些独立于句中词语而存在的意义。

(一) 该结构 V2 的表目的性和动作性的弱化

1. 该结构目的性

V2 显然不是该结构的中心,而是"事件+目的"结构的目的,张伯江(2003)[②]已经用"来"与"可"进行了成功的测试。张伯江先生(2003)认为,这两类内置受事结构是"现实>非现实"这种强及物性到弱及物性的连动结构,指出"V2 都是 V1 的目的",并分别用目的标记"来/去"和值得标记"可"验证了他的观点。也就是说,张伯江(2003)实际上是把这种结

① Adele E. Goldberg, Construction: A Construction Grammar Approach to Argument Structure(吴海波译:构式——论元结构的构式语法研究),北京大学出版社 1995 年版。

② 张伯江:《汉语连动式的及物性解释》,《语法研究与探索(九)》,2003 年。

构看成前重后轻式的结构。下面是张伯江(2003)的举例与测试：

(5) 偷油吃　　买包烟抽　　借份报看
盖几间房住　　借点儿钱用
(6) 偷油来吃　　买包烟来抽　　借份报来看
盖几间房去住　　借点儿钱去用

我们认为张伯江(2003)的判断与测试是合理的。但作者在提到 V2 为非现实的事件后，没有进一步研究解释 V2 的动性问题，更没提到 V2V2 问题。其次，该文指出了前重后轻的事实——“V2 都是 V1 的目的”。但该文提出这一现象与事实后，没有进一步指出这一表目的的 V2 在该结构的构式中所表示的更为细微的主观意义和小量意义及其产生的原因。本文试图在前人研究的基础上来解决这些没有解决的问题。

2. V2(V2)动词性的弱化

因为这里的 V2 本身很少承担词汇意义，词汇意义完全可以从原型预设(见后文)获得，也就是说，原有的由词汇表达的强动作性在 V2 位置消失了。关于这一点，我们可以通过添加“着、了、过”等时体形态来验证 V2 动作性的弱化，能添加的是可以表强动作性，不能添加的表弱动作性。一般连动句的后一个动词可以添加时体形态“着、了、过”。例如：

(7) 我上街买了一些白菜。
我去交了一下电费。
我曾经去中关村买过一台电脑。

而 V1NPV2(V2)结构中后面的动词 V2(V2)不能添加任何时体标记，如不能说：

(8) ＊做饭吃(吃)\了/着/过　　＊买烟抽(抽)\了/着/过

*借钱花(花)\了/着/过

*熬汤喝(喝)\了/着/过　　*偷油吃(吃)\了/着/过

*借起子用(用)\了/着/过

*买巧克力吃(吃)\了/着/过　*借电脑用(用)\了/着/过

从比较中我们可以发现原有的强动作性消失了,它在该结构中主要表达目的。但是表示目的可以是较强的目的性,也可以是较弱的目的性。从 V2 的轻读我们可以窥见该结构很可能表示较小的目的,甚至是弱化目的,也就是后文要谈的主观随意性,我们将通过大量测试和分析来证明主观随意性的存在。

(二) 主观随意性的表达

1. 从该结构与 VNP 的比较来看该结构事件的主观随意性

一般来说 VNP 可以表达一个客观的事件,也可以通过添加情态助词等来表达言说者的主观态度。在没有情态助词等帮助的情况下,一般只能表达客观事件,如:

(9) 买车,买(一)辆车;盖房子,盖(一)间房子;买报纸,买(一)份报纸。

但是添加光杆或重叠 V2,构成 $V1NP_{V1和V2的受事}$ V2(V2)后,主观性明显增强,表达了言说者故意淡化事件的意味,表现出说话者对事件的“随意”态度。如在例(8)中分别添加 V2 得到:

(10) 买车开　买(一)辆车开　买(一)辆车开开

盖房子住　盖(一)间房子住　盖(一)间房子住住

买报纸看　买(一)份报纸看　买(一)份报纸看看

例(10)添加光杆V2或重叠V2后，都表现出了言说者故意表现出对事件的不经意，而实际上说话者本身可能是很在意的，但用上V2(V2)后就是为了向受话者表明自己对该事件的无所谓的态度。

(三)主观随意性的句法测试

1. 主观意愿的句法测试

内置受事连动结构的施事主语只能是有生名词，因此我们也可以据此认定该结构表达的只能是一种主观意愿的事件。当然其内部意愿还有强弱的差别。也就是说，在这些例子中表现意愿和简单愿望的程度也是不等的。下面我们通过重叠V2和添加人类/非人类主语来检验：

(11) 老鼠偷油吃*吃
那个小偷经常去油库偷油吃*吃
我从不买烟抽*抽
他经常买报看*看
最新新闻，北京出事了，北京出事了，快买报看看。

(12) 那个小偷经常去油库偷点油吃\那个小偷说：“明天我得去油库偷点油吃吃”
你别老买烟抽\我去买包烟抽抽
他经常买报看\我去买份报看看
盖几间房住住
借点儿钱用用

(13) *老鼠偷点油吃*老鼠偷点油吃吃

例(11)所有结构可以使用人类主语，只有很少的例子同时可以使用非人类主语，V2也不能重叠；例(12)将“油”加上量词“点”有界化后，V2可以单说也可以重叠，但不能使用非人类主语，如不能说“老鼠偷点油吃吃”。通过这些检验和张伯江的测试，我们发现了以下这些规律：

① 主语具有的人类性质、NP 的有界性和 V2 的句法重叠有着规整的对应：

Ⅰ. 当 NP 是无界(11)类时，可以有“老鼠偷油吃”式的非人类主语出现，V2 大部分不能有句法重叠。

Ⅱ. 当 NP 是有界(12)(13)类时，不能有“*老鼠偷点油吃*老鼠偷点油吃吃”之类的非人类主语出现，且 V2 都能有句法重叠形式。

综合Ⅰ、Ⅱ可以看出，这类结构只能使用有生主语，且倾向于使用有生的表人主语。

② 从上面的测试，我们还可以看出，该构式的单 V2 式比双 V2 式目的的主观随意性更强。因为前者偶尔还可以用非人类的有生主语，而后者却不允许非人类主语的出现。

2. “随意性”语义的句法验证

所谓的随意性，这里主要是指言说者主观上故意淡化事件的重要性，重要性在量度上减少。而这种重要性的弱化，我们也可以通过该结构中内置 NP 对大量义的排斥以及对小量义的兼容来测试。

(1) 单 V2 式对大量义的排斥

这种排斥主要通过在该结构的 NP 前添加数量词的情况而得到测试。有的不能加具体数量词，只能加表示不定小量的“点”或“些”；能加数量词的，一般也只能加表示小量的数量词“(一)包”等：

(14)	买烟抽	买(一)包烟抽	？买两包烟抽
	*买三包烟抽	*买 100 包烟抽	
	熬汤喝	熬(一)碗汤喝	？熬两碗汤喝
	*熬三碗汤喝	*熬 100 碗汤喝	
	做饭吃	做点饭吃	
	借钱花	借点钱花	

不仅如此，NP 的中心语 N 本身也有较为严格的小量义限制，往往该

结构中不能使用体积庞大的事物作为N的指称，如不能说：

(15) 买鸡吃　　买(一)只鸡吃　　买两只鸡吃
*买三只鸡吃　　*买四只鸡吃
*买牛吃　　*买(一)头牛吃　　*买两头牛吃
*买三头牛吃　　*买四头牛吃

而对于无V2的动宾结构则没有上述限制。这种结构排斥大量义而兼容小量义，也就说明该结构主要表达的是小量义。而它的产生是由于V2的出现而引起的。

(2) 双V2式中，小量NP作为唯一的选择

上面我们看到单V2式虽然与大量NP不兼容，但还存在诸如“买烟抽”的无定NP格式。而在双V2式中，对小量NP的选择要求更高，没有小量义的NP在该式中几乎不能出现。如：

(16) *买烟抽抽　　买(一)包烟抽喝　　*买两包烟抽抽
*买三包烟抽抽　　*买四包烟抽抽
*熬汤喝喝　　熬(一)碗汤喝喝　　*熬两碗汤喝喝
*熬三碗汤喝喝　　*熬四碗汤喝喝
*做饭吃吃　　做点饭吃吃
*借钱花花　　借点钱花花

(17) *买鸡吃吃　　买(一)只鸡吃吃　　买两只鸡吃吃
*买三只鸡吃吃　　*买四只鸡吃吃
*买牛吃吃　　*买(一)头牛吃吃　　*买两头牛吃吃
*买三头牛吃吃　　*买四头牛吃吃

比较(14)和(16)，(15)和(17)可以发现，原来(14)(15)的NP前的表小量义数量词的使用不是必有的，可以构成“买烟抽”“熬汤喝”“做饭吃”

“借钱花”，虽然它们一般不独立使用，但可以使用在更大的结构中，如可以说“他老是买烟抽”；但是(16)(17)句法上重叠为 V2V2 以后，原来 NP 前可有的小量义数量词就变为必有的了。如上面的第一列因为没有小量数量词而变得不合法了。

不仅如此，我们发现原来(14)中的“买两包烟抽”“熬两碗汤喝”在(16)中加上第二个 V2 后，合法性也由原来的“?”变成了“ * ”，即可接受程度变小，以至于完全不合法了。

通过这一测试，我们可以发现 V1NPV2V2 要比 V1NPV2 对数量词小量义的要求更高，只能用“(一)量词”而且必须使用。否则就不合法。我们可以用公式表示为(“＜”表示小量义的增强)：

V1NPV2 ＜ V1NPV2V2

这些程度不等的小量义都是在有了“V2”或“V2V2”后形成的，而形成这种语法意义的形式手段就是重叠——包括 V2 与预设语义的重叠和 V2 本身的重叠。

(四)“V1NPV2”随意性小量义形成的句法解释

1. 重叠是随意性小量义产生的主要机制

如果 V1NP 是自足的，那么其中的 NP 明显没有小量义的限制。这种小量义的产生是在添加 V2 以后形成的，而 V2 本身也不表达小量义，那么小量义是如何产生的呢？唯一的可能是，该小量义是在组合中产生的，也就是说，它是构式意义。而在增加一个动词后产生小量义不由得使我们想到动词的重叠，语法界已公认动词重叠能够形成小量义。

但问题是这里添加的单个动词并未出现重叠，怎么会有小量义呢？我们如果再稍加注意就会发现其中的蹊跷。我们发现“V1NP”结构已经典型地预设了 V2 语义，也就是此类结构中 V2 的理性义已经暗含在“V1NP”结构中。例如：

(18)“做饭”→“吃”,“买烟”→“抽”,“借钱”→“花/用”,如此等等。

即“吃、抽、花/用”等义本已暗含于“做饭、买烟、借钱”等事件中,或者说“做饭、买烟、借钱”等事件的最原型的作用就是“吃、抽、买”等。

当然这里指的是“做饭”,“买烟”,“借钱”等短语独立使用时预设的原型语义,而不是指它的非原型语义,例如“做饭”可以用于熬糖,“买烟”可以送人等。

于是添加的V2就与V1NP预设的原型语义形成语义的叠加。按理这V2已是明显的预设内容,无须以明确的形式显现。那么它的重复出现(预设的追加)主要就是表达这种小量义。为了区别于有形V2,图中我们把预设V2记为小写的v2,这种重叠可以图示如右:

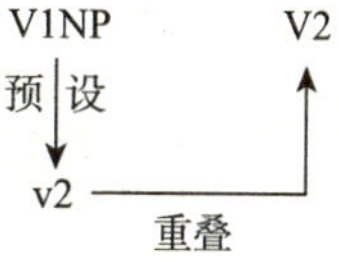

图1

2.“V1NPV2V2”小量义的增强

前面我们已经知道,“V1NP”的预设与“V2”构成了语义重叠,但毕竟这种重叠还只是语义上的,未能构成句法上的重叠,其小量义还不够凸显。要想使这种小量义进一步增强,还需要句法上的进一步表现,于是出现了语义增强型的“V1NPV2V2”,表示确切的小量义——“V1NP”事件仅此V2V2目的而已,无其它目的,这种语义兼句法重叠可以图示如右:

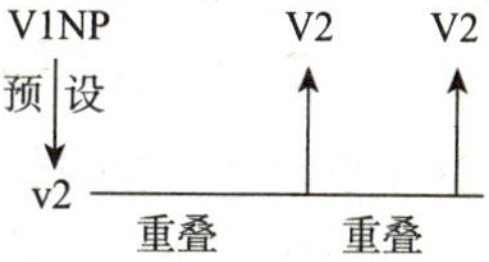

图2

3.随意性小量义表达的句法象似性

所谓句法象似性是指语言符号的物质形式与符号所指实体的特点有密切对应。V2的轻声特点和无音段标记特点举例如下(加着重号表示重读):

(19) *做点饭吃吃　*买包烟抽抽　*借点钱花花
*熬碗汤喝喝　*熬碗绿豆汤喝喝

＊做点饭吃　　＊买包烟抽　　＊借点钱花
＊熬碗汤喝　　＊熬碗绿豆汤喝

同样也不能标上焦点标记“是”“连”等。

（20）＊做点饭是/连吃吃　　＊买包烟是/连抽抽
＊借点钱是/连花花　　＊熬碗汤是/连喝喝
＊熬碗绿豆汤是/连喝喝
＊做点饭是/连吃　　＊买包烟是/连抽
＊借点钱是/连花　　＊熬碗汤是/连喝
＊熬碗绿豆汤是/连喝

很明显，在该结构中的 V2(V2)不仅没有形式标记和重音，而且必须以轻声出现，即符号的物质形式较弱。而它们实际所处的却是焦点的位置[①]，因为在句中也无其它焦点标记。从焦点位置和轻音这种不对称的现象推测，这可能是一种语用的策略：用焦点位置告诉人们这是它们所要表达的新的信息，同时又使用象似性原则来说明新信息表达的语义是随意性小量，因为小量与轻声象似。

综合上述的三点分析，我们认为这种结构是说话者主观上故意表达一种特定的构式意义——目的＋意愿＋小量＝主观随意性，通俗地说，就是表达说话者对 V1NP 事件的主观随意性。表达的策略是：以轻声形式将预设 V2 追加到句末新信息位置，形成语义或句法重叠，这是一种非关联的有标记模式。

至此，我们已经看出，这种内置受事连动结构中的 V2 不是真正表达一个独立的事件，因为该事件已预设在 V1NP 中，没有必要重复表达，而

① 从句子的自然信息流向来看，汉语在无标记的情况下一般遵守“信息的增量原则”，即“由于句子的信息编排往往是遵循从旧到新的原则，越靠近句末信息内容就越新。”（张伯江、方梅 1996）

且不能在其上添加时体标记“着/了/过”，所以它要表达的是一种主观的非事件意义。于是我们认为它不是真正的连动动词，而是虚假的连动动词(与V1NP预设语义结合在一起，起到的是相当于时体助动词的作用)。总之，动词V2并非是发出动作、表达事件，而是在一般的谓宾事件之后重叠预设形成特定构式，表达某种构式意义。从而我们可以进一步得出结论该结构不是真正的连动句，而是以V2表达时体和意愿的单动句。因此，这里的连动是虚假连动。

四　内置连动构式意义及其内部等级

我们从上面的分析看出，该结构表达一种主观的目的性、小量性(事件的微弱性和目的的单一性)，并把它们统称为主观随意性。还有一点值得注意的是，该结构不是仅仅牵涉到一个单一的构式，而是根据NP前数量词的有无、V2的零出现、一次或两次出现构成了的复合型的构式，其中有一系列构式意义程度不等的构式组成。

“主观随意性”这一构式语义与NP前的量词、V2的有无或V2是否重叠(包括语义重叠和句法重叠)密切相关：NP前有数量词时，该构式语义突出，V2重叠比非重叠构式语义更强烈。形义综合重叠比单一语义重叠的构式语义要强。该构式是以V1N为基石，通过对N的有界化和V2的重叠次数的交互作用形成意义程度不等的多个构式(我们称为复合型构式)。

1. 等级性的例释与概括

至此，我们已经讨论了该构式通过对NP的有界化和对V2意义的一再强化(语义重叠和句法重叠)，表达不同等级的“主观随意性”这一构式义。下面以“做饭”这一实例来具体勾勒该意义不断强化的完整过程。

“做饭”由“做”和“饭”表达一个不定指事件，同时存在一个典型的预设“用于吃”，这已经是一个基础的构式，该构式既表达词汇意义“做饭事件”，又表达构式意义“用于吃”，但该构式意义(原型预设义)未被强化凸显，很可能会被消解(做点饭熬糖)。

在这个基础构式上，我们可以把“做饭”构式当成一个整体，表达“做饭用于吃”这一语义，通过重复预设义“吃”表达一种字面以外的意义——重叠义（短暂、尝试），而这种重叠的小量义又以轻读的语音形式表现出来，表达“吃”这种动作行为的“主观随意性”，从而形成新的构式。为了进一步增强随意性，可以继续在动词上加上小称量词，构成较强的“主观随意性”，形成第三级构式。然后通过 V2 再次轻声重叠，进一步表达更为强烈的“主观随意性”，形成第四级构式。这四级构式形成一个连续统，表达不同程度的“主观随意性”。为了清晰起见，我们可以图示如下：

① 例示

V1＋NP：做＋饭＝做饭事件＋用于吃

V1＋NP＋V2：做＋饭＋吃＝做饭事件＋用于吃＋随意＋短暂

V1＋小称量词＋NP＋V2：做＋点饭＋吃＝做饭事件＋较随意＋较短暂

V1＋小称量词＋NP＋V2＋V2：做＋点饭＋吃＋吃＝做饭事件＋更随意＋更短暂

② 四级构式的语义等级

V1＋NP＜V1＋NP＋V2＜V1＋小称量词＋NP＋V2＜V1＋小称量词＋NP＋V2＋V2

五 余 论

本文在前人关于连动（连谓）式和内置受事连动式研究的基础上，进一步拓宽视野，从多角度多方面对 V1＋$NP_{\text{V1和V2的受事}}$＋V2（V2）的结构进行了尝试性的研究。结果发现，该结构中的 V2（V2）不是真正的动词，而是具有时体标记作用的弱化动词，该动词是通过预设追加和信息强化实现的主观随意性构式语义。

同时这种信息强化和预设追加的 V2（V2）与原结构相互结合，形成四个不同的构式，分别表达程度不等的构式意义。而这些构式及其意义又形成了一个连续统。

我们把内置受事分为三个类别，本文只讨论了其中一类，后面的两类结构也很有特色，值得进一步研究。

（原刊于《汉语学习》2010 年第 1 期）

也谈“NP＋的＋VP”偏正结构

一　问题的提出

Taylor（1996[①]:3－5，265－287）指出，“名词化领属”（汉语中主要表现为“NP的VP”）是领属的一个次范畴，它的领有者是关于被领者的某种论元。该类领属提出了大量特殊问题，特别是关于领有者名词的解释更是如此，也就是领有者名词到底属于主语还是宾语仍在不断争论当中。

詹卫东（1998[②]:24－28）从“NP的VP”结构中“VP”功能入手，从动作性和事件性强弱等角度，把动词分为能进入和不能进入“NP的VP”两类，能进入的又分为施事凸显动词、受事凸显动词和施受都凸显的动词，并从认知上做了一个大概的倾向性解释。

沈家煊、王冬梅（2000[③]:25－32）从“N的V”结构中“N”的功能着眼，通过事物和关系、指称化和事物化、参照体和目标、N的“信息度、可及性、

---

① Taylor, John R. 1996. *Possessives in English：an Exploration in Cognitive Grammar*. Oxford: Clarendon Press，3－5，265－287.

② 詹卫东：《关于“NP＋的＋VP”偏正结构》，《汉语学习》1998年第2期，第24－28页。

③ 沈家煊，王冬梅：《“N的V”和“参照体—目标”构式》，《世界汉语教学》2000年第4期，第25－32页。

凸显度”等方面分析，得出了能进入该结构中 NP 的弱预测：相对凸显的 N＞相对不凸显的 N。

上述分析不论是从 VP 入手还是从 NP 入手，都强调了 NP 的凸显在其进入该结构中的重要作用，都有一定的道理。但是仅仅从 NP 的凸显很难解释以下实例，因为作为专有名词的“北京大学”和“王冕”都是信息度、可及性和凸显度很高的 NP，却进不了下面的“NP 的 VP”结构。

(1) 北京大学出版了这本书——＊北京大学的出版

(2) 王冕死了父亲——＊王冕的死

同样，下面例子中代词“他们”的信息度、可及性和凸显度都高于普通名词“敌人”，却可以有“敌人的消灭”，不能有“＊他们的消灭”。

(3) 他们消灭了敌人——＊他们的消灭、敌人的消灭

还有一些来源结构，不论是信息度、可及性和凸显度很高的代词，还是普通名词，它们都不能进入“NP 的 VP”结构，例如：

(4) 我们相信真理——＊我们的相信、＊真理的相信

也许有人会问，是不是因为上面的“北京大学、王冕、他们、我们”都是来源结构中的 NP1，造成了 NP1 一般不能进入“NP 的 VP”结构呢？答案是否定的，如下面例子中的 NP1 都能进入“NP 的 VP”结构：

(5) 我们抵抗敌人——我们的抵抗、＊敌人的抵抗

(6) 中国支持你们——中国的支持、＊你们的支持

(7) 他们破坏了森林——他们的破坏、森林的破坏

(8) 张三夸大了统计数字——张三的夸大、统计数字的夸大

此外，前人的研究也没能给出一个较为确定的能进入该结构的“VP”或“NP”的性质，这也为我们留下了研究的空间。

通过研究，我们发现“NP 的 VP”的很多表现，实际上跟“NP1 对 VP 的控制关系”或“VP 对 NP2 的作用和影响”紧密关联，这种控制和影响关系有些是动词本身固有的，有些是通过语境赋予的。这种 NP1 通过 VP 对 NP2 的控制影响关系，也就是 Givón（2001①：108－109，118－136）所说的语义及物性（transitivity）。也就是说，“NP 的 VP”的生成不只是与“NP”或者“VP”独立关联，更与其来源结构中“NP”与“VP”的语义及物性——“NP 对 VP 的控制关系”或“VP 对 NP 的作用和影响”有密切联系，这种联系能够帮助我们解释“NP 的 VP”结构的很多问题。

二　“NP 的 VP”与来源结构的及物性关系

Givón（2001②：108－109，118－136）认为及物性是施事通过动作控制受事的能力。也就是，高及物性句子的动词不仅表达了动作行为，且主体实施的动作使客体发生了完整的变化，不仅显示出动作性，还显示出动作完成后客体的状态性，体现出主体通过动作所带来的变化。这种及物性分析认为主体对客体的控制不是离散的，而是有着连续的系统。及物性最强的是指主体使整个客体都完成了变化的句子，及物性最弱的是指那些主体还未作用于客体的句子。这可以从动词的完成性和客体数量的整体性反映出来。同时指出有些形态发达的语言，高及物性体现为双论元结构的宾语形态与单论元结构主语形态是一致的，属于作格形态；而低及物性往往体现为双论元结构主语形态与单论元结构主语形态是一致的，属于主格形态。

这种及物性分析着重考虑句子主体对客体的控制因素和影响作用，提出了及物性的特征束。主要代表有 Paul J. Hopper and Sandra A.

①② Givón, Talmy. 2001. *Syntax: an introduction. Vol I. & II*. John Benjamins Publishing Company. 108－109, 118－136.

Thompson(1980①:251－299),Givón(2001②:108－109,118－136)等。

对于形态不发达的语言,虽然无法以形态特征表达及物性语义,但有些语言却可以通过句法特征来表达,于是有些语言学家就从语言的句法表现来进行及物性和作格性分析。例如,Halliday(2004③:284－292),影山太郎(2001④:146)等强调的“句对”分析,就是从句法表现的视角来分析及物性语义的作格表征,认为可以形成“句对:NP1VNP2,NP2V”的,体现了作格语言表征,能进行这种分析的句子具备了高及物性,其谓词是作格动词。同时认为能形成“句对:NP1VNP2,NP1V”的,体现了主格语言的表征,能进行这种分析的句子是低及物性的,其谓词是主格动词。

汉语属于形态极不发达的语言之一,我们无法通过形态把握其及物性特征,但可以从“句对”的角度,通过确定“NP 的 VP”来源结构中“NP”、“VP”及其相互关系,来研究它们的及物性。下面我们将通过观察“NP 的 VP”是否有相应的定式结构“NP1＋V”,“NP2＋V”和“NP1＋V＋NP2”三种形式,来了解“NP1 的 VP”来源结构的“句对”关系(见表一),以确定它们的及物性语义⑤。

本文的语料主要是对孟琮等编著《汉语动词用法词典》中 777 个双音

---

① Hopper, Paul J. and Sandra A. Thompson. 1980. Transitivity in grammar and discourse. *Language*, 56:251－299.

② Givón, Talmy. 2001. *Syntax*: *an introduction*. *Vol I*. & *II*. John Benjamins Publishing Company. 108－109,118－136.

③ Halliday, Michael Alexander Kirkwood 2004. An *introduction to functional grammar*(*3rd*). London: Arnold.

④ 影山太郎:《动词语义学》(于康、张勤、王占华译),北京:中国广播电视大学出版社 2001 年版,第 146 页。

⑤ 由于汉语韵律经常会影响到“NP 的 VP”合法性,如我们不说“他的恨”“腿骨的断”,但可以说“他的仇恨”“腿骨的断裂”,为此,本文研究对象中的 VP 仅限定在双音节范围之内。此外,名词化领属中,双音节 VP 一般结合较为紧密——在不改变原义的基础上,一般不能拆开来表达。如“毁灭”,不能把“敌人毁灭了城市”说成“敌人毁了城市,城市灭了”;如果能够拆开来说,一般不能构成名词化领属,如“打伤”可以把“他打伤了那个人”说成“他打了那个人,那个人伤了”,因而没有“他的打伤/那个人的打伤”。本文所述的名词化领属不涉及类似“打伤”这种情况。

节动词进行了穷尽式考察，同时参考了后文所列相关参考文献中的部分语例，共统计词条 785 个，其中 23 个只能以 VP 作宾语，有 6 个不能充当谓语，不在我们的统计范围之内，实际可用词条 756 个。我们发现能构成“NP1＋V＋NP2”格式的共 687 个，其中只能有“作格对：NP1VNP2，NP2V”的 172 个，既有“作格对”又有“主格对”的 189 个，只能有“主格对：NP1VNP2，NP1V”的 204 个，既没有“作格对”也没有“主格对”的 122 个。没有“NP1＋V＋NP2”格式，只能构成“NP1＋V”格式的共 69 个。

表一：“NP 的 VP”与来源格式对照表

“VP”示例	NP1＋V＋NP2	NP1＋V	NP2＋V	NP1 的 VP	NP2 的 VP
失去	他失去了记忆	*他失去了	记忆失去了	*他的失去	记忆的失去
出版	北京大学出版了这本书	*北京大学出版了	这本书出版了	*北京大学的出版	这本书的出版
夸大	政府夸大数字	政府夸大了	数字夸大了	政府的夸大	数字的夸大
检查	领导检查了工作	领导检查了	工作检查了	领导的检查	工作的检查
保护	政府保护环境	政府保护了	环境保护了	政府的保护	环境的保护
抵抗	我们抵抗敌人	我们抵抗了	*敌人抵抗了	我们的抵抗	*敌人的抵抗
支持	中国支持你们	中国支持了	*你们支持了	中国的支持	*你们的支持
尊敬	他们尊敬老人	*他们尊敬了	*老人尊敬了	*他们的尊敬	*老人的尊敬
欺负	他们欺负弱者	*他们欺负了	*弱者欺负了	*他们的欺负	*弱者的欺负
哭泣	【无】	他哭泣	【无】	他的哭泣	【无】
微笑	【无】	他微笑了	【无】	他的微笑	【无】
属于	土地属于国家	*土地属于	*国家属于	*土地的属于	*国家的属于
符合	做法符合规定	*做法符合	*规定符合	*做法的符合	*规定的符合

观察上表，我们可以归纳出以下五种情况：

第一，有双论元结构，单论元结构表现为没有“NP1VP”，只有“NP2 VP”，如“出版”“失去”“扩大”“影响”。该类领属的句法来源结构都能构成“作格对”，但不能构成“主格对”。

(9) 我们消灭了敌人——*我们消灭了/敌人消灭了

(10) 他们扩大了影响——*他们扩大了/影响扩大了

第二,有双论元结构,单论元结构表现为既有“NP1VP”,也有“NP2VP”,如“检查”“检修”“夸大”“保护”。该类领属的句法来源结构既能构成“作格对”,又能构成“主格对”。

(11) 我们保护桥梁——我们保护了/桥梁保护了

(12) 工人检修设备——工人检修了/设备检修了

第三,有双论元结构,单论元结构表现为只有“NP1VP”,没有“NP2VP”。该类领属的句法来源结构只能构成“主格对”,没有“作格对”。如“抵抗”“支持”。

(13) 我们抵抗敌人——我们抵抗了/*敌人抵抗了

(14) 中国支持你们——中国支持了/*你们支持了

第四,没有双论元结构,只有一种单论元结构“NPVP”,所以不能形成任何“组对”,当然,也就没有“作格对”或“主格对”一说。如“微笑”“哭泣”。

(15) 他们微笑了

(16) 小王哭泣了

第五,有双论元结构,没有单论元结构,该类领属的句法来源结构,既没有“作格对”也没有“主格对”,根据其VP的动性又可细分为两种类型:

i.一种是其VP虽有一定的动作性,但动性微弱,共64例。如“尊敬”“欺负”。

(17) 他们尊敬老人——*他们尊敬了/*老人尊敬了

(18) 他们欺负弱者——*他们欺负了/*弱者欺负了

ii. 一种是其 VP 没有什么动作性或者是动作性极弱的静态动词，其名词化领属有时可以表现为“NP 的 NP”(其中被领者 NP 完全改用为同义 NP)，共 56 例。如“属于”“符合”等。

(19) 土地属于国家——*土地属于/*国家属于——土地的归属

(20) 做法符合规定——*做法符合/*规定符合——做法的合规性

如果根据传统及物动词的定义[①]，“检查”“出版”是传统意义上的及物动词，“失去”“微笑”“哭泣”“属于”“符合”都是传统意义上的不及物动词，因为它们或者不能带宾语，或者带的是非受事宾语。但用这种传统的及物动词概念无法解释下面的现象——同是不及物动词，为什么“失去”有“NP2 的 VP”，而“微笑”“属于”“符合”却没有“NP2 的 VP”；为什么“微笑”有“NP1 的 VP”，“失去”“属于”“符合”却没有“NP1 的 VP”；同是及物动词，为什么“检查”有“NP1 的 VP”，“出版”没有“NP1 的 VP”。

从上面的讨论可以看出，不论是詹卫东(1998[②]:24－28)，沈家煊、王冬梅(2000[③]:25－32)的 NP 或者 VP 视角，还是传统的及物概念视角，似乎都很难找到“NP 的 VP”形成的理据。但如果从语义及物性来观察，我们可以发现：能构成“作格对”的，才能有“NP2 的 VP”，否则，要么只能构

① 传统的及物动词定义：能带受事宾语的是及物动词，否则是不及物动词。

② 詹卫东：《关于“NP＋的＋VP”偏正结构》，《汉语学习》1998 年第 2 期，第 24－28 页。

③ 沈家煊，王冬梅：《“N 的 V”和“参照体—目标”构式》，《世界汉语教学》2000 年第 4 期，第 25－32 页。

成"NP1 的 VP",要么不能有任何形式的"NP 的 VP"。也就是说,"NP 的 VP"中 NP 是主体 NP1 还是客体 NP2,与来源结构的作格还是主格有密切的联系。具体归纳如下:

A. 及物性语义最强的来源结构(后文称为"强及物性"),其句法表现为只有"作格对"没有"主格对",于是,在名词化领属的构成上就表现为只有"NP2 的 VP",没有"NP1 的 VP";

B. 及物性语义次之来源结构(后文称为"中及物性"),其句法表现为既有"作格对"又有"主格对",于是,在名词化领属的构成上就表现为既有"NP2 的 VP",又有"NP1 的 VP";

C. 对于及物性语义较低的来源结构(后文称为"低及物性"),其句法表现为没有"作格对"但有"主格对",在名词化领属的构成上就表现为没有"NP2 的 VP",但有"NP1 的 VP";

D. 对于及物性语义较弱的来源结构(后文称为"弱及物性"),其句法表现为只有一个主体 NP1,句法上不存在客体,也就是说,它在句法上有"NP1+VP"这种形式,但只有这一形式,当然也就不存在"组对"——不仅不能构成"作格对",也不能构成"主格对"。其名词化领属的构成只能是"NP1 的 VP";

E. 对于及物性语义微弱的来源结构(后文称为"微及物性"),句法上既没有"NP2+VP"形式,也没有"NP1+VP"形式,该结构既没有"作格对"也没有"主格对"。其名词化领属既没有"NP2 的 VP",也没有"NP1 的 VP",只能够通过标记"对"形成"[对 NP2]的 VP",来表现出 NP1 通过动作对 NP2 的作用(将在后文阐述)。

F. 对于没有动作性或者是动作性极弱的静态动词,因为 VP 没有动作性,所以根本就不存在 Givón(2001[①]:108-109,118-136)所说的"施事通过动作控制受事的能力",也就没有及物性语义(后文称为"无及物

① Givón,Talmy. 2001. *Syntax: an introduction*. *Vol I*. & *II*. John Benjamins Publishing Company. 108-109,118-136.

性”）。因而不存在名词化领属结构，所构成的领属，被领者有时可以改用为 NP，构成“NP 的 NP”。

为直观起见，我们可以根据上述分析，将“VP”的动作性，“NP 的 VP”的有无、“NP 的 VP”中“NP”作为主体 NP1 或者 NP2 的选择，与及物性的强弱联系起来，列表如下：

表二：“NP 的 VP”与来源格式及物性强弱对照表

“VP”结构及物性强弱	作格对	主格对	VP 的动作性	NP2 的 VP	NP1 的 VP
强及物性	＋	－	＋	＋	－
中及物性	＋	＋	＋	＋	＋
低及物性	－	＋	＋	－	＋
弱及物性	－	－	＋（较弱）	－	＋
微及物性	－	－	＋（微弱）	－	－
无及物性	－	－	－	－	被领者有时可换用为 NP

三　“[对 NP]的 VP”与来源结构的及物性关系

通过考察，我们还发现“NP 的 VP”有时可以使用“对”管辖 NP，有时不行，如表三（其中“[ ]”表示“对”及其管辖的范围）。

表三：“[对 NP]的 VP”与来源格式对照表

“VP”示例	NP1＋V＋NP2	NP1＋V	NP2＋V	NP2 的 VP	NP1 的 VP	[对 NP1]的 VP	[对 NP2]的 VP
失去	他失去了记忆	*他失去了	记忆失去了	＋	－	－	－
出版	北京大学出版了这本书	*北京大学出版了	这本书出版了	＋	－	－	－
夸大	政府夸大数字	政府夸大了	数字夸大了	＋	＋	－	＋
检查	领导检查了工作	领导检查了	工作检查了	＋	＋	－	＋

续表

“VP”示例	NP1＋V＋NP2	NP1＋V	NP2＋V	NP2 的 VP	NP1 的 VP	[对 NP1] 的 VP	[对 NP2] 的 VP
保护	政府保护环境	政府保护了	环境保护了	＋	＋	－	＋
抵抗	我们抵抗敌人	我们抵抗了	*敌人抵抗了	－	＋	－	＋
支持	中国支持你们	中国支持了	*你们支持了	－	＋	－	＋
哭泣	【无】	他哭泣了	【无】	－	＋	－	－
微笑	【无】	他微笑了	【无】	－	＋	－	－
尊敬	他们尊敬老人	*他们尊敬了	*老人尊敬了	－	－	－	＋
欺负	他们欺负弱者	*他们欺负了	*弱者欺负了	－	－	－	＋
属于	土地属于国家	*土地属于	*国家属于	－	－	－	－
符合	做法符合规定	*做法符合	*规定符合	－	－	－	－

从上表的语例及其实际表现，我们可以看出以下一些规律：

A. 汉语中不存在“[对 NP1]的 VP”。

B. 无“NP2 的 VP”用例的，共有八例。其中

i. “抵抗、支持、哭泣、微笑”等来源结构中虽不存在“NP2＋VP”，但有“NP1＋VP”，都能构成“NP1 的 VP”。其中“抵抗、支持”，虽然没有“NP2 的 VP”，不能形成无标记的作格对，却能通过标记“对”来构成“[对 NP2]的 VP”(如果不用“对”，或者不成立，或者只能理解为“NP1 的 VP”)；而“哭泣、微笑”既没有“NP2 的 VP”用法，也不存在“[对 NP2]的 NP”用例；也就是说，“抵抗、支持”的及物性要强于“哭泣、微笑”。

ii. “尊敬、欺负、属于、符合”等来源结构中既没有“NP2＋VP”，也没有“NP1＋VP”；既不能构成 NP2 的 VP，也不能构成 NP1 的 VP。其中“尊敬、欺负”通过标记“对”可以构成“[对 NP2]的 VP”，而“属于、符合”连有标记“[对 NP2]的 VP”形式也没有。也就是说，“尊敬、欺负”的及物性要强于“属于、符合”。

iii. 比较“抵抗、支持、哭泣、微笑”与“尊敬、欺负、属于、符合”，两者都没有“NP2＋VP”和“NP2 的 VP”组合形式，但前者存在无标记的组对形式“NP1＋VP”和无标记的“NP1 的 VP”，而后者没有。也就是说，前者的

及物性要强于后者。

C. 有“NP2 的 VP”用例的，共有前五例，其中前两例“出版、失去”不能构成“[对 NP2]的 VP”，但后三例“夸大、检查、保护”却可以构成“[对 NP2]的 VP”。

众所周知，“对”介引的 NP 一般是动作行为所关涉的对象，而 NP1 不是动作所关涉的对象，而是动作行为的施事或主体，所以不能使用“对”来介引 NP1，这一点我们很容易理解。问题是，“表三”中前五个用例都存在“NP2 的 VP”，即领有者 NP 都可以是 VP 关涉的对象 NP2，为什么前两例不能用“对”介引，而后三例却可以用“对”介引呢？

其实，这与及物性的强弱还是脱不了干系，根据表二，我们知道虽然前五个动词都具有及物性表征，但及物性的强弱是不同的。例如，及物性弱于“失去、出版”的“检查、保护、夸大”之类的动词构成的“NP 的 VP”，其 NP 可能是 NP1，也可能是 NP2，其“NP2 的 VP”，可以加上“对”形成“[对 NP2]的 VP”：

(21) 在练习过程中，特别是开始阶段，学生往往不知道自己的缺点和错误，指导者的检查和监督更为重要。

(22) 宿舍里的垃圾每晚都要经过她的检查才能倒掉，因为她唯恐别人无意中把有用的东西扔掉。

(23) 他有许多话要说，可是顾虑到[(对)信件]的检查，而忽然地问母亲好吗？

(24) [(对)船舶、船员、旅客]的检查，仅限于发航港、到达港及中途停泊港。

而强及物性的“出版、失去”只有“NP2 的 VP”，没有“NP1 的 VP”，也没有“[对 NP2]的 VP”：

(25) 该书的出版标志着又一种新的企业管理理论的问世/*

[对该书]的出版标志着又一种新的企业管理理论的问世。

(26) 传统的失去,文化的失去,记忆的失去……当时一下子轰动了台湾,外行觉得非常好笑,内行觉得是一种对于文化的评论/*[对传统]的失去,*[对文化]的失去,*[对记忆]的失去……当时一下子轰动了台湾,外行觉得非常好笑,内行觉得是一种对于文化的评论。

究其原因,因为在"检查、保护"之类动词构成的"NP 的 VP"中,其 NP 既有"主格对"来源格式中 NP1 理解的可能,也有"作格对"来源格式中 NP2 理解的可能,在句法形式上使用"对",可以明确标记 NP 是作为客体 NP2 来理解的,这样就避免了理解上有可能产生的混淆。而"出版、失去"之类的动词构成的"NP 的 VP"只有"作格对"。其 NP 只能理解为 NP2,不可能是 NP1,也就是说,该类动词是强及物性的,不会产生理解上的混淆,表现在"NP 的 VP"结构上,用上"对"就是赘余的了,所以一般不能用"对"标记。

D. 比较前五例和后八例,前者能构成"作格对:NP1VNP2,NP2V",有名词化领属"NP2 的 VP";后者不能构成"作格对:NP1VNP2,NP2V",没有名词化领属"NP2 的 VP"。很明显有作格形式前五例的及物性要强于没有作格形式的后八例。

为直观起见,我们可以根据上述分析,将"[对 NP2]的 VP"的有无、"[对 NP]的 VP"中"对"可否出现,与及物性的强弱联系起来,列表如下:

表四:"[对 NP]的 VP"与来源格式及物性强弱对照表

"VP"结构及物性强弱	"VP"示例	作格对	主格对	NP2 的 VP	NP1 的 VP	[对 NP1]的 VP	[对 NP2]的 VP
强及物性	失去 出版	+	−	+	−	−	−
中及物性	检查 保护	+	+	+	+	−	+

续表

"VP"结构及物性强弱	"VP"示例	作格对	主格对	NP2 的 VP	NP1 的 VP	[对 NP1]的 VP	[对 NP2]的 VP
低及物性	支持 抵抗	－	＋	－	＋	－	＋
弱及物性	哭泣 微笑	－	－	－	＋	－	－
微及物性	尊重 欺负	－	－	－	－	－	＋
无及物性	属于 符合	－	－	－	－	－	－

四 "NP 的 VP"结构与及物性的两类关系型凸显

我们赞同沈家煊、王冬梅(2000①:25－32)所论述的 V 经历了所述关系的指称化和事物化，以及信息凸显和可及性高的 N 起到了参照点的作用。关键是 V 在什么情况下才能指称化和事物化，为什么上面例子中同为信息凸显和可及性较高的专有名词和代词，"他们的抵抗""中国的支持"能够成立，而"北京大学的出版""他们的消灭"却不能成立，这些都需要我们给出进一步解释。

通过研究，我们发现"NP 的 VP"中的"参照—目标"关系不完全等同于"NP 的 NP"结构的参照关系，后者只是单一的可定位(locatable)参照，而"NP 的 VP"除了需要满足可定位参照条件外，还需要满足 NP 与 VP 的"关系凸显"，在 NP 与 VP"关系凸显"的情况下，还需要考虑凸显的是 VP 所联系 NP1，还是 NP2。关于指称化、事物化，以及参照体的

① 沈家煊，王冬梅：《"N 的 V"和"参照体—目标"构式》，《世界汉语教学》2000 年第 4 期，第 25－32 页。

可及性与信息凸显，沈家煊、王冬梅(2000[①]：25－32)已经做了较为充分的论证，我们不再赘述。本文所要解决的问题是：(1) NP与VP在什么情况下是“关系凸显”的？(2) 为什么有时候凸显的是NP1，有时候凸显的是NP2？

从“NP的VP”中NP的归属(是NP1还是NP2)以及“对”的使用情况，我们已经找到了它们的规律。这些规律在很大程度上与作格/非作格的对立(及物性强/弱)相对应，这些对应在一定程度上说明了：作格/非作格的对立(及物性强/弱)可以区分某些领有者的归属。接着，人们也许会问：为什么及物性的强弱与“NP的VP”/“[对NP]的VP”有如此密切的联系呢？下面我们就来回答这些问题。

(一) 施事/客体与动作行为的控制影响关系

1. 动作性有无与“NP的VP”结构的关系

Givón(2001[②]：108－109，118－136)认为及物性是施事通过动作控制受事的能力。也就是说，具有及物性语义的一个前提条件就是核心动词必须具有动作性。通过研究，我们发现“NP的VP”也与VP的动作性密切相关。如果VP的动作性较强，往往容易构成“NP的VP”；如果VP不具动作性或动作性极弱时，构成领属结构时，往往需要将VP转换为NP形式，构成“NP的NP”方能成立，例如“*他的以为、*它的属于、*它的符合”等往往要转换成“他的看法、他的(归)属性、它的合规性”等。此类被领者，如果来源结构中的VP涉及两个句法论元，领有者一般都是NP1，因为这种VP往往是静态动词、判断动词或心理动词，主要体现的是对NP1的判断、归属或思考等，它们一般不会对所涉NP2产生直接作用和影响，因而NP2一般不会得到凸显。

---

① 沈家煊，王冬梅：《“N的V”和“参照体—目标”构式》，《世界汉语教学》2000年第4期，第25－32页。

② Givón, Talmy. 2001. *Syntax: an introduction*. *Vol I. & II*. John Benjamins Publishing Company. 108－109, 118－136.

2. 及物性强弱与“NP 的 VP”中“NP”主客体的选择

一般来说，只有具有动作性的 VP 才易于构成“NP 的 VP”。值得注意的是，在能构成“NP 的 VP”的结构中，为什么有的只能构成“NP1 的 VP”，有的只能构成“NP2 的 VP”，有的既能构成“NP1 的 VP”，也能构成“NP2 的 VP”？

要回答这个问题，还是得从 Givón(2001①：108－109，118－136)关于及物性的定义——“施事通过动作控制受事的能力”入手，该定义除规定了及物性语义的前提条件——核心动词的“动作性”，还牵涉到及物性的两个重要方面：一是主体对动作行为的控制能力，一是动作行为对客体的影响和作用情况②。正是因为这两个方面的不同凸显，才造成了“NP 的 VP”中 NP 的不同理解。值得注意的是，这种凸显不仅仅是 NP 本身的信

① Givón，Talmy. 2001. *Syntax*：*an introduction*. *Vol I*. & *II*. John Benjamins Publishing Company. 108－109，118－136.

② 我们这里关于 NP2 领有者的影响性分析，与 Rappaport(1983：113－142)词汇功能语法(LFG)处理名词化的情况的第一条规则相一致；只不过影响性标记对象与 Rappaport(1983：113－142)不同，汉语标记的是客体而非主体。Rappaport(1983：113－142)根据 Anderson(1978：12－21)的语料提出了下面的转化规则(“→”表示转化)。

第一条规则：宾语→领有者(条件：宾语＝＋受影响)：动词的直接宾语对应于领有者，条件是直接宾语受到影响。但从汉语的事实可以发现，几乎所有使宾语受到谓词动作影响的，都可以构成“NP2 的 VP”格式，但宾语未受到谓词动作影响的一般不能构成该格式，例如“我看见了一片森林”这一句法形式既不能构成一般影响，更不能构成完整影响，所以不能形成名词化领属“＊森林的看见”。同时这里也不能构成“我的看见”，按理说不能凸显 V 与 NP2 的关系，应该可以凸显 NP1 与 V 的关系，但事实并非如此。这是因为看见是非自主的行为，即主语“我”并不能自主控制“看见”这一行为。

第二条规则：主语→旁格施事：动词的主语对应于这个名词的旁格施事(用 BY－短语表达)。在汉语“NP1 的 VP”上，与 Rappaport 的第二条规则相反，汉语若有标记，则是在客体(来源结构“宾语”)上标记“对”。而且这个“对”的出现也并不是必有的，往往是可选项。它们只是出现在下面两种情况：① 当宾语领有者不能通过动词独自完整处理的句法形式；② 完整处理后“宾语”实体完全消失的句法形式。

息凸显，而是“NP与VP”表现出两种不同的“关系型信息凸显”[①]——是主体NP1对动作VP“控制能力”的关系凸显，还是动作VP对客体NP2的“影响作用能力”的关系凸显。而一个句子的表达重点往往只有一个，如果强化了控制者，往往会弱化受控者，反之亦然。

第一，对于强及物性来说，句法来源结构只能构成“作格对”，不能构成“主格对”，其语义主要表现出“动作行为对NP2完整影响”这一关系型语义的凸显，而“主体对动作行为的控制能力”就相应成为背景信息。如“出版”“失去”，前者是传统意义上及物动词，后者是传统意义上的不及物动词，但两者来源结构都是Paul J. Hopper and Sandra A. Thompson

① Gundel (1988:209－239，1999:293－305)论述了语言中有两种不同类型的新旧信息：指称型新旧信息、关系型新旧信息。

(1)“指称型新旧信息”包括用语言表达的实体信息和非语言表达的实体信息。非语言实体是指与听说者心理、话语(模型)、现实或可能世界有着相应联系的实体。该类语义信息取决于语言的指称和相应的意义被假定存在于某个地方。指称型已知概念的一些典型的例子包括存在预设和各种指称性和特指性的意义，有定描写的、熟知条件的、活动的和可辨的身份，说话人新旧信息和话语新旧信息的地位、认知地位等。下面是Gundel等(1993:274－307)的已知信息等级，其认知地位就代表了有指的已知身份，即句子中提及的实体可以存在于受话人的心理：焦点中＞活动＞熟悉＞唯一可辨＞有指＞类型可辨。

(2)“关系型新旧信息”包括可以分成两个互为补足的部分，是句子语义或概念描写的分割物，X和Y，其中X是句子所要表述的对象(逻辑或心理主语)，Y是阐述X的具体内容(逻辑或心理谓语)。在这个意义上X相对于Y是已知的，是独立于Y阐述内容之外的。同样，Y相对于X是新的，是关于X的判断、疑问等新信息。因而关系型新旧信息反映了特殊事件的信息内容或用句子表达事件状态的方式，其真正价值在于如何评价。关系型新旧“信息对”包括上面提到的逻辑/心理主语和谓语的概念、预设—焦点，话题—评论，主位—述位，话题—谓词等。

Gundel等(1993:274－307)还指出关系型新旧信息是句子各部分的相对逻辑心理关系，是独立于指称型新旧信息的，指称型新旧信息根本不必与关系型新旧信息相联系。句子的新信息可以包含指称型旧信息指示物。例如下面两句中的“他”和“上海”都是指称型已知的旧信息，但在句内都是关系型新信息：这本书是谁的？这本书是他的。你所向往的城市是上海还是北京？(我所向往的城市)是上海。

(1980[1]:251－299)和 Givón(2001[2]:108－109,118－136)所说的语义及物性很强的结构,前者谓词是作格动词,后者的谓词是非宾格动词,都体现了 Givón(2001[3]:108－109,118－136)"动作使客体发生了完整的变化,不仅显示出动作性,还显示出动作完成后客体的状态性",都是高及物性的,凸显了动作行为对客体的影响和作用情况,从而相应弱化主体对动作行为的控制能力。

第二,对于中及物性来说,句法来源结构既能形成"作格对",又能形成"主格对";语义上既可以通过外在标记形式表达动作行为对 NP2 的完整影响,凸显动作行为对客体的影响和作用情况,相应弱化主体对动作行为的控制能力;也可以通过外在形式表达非完整性影响,弱化动作行为对客体的影响和作用情况,相应凸显主体对动作行为的控制能力。例如"检查",虽然是传统上的及物动词,但因为"检查"这一动作本身不具有完整性,动词本身不能"显示出动作完成后客体的状态性",只有当它加上某些外在完整体标记后才能显现出对客体的影响[4],因而,当它表现出完整变化时是强及物性的,未表现出完整变化时是低及物性的,也就是说,"检查"在句法语义上具有表达强及物性和不及物性的两种可能,也就有了凸显"主体对动作行为的控制能力"或"动作行为对客体的影响和作用"两种可能。

第三,对于低及物性的结构来说,句法来源结构不能形成"作格对",只能形成"主格对",其语义主要表现出"主体对动作行为的控制能力"这

① Hopper, Paul J. and Sandra A. Thompson. 1980. Transitivity in grammar and discourse. *Language*, 56:251－299.

②③ Givón, Talmy. 2001. *Syntax: an introduction. Vol I. & II*. John Benjamins Publishing Company. 108－109,118－136.

④ 语义及物性的特征束告诉我们,完整性既体现在动作行为完整实施,也体现在作用客体的个体性、完整性上,所以这种完整性的表达手段,可以通过在 VP 上添加时体情态标记来实现,如"了、过"等,也可以通过改变 NP 的个体性特征来实现,如"＊这些"的个体性较弱,所以"＊这些的考虑"不能成立,改为"这三个方面的考虑",使得 NP 个体性明显增强,也就合法了。

一关系型语义的凸显,而"动作行为对 NP2 完整影响"就相应成为背景信息。如"抵抗""支持",只能体现和凸显"主体对动作行为的控制能力"这一关系型语义。

第四,对于弱及物性的结构来说,因其来源结构中只有"NP1+VP",不存在"NP2",例如"哭泣""微笑",其来源动词在句法上只表现为 NP1 的主体形式,没有 NP2 这一客体形式,也就是没有句法语义上的影响客体,因而是微及物性的,只能凸显"主体对动作行为的控制能力",也就不存在"动作行为对 NP2 完整影响"。

第五,对于微及物性的结构来说,因其来源结构既没有"主格对"也没有"作格对",也就是说,在无标记情况下,既不能凸显"主体 NP1 对动作行为的控制能力",也不能凸显"动作行为对 NP2 完整影响"。该结构只能以有标记形式"对"表现出 NP1 通过动作对 NP2 的作用和影响,表现出标记形式下的语义及物性,构成"[对 NP2]VP"领属形式。

第六,至于"以为""是""属于"等,因为是静态动词,因不具动作性或动作性极弱,既不具备 NP1 对动作的控制性,也不能通过动词本身,或者通过外在的完整性标记显示出对客体的作用和影响,因而是非及物性的。因不具备 NP1 对 VP 的控制性,所以没有"NP1 的 VP";因不具备 VP 对 NP2 的影响性,也没有"NP2 的 VP"。如果要构成"参照—目标"的领属结构形式,往往采用"NP 的 NP"格式,以强化参照凸显,淡化 NP 与 VP 的"关系凸显",这时的被领者往往采用 NP 形式(改用同义名词)。

总结上面六点,可以看出:汉语作格动词本身已经凸显强化了动作行为对客体的作用和影响(如"出版"本身就凸显了对出版物的作用和影响),而非宾格动词则是对这种关系强化的极端,它们甚至在来源结构中完全可以不出现动作的主体,主体的主语位置也可以被其他相关成分占据(如"死"的主语位置可以被分裂结构"王冕"占据)。而传统意义上的单论元不及物动词则是凸显强化控制者对动作行为的实施的另一个极端(如"微笑")。汉语中类似"检查"之类的动词,词汇本身不具有强化控制者或者受控者与动作行为的关系,而是通过是否使用外在的时体或词汇等完整体标记来强化，它们就具有了凸显强化“控制者实施动作行为”和“动作行为对受控者的作用和影响”两种可能。只强化后者就可以构成“NP2 的 VP”，不能构成“NP1 的 VP”，相反，强化前者的动词只能构成“NP1 的 VP”，不能构成“NP2 的 VP”，对于具有两种强化可能的动词，也就有了构成“NP1 的 VP”和构成“NP2 的 VP”的两种可能。

为直观起见，我们根据“NP 的 VP”来源结构的关系凸显（主格凸显或作格凸显），以及结构中“NP”的主客体表现（NP1 或者 NP2），可以将来源结构的及物性关系与“NP 的 VP”中 NP 的主客体选择关系对应起来，列表如下：

表五：“NP 的 VP”与来源结构及物性两种凸显能力对照表

“VP”结构及物性强弱	作格对	主格对	动作性	NP2 的 VP	NP1 的 VP	控制关系凸显	影响作用凸显
强及物性	＋	－	＋	＋	－	－	＋
中及物性	＋	＋	＋	＋	＋	＋	＋
低及物性	－	＋	＋	－	＋	＋	－
弱及物性	－	＋	＋（较弱）	－	＋	＋	－
微及物性	－	－	＋（微弱）	－	－	－	有标记
无及物性	－	－	－	－	被领者换用为 NP	－	－

（二）“VP”的自主与体验特征

NP2 的凸显是因为［＋影响］条件凸显造成的，而 NP1 的凸显是因为［＋控制］能力凸显造成的，而控制能力往往又跟动词的自主性有关。

前面讲过，当动词为作格动词时，一般不会出现“NP1 的 VP”形式，因为这时无法凸显 NP1 与 V 之间的关系。当 V 为非作格动词时，有时可以出现“NP1 的 VP”，什么时候可以出现该名词化领属格式，这与 V 的自主性密切相关，当 V 为自主动词时，可以出现“NP1 的 VP”，否则不行。

例如，上节说到“＊我的看见”“＊森林的看见”不能说，但把“看见”替换成自主动词“观察”就没问题了。

(27) 儿童在观察一个不熟悉的物体时……/言语的揭示也会使儿童的观察更富有目的性和方向性。

(28) 上街您看见红灯就往前走，见着绿灯就赶紧停下来/＊您的看见、＊小王的看见

这种非作格自主动词很多是人类的心理和感官动词，它们的自主性和意愿性都极强，所构成的领属更容易将准领属形式“NP 的 VP”表达为典型领属形式“NP 的 NP”。又如：

(29) 感觉：我的感觉　幻想：我的幻想　希望：我的希望
以为：我的看法　喜欢：我的爱好　能够：我的能力

还有一类属于判定类动词，例如“是”“属于”“符合”等，是主客观标准与事实是否吻合的一种心理认定，也可以从广义上归入心理判断。

排除了“NP1 的 VP”中“VP”前身是作格动词和非自主动词的情况，那么能构成“NP1 的 VP”名词化领属的“VP”主要是非作格动词中的自主动词和心理判定动词。这里又给我们提出了一个新的问题，为什么只有非作格的自主动词才能构成“NP1 的 VP”这种名词化领属呢？为什么那些非自主的心理判定动词可以而且经常以“NP 的 NP”形式出现呢？

仔细分析，我们发现它们有一个共同的特征，那就是动词的意愿性特征，前者表现的是论元 NP1 对动作的有意识的可控过程，后者表现的是对 NP1 认定标准的心理体验。我们可以把它们综合起来，称为“体验者特征”。

也就是说，通过动词 V 这一外力施加的影响而使 NP2 产生了某种影响，甚至产生了某种变化，产生了“NP2 的 VP”；通过体验者特征而产生

了行为者对行为、过程或状态的控制与判断，产生了“NP1 的 VP”。这两者都是高度的及物性特征产生的结果。

Rozwadowska(1988[①]:147－165)曾提出“中性限制”，把这种“中性”解释为：一个实体 X 相对于谓词 Y 保持题元关系为中性(N-role)，如果(i) X 绝不受到 Y 所描述的行为、过程或状态的影响，(ii) X 不对 Y 所描述的行为、过程或状态施加任何控制。

我们发现汉语的“NP 的 VP”领属跟 Rozwadowska 的“中性限制”正好相反，属于“极性限制”，如果达到“极性限制”就是最好的领属形式。

对于一元谓词来源的“NP 的 VP”，其“NP”的归属，在非宾格动词的情况下，侧重的是通过动词 V 这一外力施加的影响而使 NP2 产生了某种影响，甚至产生了某种变化，所以我们认定他是 NP2。而在非作格不及物动词的情况下，其动词都是非作格自动词(自主动词的一种)，表达的是一种心理体验，从这个角度看，我们把它归为 NP1。

五　结　语

通过上面的考察分析，我们发现了现代汉语“NP 的 VP”结构中，领有者的出现与理解跟来源结构的作格与否以及作格性的强弱密切相关。来源结构的内在及物性越强(作格性越强)，就越不易于构成“NP1 的 VP”，当它们是纯粹的作格动词(内在及物性最强)时，就只能构成“NP2 的 VP”，而不能产生“NP1 的 VP”。相反，就可以构成名词化领属“NP1 的 VP”。同样，来源结构内在及物性越强(作格性越强)，就越不易于构成“[对 NP2]的 VP”名词化领属，只有那些完全融合了动作和结果的作格动词，才可以不用“对”标识领有者“NP2”来构成“NP2 的 VP”。汉语中不存在“[对 NP1]的 VP”，是因为 NP1 是心理体验或自主的控制者。

① Rozwadowska, Bozena 1988. *Thematic restrictions on derived nominals*. In Wilkins (ed.): Thematic Relations, San Diego: Academic Press, 147－165.

本文主要讨论的是NP1＋VP＋NP2结构中，典型的语义关系是NP1充当VP的施事，NP2充当VP的受事。但"NP＋的＋VP"中的NP并不限于这两类语义角色，也就是说，"NP的VP"中的NP还会理解为非施受关系。比如：日本的教育，英语的教育，英语的发音，周末的相见，灯光的指引，句末的停顿，非语言手段的帮助。

这些非施受关系一般不能出现在强及物性VP之前构成"NP的VP"中，因强及物性VP构成"NP的VP"时，其NP一般要求强制性理解为NP2，所以既不能理解为NP1，也不能理解为其他语义关系。值得注意的是，有一些看似非施受语义关系的NP，但有时可以看作VP的广义施受关系，这时，它们如果用在中及物性VP结构中，作为施受关系理解可以构成"NP2的VP"。比如：人数的限制，手语字母的表达。

可见，即便是非施受关系的"NP的VP"同样也会受到及物性强弱的限制。

（原刊于《语言科学》2018年第4期）

参考文献：

[1] Anderson, Mona. 1978. NP pre-posing in noun phrase. *Proceedings of the North Eastern Linguistic Society*, 8: 12－21.

[2] Anderson, Mona. 1984. Prenominal genitive NPs. *Linguistics Review*, 3: 1－24.

[3] Gundel, Jeanette K. 1988. Universals of topic-comment structure. In M. Hammond, E. Moravcsik and J. Wirth (eds.): *Studies in Syntactic Typology*. Amsterdam: Benjamins, 209－239.

[4] Gundel, Jeanette K. 1999. On different kinds of focus. In Bosch and van der Sandt (eds.), 293－305.

[5] Gundel, Jeanette K. Nancy Hedberg, and Ron Zacharski. 1993. Cognitive status and the form of referring expressions in discourse. *Language*, 69: 274－307.

[6] 孟琮，郑怀德等. 汉语动词用法词典[A dictionary of used Chinese Verbs]. 北京：商务印书馆1999年版.

[7] Rappaport，Malka. 1983. On the nature of derived nominals. In L. Levin，M. Rappaport，and A. Zaenen（ed.）：*Papers in Lexical-Functional Grammar*，Indiana University Linguistics Club，113－142.

[8] 吴早生：汉语领属结构的信息可及性研究. 北京：中国社会科学出版社 2011年版.

[9] 曾立英：《现代汉语的作格现象研究》，北京大学博士研究生学位论文。

入场理论视角下汉语程度副词的完句功能分析

一 引 言

已有研究发现，现代汉语中存在一个由若干完句成分和完句手段构成的完句范畴，它在汉语短语成句的过程中起着重要的作用。胡明扬、劲松(1989)①、黄南松(1994)②、贺阳(1994)③、金廷恩(1999)④等学者都对完句成分进行了界定，认为汉语的"完句成分"是一个不依赖上下文和语境的句子所必须具有的结构成分，现代汉语的词类和某些句子成分、语调、语境等都具有完句作用。

前人的研究成果显示汉语副词是一种重要的完句成分。龙果夫(1958)⑤认为属于谓语的副词的语法作用是"把不完全的谓语转变为完全的谓语，转变为完备的、自足的整体"。郭伏良(1993)⑥对副词和完句

---

① 胡明扬、劲松:《流水句初探》,《语言教学与研究》1989 年第 4 期，第 49 页。

② 黄南松:《试论短语自主成句所应具备的语法范畴》,《中国语文》1994 年第 6 期。

③ 贺阳:《汉语完句成分试探》,《语言教学与研究》1994 年第 4 期，第 27 页。

④ 金廷恩:《汉语完句成分初探》,《汉语学习》1999 年第 12 期，第 10 页。

⑤ 龙果夫:《现代汉语语法研究》，北京：科学出版社，1958 年，第 149—190 页。

⑥ 郭伏良:《副词和完句的关系》,《逻辑与语言学习》1993 年第 6 期。

的关系也进行了考察，指出副词的完句作用与句型结构有关。指出在“名词＋形容词”结构中，形容词前加上一些表程度或表否定的副词就能完句。孔令达(1994)①、李泉(2006)②认为现代汉语的程度副词是一种常见的、重要的完句成分，它主要作用于汉语中的光杆性质形容词谓语句。张伯江(2011)③也持类似观点，认为汉语形容词如果要作谓语，需要借助一些句法标记，程度副词就是其中的一种。

关于程度副词的完句机制，一些学者做出了相关的理论解释。沈家煊(1995)④认为性状在程度或量上有“有界”与“无界”的对立，性质形容词不能自由地充当谓语，因为其表示的是个无界的量。伍雅清，祝娟(2013)⑤指出程度副词是焦点，焦点能提供一个变量，“使性质形容词所在的类指句得到变量进行约束，从而完句”。熊仲儒(2013)⑥指出“光杆的性质形容词不能单独作谓语，这是由扩展它的量度范畴需要语音实现造成的”，当量度范畴有语音实现时，性质形容词能够自由地充当谓语，认为“怪”“挺”“很”“非常”“比较”“特别”等都是量度范畴的语音实现。庞加光(2015)⑦指出性质形容词自身的程度参照没有被赋值，因此做谓语时是不自足的，可以使用各类补救手段来达到自足。

从研究范围看，前人关于程度副词的完句研究大多以程度副词“很”作为例证，比如“这本书好”的谓语是不完整的，在“好”的前面加上副词“很”，构成“这本书很好”，谓语就完整了。其他典型的、常用的程度副词

① 孔令达：《影响汉语句子自足的语言范畴》，《中国语文》1994 年第 6 期。

② 李泉：《试论现代汉语完句范畴》，《语言文字与应用》2006 年第 1 期。

③ 张伯江：《现代汉语形容词做谓语问题》，《世界汉语教学》2011 年第 1 期。

④ 沈家煊：《“有界”与“无界”》，《中国语文》1995 年第 5 期。

⑤ 伍雅清，祝娟：《形容词作谓语的不完句效应研究》，《现代外语》2013 年第 1 期，第 22 页。

⑥ 熊仲儒：《量度范畴与汉语形容词》，《世界汉语教学》2013 年第 3 期，第 294 页。

⑦ 庞加光：《概念语义学视角下的形容词谓语自足性》，《现代外语》2015 年第 3 期。

在形容词谓语句中是否都能独立发挥完句的作用，尚需进一步考察。从研究机制看，虽然各家从不同角度运用不同理论对程度副词的完句机制进行了解释，但也还存在着一些疑问，比如程度副词"怪"必须与"的"共现才能完句，它与其他程度副词的完句作用是否一致？焦点理论可以解释汉语形容词作谓语的成句情况，但文中基本考察的都是单音节形容词，是否适用于双音节形容词还有待考证。除程度副词外，还有哪些方式或手段能让光杆性质形容词作谓语，这些方式或手段有没有一个统一的完句机制？对于这些问题的解答可能要从一个新的角度来认识汉语程度副词在光杆性质形容词谓语句中的完句功能。

本文拟以汉语中的完句成分——程度副词为研究对象，尝试在认知入场理论框架下，探讨程度副词在汉语光杆性质形容词谓语句完句中的作用及其机制。本文的语料主要来自北京大学汉语语言学研究中心现代汉语语料(CCL)和国家语委现代汉语语料库(www. cncorpus. org)，还包括一些内省语料。

二　汉语典型程度副词的完句作用分析

吕叔湘(1942)①、王力(1954)②、朱德熙(1982)③、马真(1988)④、张谊生(2000)⑤等学者对程度副词的范围认定不完全相同，但都列举了一些典型的程度副词，本文将各家公认的典型的程度副词作为考察对象，这些词包括：很、非常、十分、特别、最、有点儿、比较、挺、怪、太。程度副词能够

① 吕叔湘：《中国文法要略》，北京：商务印书馆 1942 年版。

② 王力：《中国现代语法》，北京：中华书局 1954 年版。

③ 朱德熙：《语法讲义》，北京：商务印书馆 1982 年版。

④ 马真：《程度副词在表示程度比较的句式中的分布情况考察》，《世界汉语教学》1988 年第 2 期。

⑤ 张谊生：《现代汉语副词研究》，上海：学林出版社 2000 年版。

修饰形容词、部分动词和名词①，其最主要语法功能是修饰性质形容词，在讨论程度副词的完句功能前，首先设定一个基本表达式：

NP(主语)②+ A(性质形容词)

孔令达(1994)使用了类似自然科学实验控制法的两种方法来判定影响汉语句子自足的语言形式：一个自足的句子，如果删除、添加、替换、移动一个词语，这个句子就成了一个非自足句，这个词语就是影响句子自足的语言形式；同样，一个非自足句因为删除、添加、替换和移动一个词语而变成了自足句，这个词语也是影响句子自足的语言形式。这是两种可逆的、相通的方法，可以对一些起完句作用的语言形式进行考察。下面将这10个程度副词一一带入基本式中，看能否完句，如果能够形成语义自足的句子，那么这个程度副词在句中就是“完句成分”。

基本表达式1：

？今天热

今天很/非常/特别/有点儿/比较/挺热。

？今天十分/怪/太热。

？今天最热。

基本表达式2：

① 程度副词可以修饰的形容词主要是性质形容词，状态形容词一般不受程度副词的修饰；表示心理活动、能愿、相似、占有等类动词可以受程度副词修饰；一些抽象名词、指人/指物名词及专有名词也能被程度副词修饰。因为篇幅所限，本文只重点考察程度副词在光杆性质形容词谓语句中的完句作用。

② 当“NP主语”是无定时，即使A(性质形容词)前有程度副词，基本式“NP(主语)+A(性质形容词)”也很难完句，比如“一个小孩很可爱”，而当“NP主语”有定时，就能凸显程度副词的完句作用，比如“那个小孩很可爱”。本文是在“NP主语”有定的前提下讨论程度副词在性质形容词谓语句中的完句功能，关于“NP主语”的有界化对基本式“NP(主语)+A(性质形容词)”完句的影响，留待以后专文讨论。

？小李老实

小李很/非常/十分/特别/有点儿/比较/挺老实。

？小李怪/太老实。

？小李最老实。

通过上面10个典型的程度副词的例子可以看出以下一些基本规律：

第一，“很”“非常”“十分”“特别”“有点儿”“比较”“挺”都能让基本式成为自足句，是能够独立成句的完句成分。这种情况还可以通过语料库中的例句来做进一步的说明。下面的例句来自国家语委现代汉语语料库，选取的都是始发句①。

(1) 祥林嫂的艺术形象很美。(丁宁《看芭蕾舞剧〈祝福〉》)

(2) 老演员非常激动，“布克的左肚子下面有一块白色的毛”。(萧建亨《布克的奇遇》)

(3) 弼时同志的生活十分朴素。(李庄《任弼时同志二三事》)

(4) 那天的天气特别好。(张飚《一朝恩爱千古恋》)

(5) 他觉得有点儿怪。(李宽定《墙那边》)

(6) 藏族文字比较完善，傣族文字尚未定型，仍待提高。(李志纯《开展西南兄弟民族的文化教育事业》)

(7) 吴泯挺尴尬。(胡尹强《情人们和朋友们》)

上面的例句中都有程度副词作状语，如果删去程度副词，比如例(1)“祥林嫂的艺术形象美”，这个语言表达式无法完句，其他例句情况相同。因此这些程度副词都具有完句作用，是独立的完句成分。

第二，考察“十分”的完句功能时，需要考虑到音节搭配问题，“十分”一般与双音节词搭配。

① 吕叔湘：《汉语语法分析问题》，北京：商务印书馆1979年版。

【请举语料用例】…………

第三,"怪"和"太"在上面的例句中不能够独立完句。语料库搜索的结果发现"怪"和"太"在作状语时,一般情况下多与其他特定的词语共现,比如"怪"与"的","太"与"了"或否定词,也就是说,这两个程度副词不具有独立完句的功能,但可能与其他完句成分共同作用,以达成完句效果。下面通过例句试作分析:

(8) 天气怪热的。　？天气怪热。　？天气热。　？天气热的。

田芳怪老实的。　？田芳怪老实。　？田芳老实。　？田芳老实的。

(9) 她太美了。　？她太美。　？她美。　？她美了。

我太幸福了。？我太幸福。　？我幸福。　？我幸福了。

吕叔湘(1980)①认为"太"既可以表示程度过头,也可以表示程度高,句末通常都要带"了"。马真(1991)②指出"怪"表示程度高,修饰动词性成分和形容词性成分时,必须与"的"共现。例(8)和例(9)显示"怪"和"太"在这两个例子中都不能单独完句,必须分别与"的""了"共现才能完句。因此可以将"怪……的""太……了"视为完句成分,程度副词"怪"和"太"都具有完句的作用。

第四,程度副词"最"的情况有点特殊。"最"是最高量级,用于某一范围内,三种及三种以上的成员之间的比较。邢福义(2000)③认为"最X"有两种表述方式:客观表述和主观表述。比如:

---

① 吕叔湘等:《现代汉语八百词》,北京:商务印书馆1980年版。

② 马真:《普通话里的程度副词"很""挺""怪""老"》,《汉语学习》1991年第2期。

③ 邢福义:《"最"义级层的多个体涵量》,《中国语文》2000年第1期。

(10) a. 三个人中，麦克最年轻。

? 麦克最年轻。

b. 田芳最老实。

c. 画画儿最有趣。

例(10)a设定了较为明确的比较范围和参考标准：对“三个人”的“年龄”进行比较。“麦克最年轻”是客观的表述。b和c的“老实”和“有趣”很难有客观的、明确的标准，“最老实”和“最有趣”都是一种主观认定。从完句的角度看，如果缺乏其他比较项或比较范围，单独说“麦克最年轻”会让人有种表达模糊，不完整的感觉，而“田芳最老实”“画画儿最有趣”则意义较为明确。由此可见，当程度副词“最”表达主观认定时，可以单独完句，比如b和c；如果表达客观表述，还需要与其他成分共现才能达到完句的目的，比如a。

通过上面的分析可以看出，汉语中除“很”这个最常见的程度副词完句成分外，“非常”“特别”“最”“有点儿”“比较”“挺”“十分”“怪”和“太”等程度副词也都有类似的完句功能。其中包括“很”在内的前7个程度副词完句能力最强，可以独立完句且不受音节限制。“十分”次之，可以独立完句却要受到音节限制。“怪”和“太”情况较为特殊，一般不能独立完句，需要分别与“的”和“了”的共现时，才能发挥完句功能。

三　汉语程度副词的入场功能

郭锐(2015)①指出“所谓‘完句’，实质是满足现实句的现实性在谓词的时间性、名词的指称性和形容词的程度性的‘实现’(grounding)要求”。在主谓齐全的条件下，如果语义自足，但仍然不能完句，那么缺失的一个

① 郭锐：《汉语谓词性成分的时间参照及其句法后果》，《世界汉语教学》2015年第4期，第436页。

重要环节就是“实现”。下面尝试从“实现(grounding)”这个概念出发对汉语程度副词的完句作用作进一步的分析和探讨。grounding一词除翻译成“实现”外，还可以译为“接地”[①]“入场”[②]或“情景植入”[③]，已有的一些研究成果较多使用“入场”或“情景植入”，本文拟采用“入场”作为问题分析和讨论的一个基本概念。

Langacker(2008)[④]指出“入场实质上是一种语义功能，是组织概念的一个方面，能使名词短语或定式小句得以合格”。入场通常是显性的，是通过一定的语法成分的使用来实现的，这些语法成分被称为入场元素(grounding elements)。入场元素，有的学者译为情境植入、情境成分[⑤]，Langacker将其限定在一套有限的、高度语法化的成分上。以英语为例，入场元素包括用于名词前的冠词(the、a/an)、指示词(this、that、these、those)、入场量化词(some、any、all、every、each)等，以及作用于动词的时态(现在时、过去时)、体标记、情态动词(can、may、must、will、shall)等。入场元素的主要作用是把名词转为完整名词短语(full nominal)或者把动词转为定式小句(finite clause)，从而将小句转化为合格的交际话语。“girl like boy”是一个骨干小句(skeletal clause)，之所以被称为骨干小句，是因为它虽然有连贯的概念内容，但没有形式上的标记，无法完成交际。其中的“girl”和“boy”是光杆名词，它们的所指无法识别；“like”也没有体现时间性和现实性。骨干小句只有进入认知场景，也就是说，入场以后才能成为合格的交际话语，比如：the girl likes that boy; this girl may like some boy; some girl liked this boy; each girl likes a boy等。

---

① 木村英树：《认知语言学的接地理论与汉语口语体态研究》，沈阳，冯胜利编《当代语言学理论和汉语研究》，北京：商务印书馆2008年版。

② 完权：《入场理论：认知语法的新进展》，《外国语》2009年第6期。

③ 牛保义：《情境植入——认知语法研究的一条进路》，《外文研究》2013年第4期。

④ Langacker, R. W. *Cognitive Grammar: A Basic Introduction*. New York: Oxford University Press, 2008: 272 - 273.

⑤ 牛保义：《认知语法情境植入研究综述》，《外语学刊》2015年第5期。

入场是一种具有普遍意义的语言使用现象，每种语言都有自己的入场体系（Langacker，2008）。语言既有共性也有个性，跨语言的语法研究证明，世界上所有的语言都存在名词性成分和动词性成分，或者说都有两种基本的词类：名词和动词。入场理论专注英语的名词和动词，汉语如果有入场体系，除名词和动词外，形容词也应当纳入考察的范围，因为汉语的形容词不借助系动词便可以独立充当谓语，其语法性质和功能与汉语的动词有类似之处，很多语法学家在研究中都把它视为一类特殊的动词。从入场的角度来分析汉语光杆性质形容词具有一定的可行性。英语骨干小句中的光杆名词和光杆动词无法入场都有其原因，那么汉语中的光杆性质形容词不能单独作谓语是否也是没有入场的一种表现呢？仍然以上文的两个基本表达式为例：

（11）a. ？今天热。　　？小李老实。
　　b. 今天特别热。　　小李非常老实。

例（11）a 中的例句都可以视为骨干小句，虽然有概念内容，但无法进入交际，因为光杆性质形容词“热”和“老实”只简单描述了性状，不能完全满足表达的要求，在交际的过程中，听者更需要关注的是这个性状的程度性：“今天热”究竟“热”到了什么程度，“小李”是“很老实”还是“特别老实”？（11）b 中的程度副词“特别”和“非常”则实现了这两个形容词的程度性。

从入场的角度看，动词需要转化为动词定式小句才能入场，而汉语光杆形容词无需系词便可以充当谓语，其作用类似于动词，所以其入场也就有了类似动词的要求：必须转化成形容词定式小句才能入场。a 句中的汉语性质形容词“热”和“老实”都没有入场，在程度副词“特别”和“非常”的作用下，具备了一定的程度量级，跟动词具备时体性的作用类似，汉语形容词一旦具备了程度性，也就有了充当谓语的能力，转化成汉语特有的形容词定式小句“特别热”和“非常老实”，从而将形容词小句转化为合格的交际话语。程度副词在这里作为高度语法化的成分，起到了类似于动词时体的入场元素作用。

四　汉语程度副词的完句与入场机制

(一) 汉语程度副词的完句机制

汉语光杆性质形容词程度性实现的一个重要途径就是通过程度副词。例如：

(12)？今天冷。→今天有点儿冷。　今天比较冷。

(13)？她漂亮。→她很漂亮。　她挺漂亮的。

程度副词为什么能够实现光杆形容词的程度性？朱德熙(1956)①认为现代汉语形容词的“量”的观念非常明显。黄国营、石毓智(1993)②指出形容词在量的表达上有量幅和量点之分。量幅表达的是弥散量，是无界的；而量点表达固化量，是有界的。张国宪(1996，2000)③从语义平面把形容词分为定量形容词和非定量形容词，只要一个形容词能够被任意一个表客观量的程度词所修饰，就可以认定是非定量的。他认为形容词的量点和量幅可以通过程度词来测定：能与程度词组配的形容词具有量幅特征，反之则具有量点特征。典型的性质形容词的量是隐性的，可以通过附加程度词或重叠等句法手段实现向显性量的转变。

根据前人的研究成果，可以看出典型的性质形容词是全量幅词，其量性特征是无界的、弥散的、隐性的、非定量的。量性特征不同，造成了形容

① 朱德熙：《现代汉语形容词研究》，《语言研究》1956年第1期。

② 黄国营、石毓智：《汉语形容词的有标记和无标记现象》，《中国语文》1993年第6期。

③ 张国宪：《形容词的记量》，《世界汉语教学》1996年第4期，第34页；张国宪：《现代汉语形容词的典型特征》，《中国语文》2000年第5期，第448页。

词充当谓语时完句能力的不同：有的可以直接完句，有的不可以。性质形容词是非定量的，因此需要其他成分来帮助实现定量，而程度副词就这种具有标量功能，正好能够满足性质形容词对量的程度高低的需要，比如：

(14) 胖：有点(儿)胖/很胖/特别胖

累：有点(儿)累/很累/非常累

聪明：很聪明/非常聪明

老实：很老实/特别老实

“胖”“累”“聪明”“老实”等都是典型的性质形容词，表示的是一种连续的性状，是非定量的，同时也是全量的，程度副词是形式工具，能将光杆性质形容词的语义量幅切分成量点或量段，并形成不同的量级。以“胖”为例，“有点儿胖”“很胖”“特别胖”是“胖”的不同量级：“有点儿胖”＜“很胖”＜“特别胖”，量级越来越高。被不同的程度副词修饰后，性质形容词“胖”实现了程度性，显示出量级，并且被定量，因此可以直接完句。

(二) 汉语程度副词的入场机制

汉语程度副词的定量功能决定了它的完句功能，定量作用背后是否还有更深层次的认知机制在发挥作用?

Langacker 的入场理论(Grounding Theory)主要研究名词和动词如何从“类”(type)到“例”(instance)的概念化过程。入场是一个认知过程，是对事物和关系(过程)识解的主观化过程。光杆名词表达一类事物，光杆动词表达一类动作、过程或关系，从“类”到“例”的映射，就是入场。人们通过抽象和范畴化，把具有共同特征的实体归为一类，在概念化的过程中，形成对于某类实体的概念。这里的实体包括通常所说的事物、动作等。一个类概念可以对应或转化成若干个例概念。比如英语名词例概念“this boy”等就是对类概念“boy”进行的例示化，把类概念转化为例概念；英语动词例概念“liked”等就是对类概念“like” 进行的例示化，把类概念转化为例概念。类概念不具有交际资格，因为它们没有提供足够的信息，不能帮助言者和听者来识别特定的事物（人）和特定时体状态下的关系，只有转变成例概念，事物（人）、关系被具体化，才能满足交际的需要。言者正是分别通过使用入场元素（如指示词 this 和词尾-ed），将听者的注意力引向特定的事物（人）和特定的关系，实现交际，完成入场。

程度副词对光杆性质形容词谓语句的完句作用从本质上说，也有一个从"类"到"例"的具体化过程。名词和动词从"类"到"例"的具体化过程是通过"个体化""事件化"来实现的[①]，与名词和动词从"类"到"例"具体化过程不同的是，形容词从"类"到"例"的具体化是由"程度化"来完成的。名词的个体化过程所得到的"例"是一个个具有定指或不定指等特征的具体个体，动词的事件化过程所得到的是一个个具有时段、时点或体貌等特征的具体事件，而形容词程度化过程所得到的"例"是一个个具有量段或量点等特征的具体属性。

以"小李聪明""他胖"为例，这两个语言表达式主谓齐全，语义也自足，但总感觉缺失了什么，不能完句。

(15) a. ？小李聪明。→ b. 小李<u>很</u>聪明。

(16) a. ？他胖。→ b. 他特别胖。

"聪明"这个形容词概括了各种各样、不同程度、不同类型的聪明。说一个人"聪明"，仅仅是表明这个人属于"聪明"的类型，如果直接用到话语中，说"小李聪明"，就没能具体到某一特定的程度，或者说没能具体到一个具体的量段或量点，听者无从识别。这样就必须有一个限定，以便给听者一个具体的信息：某一特定量段或量点的"聪明"，让听者能够辨识并加以接受，才能保证交际的进行和完成。"聪明"这个"类"中有很多不同量级的"聪明"：比较聪明、很聪明、特别聪明、相当聪明、非常聪明等，带有量

① 动词从"类"到"例"的具体化过程是通过"时间化"来实现的。

级的这些“聪明”都是一段段具体化的“例”，例(15)b中的“很聪明”是“聪明”这个性状中的一个具体化的“例”。“小李很聪明”，在言者与听者之间就构建了“小李”“聪明”的程度：“小李”的“聪明”超出了一般的“聪明”，但还没有达到“特别聪明”，言者给听话者以具体的信息，听者对“小李”的“聪明”进行辨识，接收信息，完成交际。

例(16)的情况与例(15)类似，光杆形容词“胖”表示的是一种体态类型，通过添加程度副词“特别”，以一种定量的方式，凸显了形容词“胖”的程度性，成为具体化的例概念：“特别胖”。“特别胖”是“胖”这种性状类型中的一个示例，向听者传达出“他”的“胖”是高量级的，比较夸张的胖。

从认知的角度考察和分析汉语程度副词的完句机制，可以看出定量是表象，更深层次的认知解释是汉语程度副词帮助光杆性质形容词完成了从“类”向“例”的转变，即转化成汉语特有的形容词定式小句，从而使形容词小句转化成合格的交际话语，也就是一个“入场”的过程。

(三) 汉语光杆性质形容词的入场方式

从完句的角度看，汉语的程度副词能帮助光杆性质形容词谓语句完句，是一种重要的完句成分；从入场的角度分析，程度副词能将汉语的形容词转化成特殊的形容词定式句，帮助其进入交际话语，可以被视为一种入场元素。“完句”与“入场”虽然是两个不同的概念，但有一定的关联，其目的都是让小句，或者说让语言表达式转变成具有交际功能的句子。

此外，汉语的光杆性质形容词谓语句还能通过形态变化以及句法的搭配和组合来达到完句的目的，因此汉语光杆性质形容词的入场可能不限于添加程度副词这一种方式。根据汉语光杆性质形容词谓语句的完句条件，汉语光杆性质形容词通常有下面这几种入场方式：副词（主要是程度副词）、助词、形态变化等。

1. 状语＋性质形容词

这里的状语主要指程度副词以及“比……”“跟……一样”等表比较的短语。比如：

(17) ? 这件衣服贵。→ 这件衣服有点儿贵。

(18) ? 小赵漂亮。→ 小赵特别漂亮。

(19) ? 小张高。→ 小张比小李高。

(20) ? 妹妹可爱。→ 妹妹跟姐姐一样可爱。

2. 性质形容词＋补语

一些程度副词还可以用在补语位置上，帮助形容词入场。比如：

(21) ? 我忙。→ 我忙得很。

(22) ? 黄山的风景美。→ 黄山的风景美极了。

3. 性质形容词＋助词

这里的助词主要指“了”。比如：

(23) ? 他的衣服旧。→ 他的衣服旧了。

(24) ? 今天热。→ 今天热了。

4. 形态变化

汉语性质形容词的形态变化主要是重叠或者重叠加缀。比如：

(25) ? 她的脸红。→ 她的脸红红的。

(26) ? 这个姑娘大方。→ 这个姑娘大大方方(的)。

入场是一个认知过程，每种入场方式必然有一定的认知机制。前面分析的汉语程度副词完句功能，或者说作为一种入场元素的入场功能，其认知机制是让形容词的“类”概念转化为“例”概念，那么汉语光杆性质形容词入场方式的认知机制是否也都是完全一致的呢？

首先看光杆性质形容词前加上“比……”“跟……一样”等短语作状语

的情况，通过考察，我们发现其认知机制与程度副词完全一致的，都是给性质形容词定量，只是方式不同：程度副词是通过不同量级的程度词来直接定量，而“比……”“跟……一样”等短语是通过引入比较对象，通过比较来定量。例(19)中“高”是一个“类”，这个“类”既可以利用程度副词直接转化成具有不同程度的具体的“例”，也能通过介词短语“比……”或者“跟……一样”，以比较的方式将“高”转化为一个具体的“例”：“比小李高”是一个“例”；“跟小王一样高”也是一个“例”。例(20)的“可爱”的程度有很多种：“妹妹很可爱”“跟姐姐一样可爱”“比姐姐(更)可爱”等，“跟姐姐一样可爱”是“可爱”的一个“例”。

光杆性质形容词还可以通过添加语气词“了”①完成入场。张国宪(2000,2006)②认为汉语中的性质形容词表述静态量，占据量幅，是零赋值，在非定语位上可以向动态量游移，使量值异化，表现为变化形容词，变化形容词是由性质形容词派生而来。例(23)和(24)中的“旧”和“热”都是变化形容词。变化形容词表示事物的性状变化，性状与程度相关，变化与时间相关，因此变化形容词兼具程度性和时间性特征，“了”的主要作用是将这类光杆形容词“程度化”和“时间化”。“旧”和“热”都表述了由于程度量的变化而导致了“质”的异化：随着时间的推移，衣服由“新”变“旧”，天气由“不热(冷/凉)”变“热”。在变化的过程中，量幅都是变化的，可以是量段，也可以是量点，最终的结果是产生了质变。因此如果将性状“旧”看作“类”，这个类应当包括很多不同的例，如量变过程中的“有点儿旧”“很旧”，以及质变的“旧了”；“热”也是“类”，不同程度的“很热”“比较热”等“例”，质变的“热了”也是其中的一个“例”。

最后看“形态变化”，张国宪(2000)③在讨论状态形容词的典型特征

---

① 这里的“了”实际上是“了 1+2”，既是动态助词，也是语气词。

② 张国宪：《性质、状态和变化》，《语言教学与研究》2006 年第 3 期。
张国宪：《现代汉语形容词的典型特征》，《中国语文》2000 年第 5 期。

③ 张国宪：《现代汉语形容词的典型特征》，《中国语文》2000 年第 5 期，第 453—454 页。

时指出，“性质形容词的主要交际功能是区别，区别是以具有分类的可能为前提的。”“状态形容词的主要交际功能是描写，描写的主要作用是表现某个体事物的状态，通常是对状态的程度‘加细’”。例(25)中的“红”是一个“类”，这个“类”包括很多不同程度的“例”：很红、非常红、红得很、特别红等，重叠或重叠加缀后，“红”被程度化为“红红的”，成为“红”中的一个“例”。“她的脸红”，没有比较的对象，不具有区别性，不能进入交际；而“她的脸红红的”既具有描写性，是对“她的脸”的状态的描写，也具有区别性：不同于“不红”，也不同于“很红”，是介于两者之间的状态。例(26)与例(25)情况类似。

通过上面的分析可以看出，汉语光杆性质形容词有不同的入场方式，但这些入场方式的认知机制大体相同，即都是通过将通过不同的形式将属性进行定量，从而程度化，包括静态程度化和具有时间质变的程度化。通过程度化过程，言者将形容词的“类”概念转化为具体的“例”概念，听者对“例”概念进行识别并接受，从而在言者和听者之间建立起心理联系，完成交际。

按入场理论中关于入场元素的定义，汉语光杆性质形容词的入场元素主要包括：程度副词、“比……”“跟……一样”等表比较的短语、形态变化(重叠与重叠加缀)和助词“了”。就语言的个性而言，英语中的入场元素是高度语法化的成分，与汉语的完句成分这两个概念不能完全保持一致，比如例(25)和(26)中的重叠和重叠加缀等形态变化，从入场理论的角度看，它们属于高度语法化的入场元素，而从完句的角度看，很多学者认为形态变化是完句手段，不是完句成分。

程度副词“很”“非常”“特别”等是一种独立的完句成分和入场元素，但汉语中也还存在一些完句成分和入场元素不能独立起到完句作用，往往需要在其他成分的共同作用下才能完句和入场，即出现的两种完句成分的必须连用，或者说两种入场元素必须共现，才能起到完句和入场的功能，如例(22)的程度副词“极”和“了”，以及上文提到的“太”与“了”、“怪”与“的”，都由两部分合在一起，才能起到完句和入场的作用。因此，我们可以将“极了”“太……了”“怪……的”视为一种固化的入场元素，那么它们就看做与独立的入场元素“很”“非常”“特别”等元素一样，都能发挥入场功能。至于形态变化入场方式中的重叠加缀“的”，与固化的入场元素又不完全相同，例(25)中的“的”是必有的，而(26)中的“的”可有可无，至多算是准固化入场元素。

五 结 语

语言具有共性，任何语言都有词组和句子这两级语言单位，尽管Langacker是在分析英语句子的基础上提出的入场理论，但人类的认知是相通的，入场理论对分析汉语的一些语法现象也有一定的借鉴作用。但是每种语言有共性也都有个性，与英语比较，汉语的句法结构更为复杂，例如汉语的性质形容词可以单独作谓语，这就是汉语不同于英语的地方，这也就带来了汉语入场方式的差异。通过本文的研究，我们发现汉语的程度副词在光杆性质形容词谓语句中的完句功能是话语入场的一种方式和手段，作为一种入场元素，程度副词对形容词的入场发挥着重要的作用。

前人所说的汉语完句和我们所说的入场虽然有所不同，但又是相互统一的：完句是方式手段、入场是过程，交际才是目的，只有完句才能入场，也只有通过实现入场才能达到话语交际的目的。本文对汉语形容词的入场考察是一种尝试，汉语光杆性质形容词的入场方式除本文提到的，可能还存在着其他的入场方式，有待以后继续深入探讨。

（原刊于《安徽大学学报（哲学社会科学版）》2019年第5期）

网络语言的发展与规范

20 世纪 90 年代以来，国际互联网逐渐在世界范围内普及，一场以网络化、数字化为特征的信息革命已经深入到社会生活的各个领域。如今，人们的交流已不仅仅局限于现实生活，开始出现了以网络为媒介的交流活动，于是，随着网络交流而产生了网络语言。但网络语言作为一种新事物，就像当初白话文的产生一样，正在经历一段曲折坎坷的发展历程。这一过程，出现了很多缺失与遗憾，我们只有认真分析这些缺失，才能找到恰当的方法，对其进行有效的疏导，使之朝健康的方向发展。

一　网络语言的概念

分析探讨之前，我们有必要对网络语言的内涵和外延作一个概述。关于网络语言的定义是一个见仁见智的问题。于根元对网络语言的描述是这样的："网语"是互连网的产物，在网络日益普及的虚拟空间里，人们表达思想情感的方式与现实生活中的表达习惯多有不同，于是人们创造出了令人新奇或令人愤怒的"网语"。大部分"网语"是网民为了提高输入速度，对一些汉语和英语词汇进行加工改造，对文字、图片、符号等随意链接和镶嵌的产物①。而刘海燕则认为：网络语言是指计算机网络上常用

① 于根元：《网络语言词典》，中国经济出版社 2001 年版。

的与计算机网络有关的语言，包括网页上的图像、符号、文字等网络传播的一切手段、言论、话语、网络技术语言及网络聊天室和电子公告牌里的对话[①]。于根元先生的论述和刘海燕先生的论述各有侧重，后者比前者的范围更为广泛，前者比后者更为简洁。于先生只对网语是怎么产生的进行了论述，而没有把它和一般“语言”的相异之处阐述清楚，而刘海燕先生则采用广义的定位方法，把凡是流传于网络媒介上的语言符号都称为“网络语言”。但是，这两种定义都没把其内涵和外延明确地表示出来，所以都是不完善的。

一般来说，网络语言传播由两部分内容组成：一是普通话全民通用的语言形式；二是仅使用于网络交际的非全民通用的语言形式。虽然，网络语言逐渐渗透到人们的生活中，但相对于更大范围的语言群体，它还只是一小部分。我们认为：网络语言，是专指网民在网络交际活动中作为“工具”使用的，区别于“中国语言文字”的语言符号系统。它包括具有特定意义的图像、文字、符号、字母以及杂糅组合而成的各种表意图形，它们所表达的意思是在广泛的网络交流当中约定俗成的，是信息时代的产物，而并非是技术层面支持网络应用与运行的“计算机编程语言”，诸如C/C＋＋之类。该定义把有别于普通语言的“网语”的显著特征给明示了出来。指出了其内涵是具有特定意义的图像、文字、符号、字母，以及杂糅组合而成的各种表意图形，其外延排除了技术层面的支持网络应用与运行的“计算机编程语言”。

网络语言虽然是新时代和新媒体的产物。但是，它也和传统意义上的语言一样具有丰富的文化内涵，可以说，网络语言不仅是一种语言现象，也是一种文化现象。

根据认知语言学相关理论，语言作为一种文化现象，是人类创造的，个人的语言能力不是天生的，而是后天习得的[②]。同样，作为网络上流传

① 刘海燕：《网络语言》，中国广播电视出版社2002年版。

② 邢福义：《文化语言学》，湖北教育出版社2000年版。

的语言，如果一个人从没有见到过，从没使用过，无论你是大学生，还是硕士博士，都无法明白其所要表达的含义；如果是一个经常浸泡在网络当中的人，即便是小学生，也能一见便知道是什么意思。这和我们许多中国人苦学英语多年而不得要领，而英、美等英语国家的孩子，从小就能说一口流利的英语一样。网络语言是他们自己的语言，所表何义，一见便知。

二　网络语言发展的简单回顾

网络语言发展至今已有近 20 年的历程，它见证了中国网络文化由开始的狂热痴迷到理性沉静的发展历程，更体现了中国网民由幼稚而逐渐向成熟理性的成长过程。纵观网络语言的发展，不同时期的网语因所处环境不同而呈现出不同的特征来。

（一）网络语言的初步发展

因受到改革开放大潮的影响，人们的心态普遍呈现出一种追求新奇、追求物质享受和官能享受的局面。这一环境影响下的青少年网民，敢于挑战传统、敢于创新、敢于标新立异，在迅速快捷的网络交流中，即使知道自己打错了字也不愿改正，时之日久，这种由网民个人有意无意的错误引起了集体无意识错误。这种错误不但受不到指责，反而得到了各大 BBS 等网络交流平台的认可，同时也得到了一些传统媒介的默认和支持。于是，以“错、别”字为代表的第一代网络语言在网民和媒介推动下，开始流传起来。

（二）网络语言的成长

从网络发展来说，它覆盖了网络经济泡沫起始、鼎盛、结束的整个发展历程。网络经济泡沫的产生和结束有其众多的原因，是不可能用三言两语就能说清楚的。但就这一时期产生的网络语言来说，其主要特征就是网络语言的拼音化和汉字的缩略化以及各种形式符号的杂糅组合。由于网络技术的发展和网民整体素质的提高，过去那种“错、别字连篇”的现象逐渐减少，以前流传的以“错、别”字为代表的网络语言要么被淘汰，要么成为一个独立的语言单位，被继续流传着。

(三) 网络语言的理性发展和演变

说其理性，是指该时期很少产生不健康的词汇。网络语言逐渐淘汰了以前那些表现力不强，流传范围不广的词汇。这一时期网络语言的特点是，影视和文学文本的衍生和生活语言的网络化。由于大众传媒的大力宣传和推动，网络语言逐渐渗透到人们的日常生活中，社会化趋势日益加强。与以前产生的网络语言相比。该时期的网络语言，无论语义、语音还是语篇、语旨，都在不断向理性化方向发展。

三 语言的经济原则及科技的进步促进了网络语言的健康发展

语言的经济原则促进了网络语言的拼音化、缩略化。汉字的拼音化，是指常用汉字用拼音的简化形式表示，例如在聊天室中常用到的“踢”就被简化成了“T”，于是，像“T 人”“TSN”“T 了”等词汇就逐渐出现了。还有人们常见的“妹妹”“哥哥”的简化形式“MM”“GG”。那时候，网络上见面一打招呼就是“MM，好啊？”“MM，又来了？”“你是 MM 还是 GG 啊？”，一度出现了凡是女性网民都称为 MM，男性网民都称为 GG 的局面。汉字的拼音化是语言经济原则的最好体现形式。除了上面提到的这些词语外，常用的还有“托福(Toefl)、CD、MBA、EMS”等，最经典的就是把“电子邮件”译为“伊妹儿”，该词不但对译准确，而且减少了音节。这类词语的产生都是网民追求高效、简约的结果，把较长的词语用简单的方式表达出来，也就是把长词缩略成短词。有些干脆把词改成拼音，甚至只取拼音的第一个字母。根据语言的经济原则和简约要求而产生的词语占了网络语言的绝大多数。

值得一提的是，随着西方先进技术的传入和网络技术的发展，一批与网络相关的词汇也逐渐成型和流传起来，例如把用于拨号上网的“调制解调器”称为“猫”，把功能强劲的主机称为“酷鸡”。还有一些专门描述网络现象的词汇也逐渐进入到人们的生活当中，例如“网吧、网恋、网名、网络犯罪、电子商务、电子邮件、虚拟空间、网上交友、网上购物、网络银行”等等。与此同时还出现了用来描述计算机、互联网的一些专业术语，如“菜单、在线、主机、平台、硬件、软件、端口、光纤、黑客、文本、服务器、局域网、防火墙、域名、系统、IP、IT、连接、点击率、远程网”等，这些都是人们耳熟能详的。有些词语还被引伸扩展到社会生活当中，用来描绘现实生活当中的一些事物和现象，例如“硬件、软件、平台”等。

这类描绘网络现象和行为的词语，其意义是传统语言无法代替的，它的构词符合语言规范和社会习惯，能准确地表达新的思想和概念，具有某种特殊表现力或特殊效果。所以，一产生就能够被“约定俗成”，成为标准词汇。这部分词汇一般都不是语言学家争论的焦点。事实上，这类描述某种现象和行为词汇的产生也是无可争论的，它们在网络语言发展到第二阶段基本成型。当然，随着网络新技术的出现，还会产生更多新的词汇，其中也不乏有一些令人遗憾的网络语言。

四　网络语言的缺失与探因

网络语言的拼音化、缩略化在促进网络语言健康发展的同时，也产生了大量标新立异、张扬个性心态的词语，这些词语多为年青人所追求。这些词汇涌现的背后有着深刻的外部动因。网络语言发展到第二阶段的时候，也正是中国社会东西方文化相互作用最为强烈的时候。此时，我国的经济日益发展，社会文化也是百花齐放。人们突然面临如此繁复多元的外来文化，一时缺乏正确选择的理性判断，从而造成了信仰的部分缺失，产生了追求日趋物质化的心理。也就是说，因为中西文化交流的日益空前,中西方各种道德观念和价值观念的冲击,使许多人不知道什么才是值得追求的,什么才是好的。这样一种情感支配下的网民开始追求感官的功能享受,加上后来的网络经济泡沫,更是给网络语言发展画下了一个不太完美的句号。

(一)个人心理与家庭及周边环境是导致网络语言不健康发展的主要诱因

人们之所以会选择网络,许多青少年之所以沉迷于网络而不能自拔,并不完全是由于网络这个世界太新奇,而是很多青少年在现实生活中面对繁复的多元文化时,找不到正确的理想追求和情感寄托,找不到合适的交流与倾诉对象。而我们的家长对青少年关心的,更多的是物质方面,很少关心自己孩子在吃饱穿暖之后还有些什么其它要求。于是,广大的青少年由于经受不住网络这个万花筒的诱惑而逐渐痴迷成瘾。而我们家长却总是把责任全部推到"网络、电脑、电子游戏"身上,却全然不知,是由于他们的教育出现"真空"才导致了许多悲剧的发生。这时的网络关键词似乎应是网络犯罪、网络欺骗和网络陷阱了。

网络语言,作为一种文化现象的载体,深刻而清晰地记载了处于这种环境下青少年的心理状态和生存状态。例如:"抓狂(受不了刺激而行为失常)、神童(神经病儿童)、东方不败(不男不女的人)、WBD(王八蛋)、BT(变态)、SB(傻逼)、咔嚓(砍头的意思)、倒(晕倒)、寒、汗('寒心'的缩写,表示自己对某事失望)"等等。由于青少年的自我控制能力和认知能力都有限,对待外界的诱惑总是无法把持住自己,对自己的情感更加无法进行有效的调节和控制,这时又缺乏有效的、积极向上的引导。"放纵、自我中心、意气用事"就成了他们的通病。于是他们就在网络或现实生活当中肆意宣泄自己的情感,若在网络上以网语的形式流传开来,被网民熟知后就成了网络语言的垃圾部分。可以说,这是对语言文字的极大污染。

（二）网络交流的隐蔽性、虚拟性和开放性导致了许多不健康词汇的出现

无论什么时代、什么社会总会有许多与主流文化、主流思想不和谐的声音存在。但是，把被现实生活压抑了的情感宣泄在互联网上、倾诉于网络交流当中，也与网络本身所具有的开放性、隐蔽性、虚拟性密切相关。网络的开放性，使得人们发表自己的见解、表达自己的情感有了很大的自由性和交互性。不再像传统传媒一样，需要大费周章人们才能在电台、报刊上发表自己的只言片语。现今，许多的 BBS 上都可以随意的发表自己的言语。这是网络传媒开放性和互动性有利的一面。但正是因为这一特性，也使许多人有了一个随意发表自己见解的平台。因为并不是每一个人都是认真“造砖”、“打铁”的，不少人都是在胡乱的“灌水”，更有甚者，当别人的观点和自己相左时，就会进行人身攻击式的谩骂。加之网络的隐蔽性和虚拟性，人们无法把论坛上的某个 ID 和社会中的具体个人联系起来。也就是说，说话者在制造垃圾网语时，既得不到法律的惩罚，更受不到道德的谴责，以至于只要是能想到的词语，都会被拿出来攻击别人，这样一来，许多不负责任的言语，许多粗陋低俗的词语常常见诸 BBS 和聊天室。例如：“TMD（他妈的）、NND（奶奶的）、SB（傻逼）、垃圾、人渣”等等层出不穷。

由于网络交流的隐蔽性，网民无法真实及时地确定与你交流的对象到底是一个什么样的人，他（她）的职业、性别、相貌、年龄等一些基本的个性特征都无法确定。20 世纪 90 年代末期，有一句非常流行的话是这样说的：“你无法确定在网络的另一端与你交流的是不是一条狗”，虽然这句话本身是不健康的，但它却生动形象地说明了网络的隐蔽性为真诚交流增加了难度。所以，许多心理不健康的人就故意利用这一点在网络上实行欺骗，或者改变自己的身份、性别等与别人交流。在网络交流当中把不男不女的人称为“东方不败”或者“东方”。后来还产生了“人妖”这个词语，网络语言当中的“人妖”和我们现实社会所说的“人妖”是有区别的，所

谓人妖就是在网络隐蔽性和虚拟性前提下，扮演异性角色与别人交流，常见的是男性网民冒充女性与别人交流，这当然是一种不健康心理的体现。众多“人妖”角色都带有很大的欺骗性，他们利用人性中某些弱点，来骗取别人的同情或帮助，以期达到自己“不可告人”的目的。这一现象发展到后来，逐渐衍生出一系列的词汇。例如：“BL（男生与男生之间的恋爱）、BT（变态）、RY（人妖）”等等。更为严重的是，在这一背景下，许多充满色情和暴力的词语广为泛滥，这在一些大众聊天室和 BBS 上是随处可见的。虽然，这类词语不能在大众中流传，只是部分网民不健康心理在网络交流当中的个别体现，但它对青少年的影响是巨大的。据中国互联网信息中心（CNNIC）2003 年的一次调查报告称（中国互联网信息中心 http://www.cnnic.cn/），处于初中至高中这一年龄段的网民中，有将近 40%的人使用的网名是与色情、暴力有关的，这样一个严重的现实让人心痛。诚然，产生这些不健康词汇的原因是多方面的，但网络的隐蔽性无疑给它提供了一个滋生的主要平台。单就网络语言当中不健康的词汇来说，要减少它们在网络上的流传，从屏蔽这一技术层面上来说可能会有一些作用。但关键还是如何改变这些少数的人的思想，改变他们低级趣味的价值追求和官能享受。使之去追求一些对自己对人民对国家有价值和意义的东西。这一条路是艰辛而漫长的，也只有这样。才能从根本上杜绝网络语言中不健康词汇的产生和流传。

总而言之，网络其固有的开放性、虚拟性和隐蔽性，导致了网络交流和网络文化的无序性、多变性和放纵性。而这种无序性、多变性和放纵性进而导致了网络语言中不健康词汇的大肆流传。

五　网络语言的规范

目前，无论是网络语言还是网络文化，其发展早已经过了盲目追求的浮躁时期，逐渐向理性回归，向有序化、规范化方向发展。究其原因，最根本的是经过了“网络泡沫”之后，人们逐渐趋向于理性，理智思考多于狂热、盲目的追求。现在的网络世界，没有20世纪90年代那样的狂热和新奇，一切都趋于平静，理性在平静中慢慢复苏。但青少年的网语中仍然存在大量不健康的因素，因此如何引导网络文化向文明的方向发展？如何规范网络语言向健康文明的目标发展？任重而道远。我们认为，只有根据网络的固有特点和网络语言自身的发展规律，采用“疏导”的方法来逐渐改善。

（一）要加强宣传，建立良好的网络语言社会环境

1. 对当前一些不良网络用语问题，我们要加大宣传力度，使网络语言规范化观念深入人心。同时要多方动员，调动社会、学校、家长等多方积极性，让全社会都来共同关注这一问题，帮助网民们确定语用环境，限制网语上网，推进网络语言规范化工作。

2. 从人的思想道德、文化素质角度引导和规范网络语言。

提高网民乃至所有人的思想道德、文化素质，使其文明上网，文明交流，共同建构文明和谐的社会主义社会。加强网德教育，净化网络文化环境，要教育网民自尊、自爱；讲求言语美，切忌利用网络的开放性和匿名性胡言乱语；做文明的网民，说文明的网话。

3. 进一步改善青少年的家庭及周边环境，使不同群体网民的情感有所寄托。同时要进一步加强对公民思想道德的教育，进一步增强人们对社会的信任感和责任感。

（二）从制度和管理的角度引导和规范网络语言

对网上讨论区谩骂成风，网络语言庸俗化和混乱化等问题，国家相关部门和各个网站要进一步制定相应的管理措施，进一步规范引导网络语言的正常发展，对一些粗俗的、不文明的语言现象要制止。在网站的管理中政府部门应起主导作用。

1. 政府可以支持建立强势网站，使用规范化的网络语言，为其它网站做出表率。电脑类报纸刊物、语言文字类报纸刊物等，都应将网络语言

规范化问题纳入视野，拓展语言文字研究的新空间，积极指导网络语言规范化问题。正规的出版物应该力求使用标准规范的语言文字，尤其在书写形式上应拒绝随意网络化，而网络语言尤其是书写形式如果要进入共同体语言文字，必得经过严格的筛选，这种筛选需要专家学者的甄别把关。

2. 要大力研究开发网络语言监控软件，通过技术过滤使监控软件达到能够及时发现错误的网络语言并加以清理、纠正。即采用技术的手段"屏蔽"或纠正所有的不健康词汇，使之无法在网络上流传。

（原刊于《中国社会科学院研究生院学报》2008 年第 4 期）

汉语数字对举格式的构式语义*

数字对举格式是汉语对举格式的一个重要类型。近年来，随着对举格式研究的深入，作为其小类的数字对举格式也受到了不少学者的关注，并且取得了一些研究成果，如吴红波(2006)，①杨丽华、余东涛(2008)，②赵焕梅(2008)，③康志峰、邱东林(2009)，④曾劲(2009)，⑤马叔骏(2010)，⑥张金霞(2011)，⑦吴杨辰子(2011)⑧等。这些论文或以某一具体数字为主，或以某一具体对称类型为主，从句法、语义、语用等多种角度对数字对举格式进行了广泛深入的研究，详细明确地指出了数字对举格式的一些特点。但是，对于整个数字对举格式构式语义及其产生原因尚

* 本文得到“教育部新世纪优秀人才支持计划”资助，项目编号为 NCET-12-0658。

① 吴红波：《诗词对举出现的模式词的分析》，《语文学刊(高教版)》2006 年第 9 期。

② 杨丽华、余东涛：《“一 A 一 B”格式成语中“一”的句法语义功能》，《湖南农业大学学报(社会科学版)》2008 年第 2 期。

③ 赵焕梅：《数词对称成语中数词的语义特点》，《华北电力大学学报(社会科学版)》2008 年第 4 期。

④ 康志峰、邱东林：《“一 W 一 W”修辞构式探析》，《修辞学习》2009 年第 2 期。

⑤ 曾劲：《“数×数×”型成语浅析》，《中南民族大学学报(人文社会科学版)》2009 年第 2 期。

⑥ 马叔骏：《固定语中数词的相对性及极限》，《汉字文化》2010 年第 2 期。

⑦ 张金霞：《四字成语中“一”的数字配合使用研究》，《山东师范大学学报(人文社会科学版)》2011 年第 2 期。

⑧ 吴杨辰子：《“数 A 数 B”格式的构式意义研究》，《辽宁教育行政学院学报》2011 年第 1 期。

未做出深入研究。

所谓构式语义，Goldberg(1995)认为“构式本身具有意义，该意义独立于句子中的词语而存在，并认为构式语法……具有语义经济性”，[①]对于对举格式来说，其构式语义是指除对举格式中本身词语的意义外，还表达了某些独立于结构词语而存在的意义。本文旨在分析对举构式语义的基础上，从认知功能角度出发分析这些构式语义产生的原因。

数字对举格式，顾名思义就是一个词语由两个基数词（相同或不同的）和另两个或两个以上单音节词或语素或短语交错组合构成。这样的词语数量很多，其中四字格的词语就占了绝大部分，主要有“数字＋A＋数字＋B”和“A＋数字＋B＋数字”两种组合方式。而数量相对较少的非四字格词语则以“A 一量 B 一量”格式为主。

为了便于讨论，本文把汉语的数字对举格式分为两个大类：一是同数对举，一是异数对举；两个大类又都细分为两个次类：四字格数字对举和非四字格对举。

一　同数对举

所谓同数对举，是指数字对举格式中的两个基数词是同一个数字。汉语的同数对举主要限于“一”“三”“十”“百”等数字，其中又以数字“一”的对举为主。

（一）四字格同数对举

同数对举的四字格中，除数字之外的其他两个语素在语义构成上呈现相近相关或相反相对的关系（我们简称为相关对举和相反对举）。相关对举，大多可以产生字面意义之外的构式语义。仔细分析，可以发现相关

① Adele E. Goldberg. *Construction: A Construction Grammar Approach to Argument Structure*（吴海波译:《构式——论元结构的构式语法研究》），北京大学出版社 1995 年版。

对举的构式语义大致可以分为以下两种：

1. 所产生的构式语义含有“全部”“所有”的意思，概括整体、全部，表示周遍意义。例如：

(1) 同学们，再一次拥抱一下我们身边的同学和老师吧！让我们记住他们，记住这个学校中的一草一木。

(2) 在这里，我有太多的回忆，我忘不了这里的一砖一瓦，忘不了我与同学老师的深深友情。

(3) 想来只有他那样专注执著的人，才能排除干扰，一心一意完成自己的学业。

(4) 如果你真的还像从前那样爱她，并且一生一世永远保持这种爱情，请和她谈去吧！

(5) 几天以后，新任的关东军司令官对溥仪说：“满洲国和日本亲密一体，你最近要到日本去，正是日本祭祖的时候，正好把日本的天照大神请过来，也显得日本和满洲一心一德呀！”

上述例子中，“一心一意”形容整个心思，集中全部精力；“一生一世”指整个人生阶段，一辈子；“一心一德”指所有人都一条心为一个目标奋斗。

2. 所产生的构式语义表达两方面的行为动作交替反复连续进行，协调配合。这类同数的相关对举主要以数字“一”为代表。比如：

(4) 忽然，喜从天降，忽然西边出了个红太阳，一个傍晚时分，他一瘸一拐地回到我的身边。

(5) 他们踮起脚向里一望，这时才真相信了，转身拔腿一蹦一跳就往自己的宿舍跑，边跑边喊：“毛主席来了！”

上面例子中，“一瘸一拐”指的是“瘸”“拐”这两个同类动作连续进行；

“一蹦一跳”也指“蹦”“跳”两个动作的交替反复。

其变体也符合上述规律，包括加上量词构成“一量 A 一量 B”，如“一把屎一把尿”，还包括“一 A”“一 B”之间插入副词的，如“一年又一年”“一天又一天”。总之，此类对举格式主要是以少说多，或是以个体遍指整体，或是以动作的反复表示动作进行时的整体状态。

值得注意的是，这其中也有些许例外，如表示时刻的“一时一刻”和“一朝一夕”等。“一时一刻”既可以表示周遍义，如，“我们要珍惜一时一刻、一分一秒，才能把成绩提上去”，也可以表示短时，如，“不是一时一刻就能解决的”；“一朝一夕”不能表示周遍义，只能表示短时，如，“这些坏习惯不是一朝一夕就能改掉的”。对于这些例外，虽然所占比例极少，仍需进一步研究（将另文研究）。

同时，同数对举的相反对举，大多只表达字面的实际意义，不易产生字面意义之外的构式语义。如“一大一小”“一男一女”“一前一后”“一盛一衰”，都只是对镶嵌在“一……一……”格式中的对立项“大”和“小”，“男”和“女”，“前”和“后”，“盛”和“衰”的简单罗列、陈述，并没有通过“一…一…”这一对举格式产生新的构式语义。在此，我们就不纳入同数对举构式语义分析的行列。

（二）非四字格同数对举

同数对举的非四字格主要是“A 一量 B 一量”格式，如果表示对举的量词相同或语义相近一般表达散乱、不集中或状态不稳的整体状况，其中对举的两个部分音节相等，一般可以互换位置。如“青一块紫一块”“饥一顿饱一顿”可以说成“紫一块青一块”“饱一顿饥一顿”。所谓的“散乱、不集中或状态不稳”也一定是超出对举的数量的，因此也是以少说多的。

(6) 回到坑道里，老全已经坐在那里了，他脸上<u>青一块紫一块</u>的，他抢到的饼也不比我多。

(7) 但是出校门以后，我就堕落到了<u>饥一顿饱一顿</u>，吃了上顿没下顿的状态中。

上面两个例句，“青一块紫一块”指脸上的伤轻重不均匀的分布，泛指脸上的伤多。“饥一顿饱一顿”指吃饭有了这顿没那顿的不稳定状态，经常没吃的。

如果表示对举的量词不同也非近义的话，一般通过变化、对比和强调等表达程度之深或手段之高等意思。如：

(8) 六十九岁的人了，反倒聪明一世糊涂一时，教一群猴儿王八蛋给吃了。

(9) “风浪是意料中事；所谓‘道高一尺魔高一丈！’他，吴荪甫，以及他的同志孙吉人他们，都是企业界身经百战的宿将，难道就怕了什么？”

上述例子中，“聪明一世糊涂一时”表示聪明一辈子，临时却糊涂起来。强调一向聪明的人，反而在某件事上犯糊涂，强调糊涂程度之深。“道高一尺魔高一丈”比喻一方的力量超过与之敌对的另一方，表明恶势力占据了优势。

另外，其中有一类中的“A/B”为人称代词“你/我”的，在一定的上下文中有时不产生新的构式语义，而是表示实际的分配，如“只剩下两颗糖了，你一颗我一颗”。

二　异数对举

异数对举主要是四字对举，非四字格的对举相对较少，并且其规律与四字格基本相同，所以不单独讨论。异数对举按前后对举数字悬殊的大小可以分为以下两种：

(一) 悬殊不大的数字对举格式

指对举格式中前后两个数字相差较小,这一类的数字主要是来自“一、二、三……十”这一数字系统。这类对举格式的构式语义又可以细分为以下四种:

1. 递增对举,即数字对举格式中后一数字比前一数字大,此类数字对举一般都表示数量之多。如:

(10) 我最喜欢跟他逛东安市场,那里的店铺五花八门,卖什么的都有。

(11) 那会儿我真有些担心芳芳会因她的洁癖与她的高智商三年五载嫁不出去。

(12) 他说:“我小时候遭遇过三灾八难,都是乡亲长辈们使我死里逃生。”

以上例子中,“五花八门”形容花样繁多的店铺,“三年五载”指时间比较长,“三灾八难”形容经历的灾难很多。

2. 递减对举,指后一数字比前一数字小的数字对举格式,其一般都表示数量、样式之少。比如:

(13) 这些天我咽下多少口气,也不敢招惹人家一星半点,你倒大吼大叫起来了?

(14) 刚一见面儿您三言两语就给我们归类了,您的水平不算低。

(15) 战争不是武林竞技,上得台来,几个回合,三拳两脚,就见高下。

上面各例中,“一星半点”指数量上极少;“三言两语”形容话很少,言语简短;“三拳两脚”形容不多几下拳打脚踢。

3. 相邻数对举,这类数字对举格式中的数字主要是“一、二、三……十”这一数字系统中两个相邻数字的对举,一般强调所占的比例高,有时因为多而显得有些杂乱。

(16) 一排排灰黑色的房舍,潮湿阴暗,真是十室九空。

(17) 从剧场效果,从评委表情,从舆论呼声诸方面看,得奖是十拿九稳。

(18) 她望着窗玻璃上呈爆炸状流动的水珠,水珠的形态令她感到窗玻璃正在四分五裂。

(19) 记者们七嘴八舌地提问,元豹一言不发,白度连声回答。

上述例句中,“十室九空”指十家有九家一无所有,强调人民大量死亡或逃亡后的极度荒凉。“十拿九稳”指十成的机率,占了九成;强调对事情的把握很大。“四分五裂”指事物分散的到处都是,完全不集中。“七嘴八舌”指人多嘴杂,各说各话。

4. 还有一类比较特殊的数字对举格式,即缩略词中的数字对举。这类数字对举是由两组含数词语素的缩略词在长期的并列使用中逐渐形成了紧密结构,最终凝固成为一个能自由运用的语言单位。由于缩略词中的数字是对原并列短语数目的概括,所以在此类数字对举格式中,不论是前数大还是后数大,它表达的都是整体上列举量的增大。例如:

(20) 心下一想,他一个五大三粗的汉子,一包方便面断然是吃不饱的。

(21)只觉得它们南辕北辙而平安共居,三教九流而和睦相邻。

以上例子中,“五大三粗”中“五大”本是对双手大、双脚大、头大的总括,“三粗”则是对腿粗、腰粗、脖子粗的统括;两则并列对举后就整体形容人高大粗壮，身材魁梧。“三教九流”里“三教”指的是儒教、道教、佛教，“九流”指农流，墨流，名流，法流，纵横流，小说流，阴阳流，医流，杂流；缩略成词后就泛指社会上各种行业、各色人物。

（二）悬殊较大的对举格式

主要是指数字系统中表示极小数量的“一”和表示相对较大数量的“三、九、十、百、千、万”的对举（注：在“一、二、三”这个小系统中，“三”是较大的数，即在一生二，二生三，三生万物的世界观中，三是个关键的数字；此外，古人使用“三、九”往往表示虚数，实际指多），这种极小与极大的对举主要用来构成一种强烈的对比或类比。

1. 这种极限对比中，先小数后大数的对比，主要强调大数之大。如：

(22)“好容易熬了一天，这会子瞧见你们，竟如死而复生的一样，真真古人说，‘一日三秋’，这话再不错的。”

(23) 他们都知道，这老爷子从来是一言九鼎的，除非他自己改主意，否则谁也拿他没办法。

(24) 痛失知己使王贤良的情绪一落千丈，说是劝慰劝慰嫂子，结果是两人相对枯坐，半晌无言。

(25) 丰特先生把建筑工地上的脚手架搬上了舞台，来表现处处都在建设中的北京，足可以以一当十。

上述例子中，“一日三秋”“一言九鼎”“一落千丈”“以一当十”这四个数字对举都重在对比强调格式中由较大数字构成的语言片段“三秋”“九鼎”“千丈”“当十”，进而从整体上意指思念之深、说话力量之大、落差之大、能力之强。

2. 先大数后小数的对比，则着重强调经历从事某相同或相似事件的次数、人员等之多，可褒可贬。

(26) 党一手拉扯大的，九死一生捡条命，能不想为党干点什么吗？

(27) 那时候的国内报纸几乎千篇一律都用虚假的新闻欺骗民众。

(28) 让我们万众一心，艰苦奋斗，努力开创扶贫开发的新局面。

这里的“九死一生”“千篇一律”“万众一心”则从鲜明的数字对比中强调小的语言片段“一生”“一律”“一心”之小、之集中，也从整体上喻指幸存的不易，磨难之多；文章的一致，雷同之多；民心的统一，同心协力的人员之多。

(三) “百”“千”“万”相互对举

此种对举，不论是递增还是递减，一定是表示数量之多，而且很多此类对举的前后段可以互换位置。如：千锤百炼/百炼千锤（形容经历了非常多的斗争和考验），千方百计/百计千方（形容使用的方法很多），千言万语/万语千言（形容说的话很多）。

当然，我们不难发现其中仍然有一些极少的例外，这些例外与同数对举一样，主要是表示时间频率的对举（将另文研究），如“三天两头”“五次三番”虽是递减对举，却表示频率之高和次数之多。

三 数字对举格式构式语义成因探讨

通过对数字对举格式进行构式语义分析后，我们不免会问：产生这种对举格式构式语义的原因是什么？对于这一问题，我们将从认知功能语法的角度做一些探讨。

(一) 象似成因

1. 重叠象似性

内容上表达相似概念的同数对举是同一语言形式的反复叠加，以语言形式数量的增加象似于语义上的量多量大，汉语形式的量和语义的量成正相关关系，正如戴浩一（1990）指出的“重叠象似机制”——语言表达形式的重叠（重复）对应于概念领域的重叠（重复）（转引自张敏，1998：178）。[①] 例如：

(29) 是的，这里的一草一木都能勾起他绵绵不尽的回忆，要离开它们了，他陡然感到更加亲切。

(30) 混熟的标志是大家不再过分地注视她，虽然她的一举一动仍使所有人暗暗怀有兴趣。

(31) 那人就是在这个时候出现的，他一瘸一拐地走进了小镇。

(32) 他半闭着眼，不看远处，也不看脚下，就那么深一脚浅一脚的走。

上面例子中分别把“草”“木”“瘸”“拐”“深”“浅”等相同或相近或相反的词语镶嵌进“一……一……”“……一量……一量”这类同数对举的格式里，用词法构造上的反复叠加来表达个体概指整体的意思，或者表达动作量的增大。

2. 量大象似性

在人们的认知体验中，以大数表示大量是其基本规律。“百”“千”“万”构成数字对举就表示量大量多。因为这三个数字都是数字对举格式中所能使用的三个较大的数字，在对举格式中都不确指数目，通常泛指数量之多。它们两两组合对举主要表达事物数量很多，行为次数很多，程度很深的构式语义，带有强调之意。例如：

(33) 对他十分热情，千叮咛，万嘱咐，让他在外面多照应些她的女儿。

---

① 张敏：《认知语言学与汉语名词短语》，中国社会科学出版社 1998 年版。

(34) 老人方寸已乱，千头万绪不知从哪里说起，只是问："你怎么出来了？"

(35) 技法是重要的，可伟大的技法、百发百中的技法正蕴藏在大自然里。

在上面的例子中的"千叮咛，万叮嘱"强调叮嘱的次数非常多；"千头万绪"强调事物的头绪特别多；"百发百中"形容射击命中率很高，比一般的"全部射中"的程度更深。

3. 增减象似性

从认知语法的视角来看，"当某一语言表达式在外形、长度、复杂性以及构成成分之间的各种相互关系上平行于这一表达式所编码的概念、经验或交际策略时，我们就说这一语言表达式具有象似的性质。"①数字由少变多表示量多量大，数字由多变少表示量小量少，这也是一种象似性，符合人们认知的一般规律。异数对举格式就是由形式上数字的递增表示概念意义上量的增大增多或者程度之深，由形式上数字的递减表达概念意义上量小量少或者程度之浅。比如：

(36) 梁师傅："我老梁眼睛里不藏沙子，看得一清二白，告诉他少在咱们面前撒迷魂药！"

(37) 拜客的仪式也和婚礼的仪式相仿佛，照例是三跪九叩，稽首顿首。

(38) 敢在专家面前拿出自己的一知半解的人不是皇帝，便是比皇帝也许更胡涂的傻蛋。

(39) 这种千载一时的机会，希望我那些未中业的同学们好好地利用，免贻后悔。

① 张敏：《认知语言学与汉语名词短语》，北京：中国社会科学出版社 1998 年版。

以上例子中的“一清二白”“三跪九叩”就是由异数对举格式中对举数字的递增来表达概念上量的加深或增加，前者说明程度上量的加深，后者表示行为上量的增加。而“一知半解”“千载一时”则是由数字的递减来表达概念上量小。

4. 悬殊象似性

数字悬殊较大的对举格式就是以前一段为背景、后一段为焦点，并借由前后数字的悬殊之大来形成强烈的对比，以此强调量大，即以数字悬殊之大象似于量大。如下面例句中的“一诺千金”“千钧一发”，分别强调诚信之重、时间之紧迫。

(40) 我深知一诺千金的分量，但我青春花儿般的心没有料到日子会是这样的艰难。

(41) 在那千钧一发之际，正是他那钢铁般的意志起了决定性的作用。

(二) 话题

从话题与命题之间的关系出发，兰布雷希特(Lambrecht，1994：31)对话题做了如下界定：“在特定的情况下，如果某个命题被解释为是关于某个所指(referent)，也就是说，该命题所表达的是有关该所指的信息，同时该信息又能增加受话人对该所指的了解，那么该所指就成了该命题的话题”。[①] 从认知语言学的角度看，我们认为，在话语层面上，话题结构也是一种认知参照点现象，其中话题是一个参照点(reference point)，其目标(target)是一个命题，话题为目标提供认知途径，目标命题则在其限定的认知范围内陈述某一事实。很有意思的是，这种话题式的数字对举格

① Lambrecht, K. *Information Structure and Sentence Form*. Cambridge: Cambridge University Press, 1994.

式，不论是递减式还是递增式，总是倾向于表达量多量大的构式语义。

(42) 作为很容易受经济大气候影响的第三产业，京城猎头业的发展可谓一波三折。

(43) 一排排灰黑色的房舍，潮湿阴暗，真是十室九空。

(44) 这是十年九不遇的机会，你绝不能错过。

(45) 倒是中、青年人，常常三天打鱼两天晒网，或者发懒，不想睁眼，不想起床了，或者感冒了，一连许多天不敢下水。

上述例子里，“一波三折”中话题是“一波”(书法用笔时的平捺)，其作为参照点为目标即命题“三折”(笔锋的三次转换)提供了认知途径，而“三折”则陈述了写平捺时的具体运笔情况；“十室九空”“十年九不遇”“三天打鱼两天晒网”中话题分别是“十室”“十年”和“三天打鱼”(指三天的打鱼时间)，分别作为参照点激活了命题“九空”“九不遇”以及“两天晒网”的内容；相应地，这些命题又具体地陈述了十所房子、十年时间、三天打鱼时间里所发生的详细情况。可以看出部分数字对举格式中，作为话题的前半段激活一个认知辖域，而作为目标命题的后半段则位于这个辖域里，并对话题进行陈述。一个命题出现在一个话题的辖域里，其意思就是这个知识域为话题的正确理解提供了语境。

(三) 概念转喻

认知语言学认为，转喻是人类普遍存在的一种思维方式，是人类最基本的认知手段。人们运用转喻思维，由某一事物联系到同一认知域内与之相邻相关的另一事物。这种认知思维的表现形式主要有：部分转指整体，整体转指部分，成员转指范畴，容器转指内容，原因转指结果等等。另外，为了深入理解转喻思维，Langaeker(1999)还提出了认知突显原则，他认为“人们倾向于谈论和思考具有最大认知突显的事件，并认为转喻能巧妙地协调，兼顾信息最大化原则和认识突显原则；同时，实现了认知突显原则也就实现了经济最大化原则。”①也就是说，在言语交际过程中，人们为了用最短的时间传递最多的信息，往往借助事物最突显的部分或特征来转指抽象的、难以理解的事物本身。分析发现，人类的语言转喻主要表现为两个层面，即语言的形式层面和语言的概念层面，语言形式层面上的转喻使得语言的形式简洁，而概念层面上的转喻使得语言的意义发生改变或延伸。

前面提到有一类数字对举是缩略形成的，往往表示量大。这些数字对举的缩略词就是部分对整体的转指，其语言形式上的转喻就是把几个含有相同语素的并列短语压缩构成四字格的数字对举形式，而概念上的转喻则是由部分的量少来对举表达整体列举的量大，由对具体事物的概括来转喻抽象事物。

(46) 到那时期，也许会听三姑六婆的妖言，把它戒绝，因为一人到此时候，总是神经薄弱，身不由主，难得负责。

(47) 但生意兴隆得不得了，差不多是公开开业，五湖四海的人都寻到了这儿。

上面例句中的“三姑六婆”由对中国民间女性的几种职业的缩略表达来概指社会上各式市井女性，即除了最初九种行业的女性外，还包括其他行业的女性，这就形成了概念转喻(用“看得见或者能了解的事物”转喻那些“大于字面范围的更大范围的事物”)后列举量在整体上的增大；“五湖四海”由对具体的五大湖、四大海的缩略对举来遍指全国各地或世界各地这一抽象的概念，通过以部分转指整体，表达更广的地域范围。

---

① Langacker, R. *Grammar and Conceptualization*. Berlin/NewYork: Moulton de Gruyter, 1999.

四 结 语

本文先从构式的角度对数字对举格式的构式语义进行了细致的分析。构式语法认为,任何一个构式都是形式和意义的对应体。除包含在语法格式即构式之内的组成部分以及它们之间的结构关系外,“构式本身也有意义”,不同的构式有不同的构式意义。由于前后对举数字的相同与否和悬殊的大小,数字对举格式这一构式就有着“全部”“数量多”“程度深”“极少”“反复”等多种构式意义。在此基础上,我们又从认知功能角度出发,总结出了产生数字对举格式构式语义的深层原因,即认知中的象似性动因,话题是认知参照点,认知的转喻思维等原因。

(原刊于《中国社会科学院研究生院学报》2014 年第 4 期)

现代汉语疑问句的语义与逻辑分析

我们知道，语言学不仅要描写分析语言现象，更要能从理论上对这种分析描写加以解释和证明。前人对四类句式结构分类作了大量的描写说明，并在此基础上进一步对它的派生情况或大类进行了分类，但能提出令人信服的解释和证明的并不多。这里，我们试图运用逻辑上的语义关系对四类疑问句式的语义进行分析。

一　范围选择疑问句的语义分析

范围选择疑问句的疑问焦点一般是由两个或两个以上表示选择关系的命题选择项构成的并列结构组成的，只要是合作原则的交际，则选择项中必有一个或一个以上符合实际的答案。

两个命题选择项的范围选择问句，例如：

(1) 美国的对伊战争是胜利了还是失败了？
(2) 你去北京是坐火车乘飞机的？
(3) 你喜欢北京还是上海？

三个命题选择项的列项选择问句，例如：

(4) 你明天是去北京还是上海还是昆明?

(5) 你们昨天上午去的是花溪、青岩还是贵阳?

理论上有无限多个疑问命题项的范围选择问句,但实际运用中三个以上的选择问句很少见,在交际中一般不能成立,也不符合生理的要求,如我们不会也无法说出这样的句子:

*你喜欢北京、上海、南京、苏州、无锡、宁波、杭州……还是广州?

并且各命题选择项必须属于同一个类别,一般不能构成从属或交叉的语义关系,如不能说:

*你是在贵阳还是在贵州读书?(除非问话人不知道贵阳是贵州的省会才会出现此种错误)

*你是学生还是团员?(一般人都不会犯这种常识性错误)

但有些范围选择问句可以由一般命题选择项和特殊疑问词(疑问代词)混合而成,例如:

(6) 你是生气了还是怎么了?

(7) 你去北京坐的是火车、飞机还是什么其它交通工具?

(8) 你最喜欢北京、上海还是其它什么地方?

这种范围选择疑问句的存在,为我们揭示列项选择疑问句与特殊疑问句的语义关系构建了一座桥梁。句中的"其它"一词起到避免并列项交叉从属的关系,说明了它本身与特殊疑问词组合在一起表示排除已有选择项的一系列乃至无穷并列的单个项的概括,如下例中的这种组合表示的语义为“明天＋明天以外的未来的日子”。

你们是明天（去）还是其它什么时候去？

如果缺少“其他（它）”这一词语，则该语句在现代汉语中一般不能成立，因为这种疑问点的表示法不符合汉语并列结构的“不能交叉并列和从属并列”的特点，但实际生活中也有人这样说，这是语言心理机制作用的结果，在认知中存在“其他（它）”，而言语中省略的现象。例如：

(9)？你们是明天（去）还是什么时候去？

我们可以将上述的各种范围疑问句的命题选择项用图表示为：

两个命题选择项（例1—3）　三个命题选择项（例4—5）　一般命题选择项（1～3个）+疑问代词（例6—7）

……未全部选中的类别 ▬ 全部选中的类别 ◎ 单个命题选择项目（1—N个）
▨ 同一类别中单个命题选择项外的“其它+疑问代词”

二　特指疑问句的语义分析

从上面的范围疑问句的分析，特别是单个项与“其它＋疑问代词”的并列使用，我们可以清楚地知道，特指疑问代词是由很多乃至无数单个命题选择项的组合概括而成的，是命题疑问项的集合，如果将这类疑问句的一般选择项删除，同时删除限制疑问代词概括范围的“其他（它）”便构成了特殊疑问句，于是我们可以说，这类“其它＋疑问代词”疑问句是联系一般选择疑问句与特殊疑问句的桥梁与纽带。

在理论上，范围选择项可以由两个或两个以上以至无限多个命题选择项构成，但在实际话语交际中三个以上的列项选择疑问句几乎很少使用。但语言中又确实存在多个命题选择项的语义，例如下面语句的语义。

(10) ？你喜欢合肥、上海、南京、济南、杭州、南昌，还是福州？

(11) ？你认为是深圳、珠海、厦门，还是汕头好？

但上述的例句虽然语义明确，但很难在交际中得到运用，况且有的选择语义的单个选择项的范围是难以穷尽的，例如前文出现的例句：

*你喜欢北京、上海、南京、苏州、无锡、宁波、杭州……还是广州？

人们的话语表达，既要清楚明白，同时又要遵守经济节约，还要符合生理要求，为了避免交际中出现的上述矛盾，于是出现了既能清楚表达语义，又较为经济概括的疑问代词。如下面的两个选择疑问句分别可以用经济适用的疑问代词发问：

(12) ？你喜欢合肥、上海、南京、济南、杭州、南昌，还是福州？

——你喜欢华东的哪座城市？

(13) ？你认为是深圳、珠海、厦门，还是汕头好？

——你认为我国的哪个经济特区最好？

在三溪方言中几乎全用疑问代词表示范围选择疑问的焦点，即使是两个以下命题选择项的选择疑问句(破折号前面的选择形式三溪话一般不说)。

你去北京是坐火车还是乘飞机的？——你是怎么到北京去咥？

你喜欢北京还是上海？——北京跟上海，你欢喜哪一个唉？

你明天是去北京、上海还是昆明？——你明朝到哪个场子去唉？

你们昨天上午去的是花溪、青岩还是贵阳？——你昨家上午到哪场子去哉？

由于疑问代词具有概括性，指代的范围很大，有时用一个或几个定语对它加以限制，如下面的两个选择疑问句分别可以用有定语限制的疑问代词发问：

*你喜欢北京、上海、南京、苏州、无锡、宁波、杭州……还是广州？

——你喜欢中国的哪座城市？

*你是今天、明天、后天、大后天……还是第×天去？

——你哪天去？

范围选择疑问句与特指问句之间的关系是整体与部分、抽象与具体的关系，可以将它们的关系用图表示为：

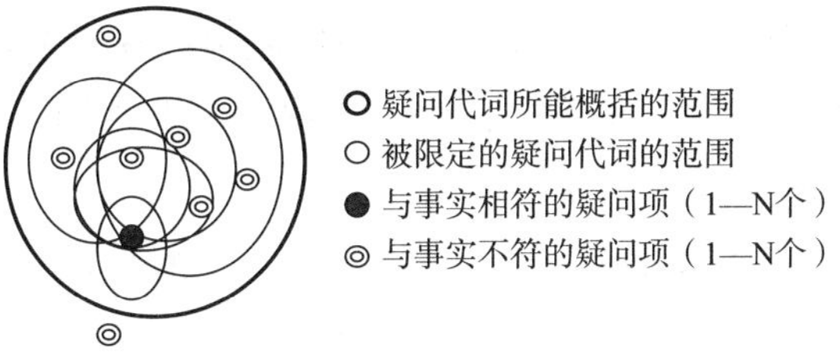

通过上面关于范围选择疑问句与特指疑问句的分析，我们可以了解到从两项到三项乃至更多列项选择问句与特指疑问句之间没有本质的区别，它们所存在的差别只是疑问范围的大小（或者说是疑问选择项的多少）而已。为了经济和适用的原则，把多个疑问选择项换成了具有概括性的集合词——疑问代词或被限定的疑问代词。

三　真假选择问、正反问与是非问的语义分析

上文我们已经分析了真假选择问句、正反问句与“吗”是非问句是等义疑问句，它们都是表示对某一（有且只有一个）命题的真假性质的判断，它们所表示的真假可能性各占二分之一，说话人真假可能的倾向性。例如：

(14) 你明天去不去？＝你明天去还是不去？＝你明天去吗？

(15) 你喜不喜欢游泳？＝你喜欢游泳还是不喜欢？＝你喜欢游泳吗？

可以用图表示为：

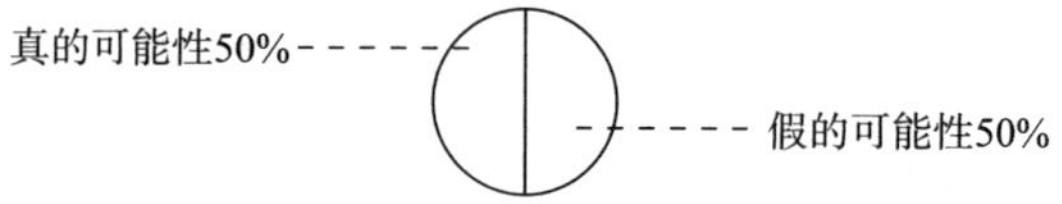

“吧、呗、啊”是非问句也是表示对某一（有且只有一个）命题的真假性质的判断，但它们表示的真假的可能性的比例关系与上述的判断性选择问句、正反问句与“吗”是非问句不同，带有说话人的明显的倾向性。“吧”问句的真的可能性约占 75％，“啊”问句与“呗”问句几乎接近于陈述句，它们的命题的真的可能性各约占 85％、90％（这里的百分比均为相对参照值）。分别例如：

你明天去吧？＜ 你明天去呗？＜你明天去啊？

上式中“＜”代表信息量的大小或者说真的可能性（用图可以分别表示如下）。

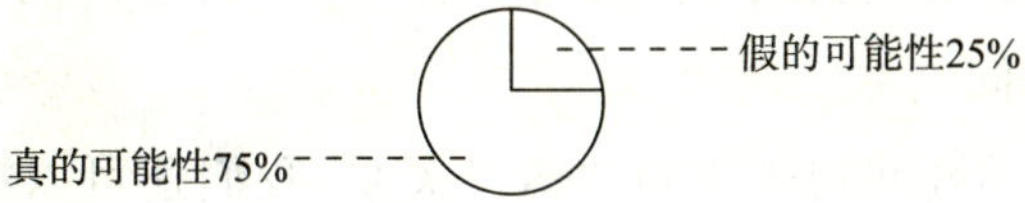

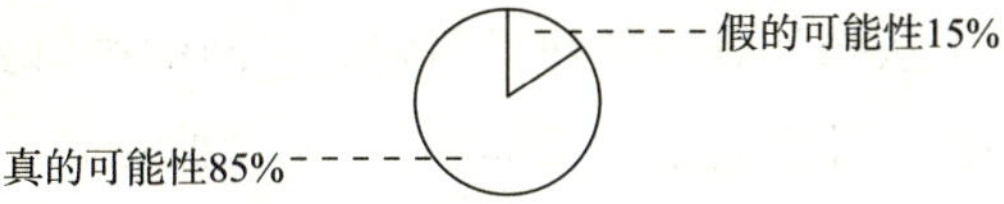

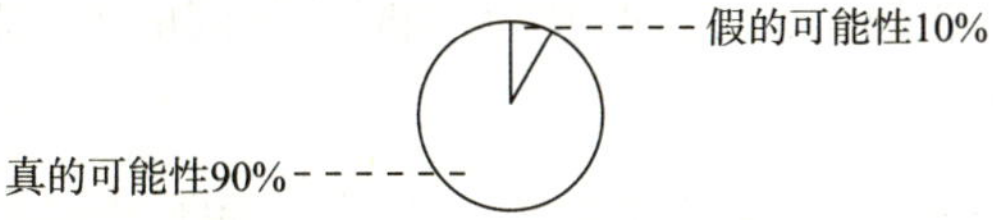

从上面的分析我们可以知道，真假选择问句、正反问句与“吗”是非问句与“吧、啊、呗”是非问句一样，都是表示对单个固定命题真值的疑问，它们具有相同的本质，都是表示对命题真假性质的判断，所存在的区别说话者对真假可能性倾向的程度不同而已。这种二分的语义还可以通过下节的逻辑表达得到说明。

四　各种疑问句式的逻辑表达及关系

分类语义学(Partition Semantics)在这方面的研究对我们很有启发。分类语义学的倡导者有 Groenendijk & Stokhof(1985)、Higginbotham(1996)和 Lahiri(1991)等。根据 Groenendijk & Stokhof，一个问句就是一个对所有可能世界的集合进行分类的功能，类别就包括一组是可能答案的命题的集。也就是说，每组类别对应那个可能世界的集，其中的一个可能的答案为真。Higginbotham 提出了对疑问句的语义解释，它的理论基于这样一个观点，即所有的疑问句都有一个显性或隐性的“whether”，一个是非问句表示一个包含两个层面的类别，一个表肯定答案，一个表否定答案。他还把对是非问句的分析应用到 WH-句中。依照他的观点，一个 WH-问句就是一个带有隐性“whether”的复合的是非疑问句。因此对某区域内的每个X而言，一个WH-问句就是问关于那个X的是非问句。

上节分析的疑问句式之间的语义关系，我们还可以通过逻辑公式把它们清晰地表现出来，下面我们先从句内来看各种疑问句式的语义逻辑公式，然后再从句外分析各种疑问句式之间的逻辑公式的变换，最后在分析的基础上得出我们对疑问句二分法的结论。（以举例分析为主）

（1）“吗”是非问句、正反问句以及判断选择问的语义逻辑表达

言语表达式：你去北京吗？　　你去不去北京？　　你去北京还是不去？

逻辑表达式：{P|P=（你去北京）∨（你不去北京）}

言语表达式：你是昨天去的吗？你是不是昨天去的？你昨天去的，是不是？

逻辑表达式：{P|P=（你是昨天去的）∨（你不是昨天去的）}

（2）“吧”问句、“啊”问句、“呗”问句的语义逻辑表达

“吧”问句的言语表达式：你去北京吧？

“吧”问句的逻辑表达式：{P|P=（你去北京可能性为75%）∨（你不去北京可能性为25%）}

“啊”问句的言语表达式：你去北京啊？

“啊”问句的逻辑表达式：{P|P=（你去北京可能性为85%）∨（你不去北京可能性为15%）}

“呗”问句的言语表达式：你去北京呗？

“呗”问句的逻辑表达式：{P|P=（你去X可能性为90%）∨（你不去X可能性为10%）}

(3) 范围选择疑问句的语义逻辑表达

言语表达式:你去北京还是上海?

逻辑表达式:{P|P=[(你去北京)∨(你不去北京)]∧[(你去上海)∨(你不去上海)]}

言语表达式:你去北京、上海还是广州?

逻辑表达式:{P|P=[(你去北京)∨(你不去北京)]∧[(你去上海)∨(你不去上海)] ∧[(你去广州)∨(你不去广州)]}

言语表达式:你去北京、上海、广州还是其它什么地方?

逻辑表达式:[X]{P|P= [(你去北京)∨(你不去北京)]∧[(你去上海)∨(你不去上海)] ∧[(你去广州)∨(你不去广州)]∧……∧[(你去 X)∨(你不去 X)],其中 X={北京、上海、广州以外的任何地方}

(4) 特指疑问句的语义逻辑表达

言语表达式:你去哪儿?

逻辑表达式:

① 列举式

[X]{P|P=[(你去 X_1)∨(你不去 X_1)]∧[(你去 X_2)∨(你不去 X_2)] ∧[(你去 X_3)∨(你不去 X_3)] ∧……∧[(你去 X_N)∨(你不去 X_N)],其中 Xi={所有地点},i=1…N}

② 概括式

[VX]{ P|P=(你去 X)∨(你不去 X),其中 X={所有地点} }

(5) 两类疑问句关系小结

是非问(或正反问、判断选择问)的各项之间是一种析取关系,只有两个选择项,分别为一真一假,上面我们用符号"∨"表示。

范围选择疑问句是一个包括若干项是非问（或正反问、判断选择问）的复合疑问句，特指疑问句是一个包括限定项或无穷项是非问（或正反问、判断选择问）的复合疑问句；范围选择疑问句和特指疑问句包括的项在两个以上，可以是两个，也可以多于两个甚至是无穷个，各项之间是一种合取关系，上面我们用符号"∧"表示。可见真假问是单个命题真假的析取，而范围问是多个命题真假析取后的合取。

（原刊于《河西学院学报》2018 年第 4 期）

参考文献：

[1] 石安石：《句义的预设》，《语文研究》1986 年第 2 期。

[2] 石毓智、徐杰：《汉语史疑问形式的类型学转变及其机制》，《中国语文》2001 年第 5 期。

[3] 伍雅清：《汉语特殊疑问句的非疑问用法研究》，《语言教学与研究》2002 年第 2 期。

[4] 张伯江：《疑问句功能琐议》，《中国语文》1997 年第 2 期。

[5] 张国宪：《是非问句与正反问句替换的前提限制》，《学语文（皖芜湖）》1989 年第 6 期。

答语与现代汉语疑问句的分类

疑问句的答语是指对疑问句所提问题的回答。一般情况下，它是紧扣疑问句的疑问点进行回答的，但有时疑问句的答语也会出现多于或少于疑问句的疑问点所要求的内容，朱晓亚在《句模语法研究》“疑问句的答语系统”中认为，这类答语属于疑问句所需信息量的增量或减量。我们在本文中主要是想通过对答语的研究，来进一步了解疑问句的语义，并进一步证实对疑问句所作的语义分类的合理性。鉴于此，本文的分析研究只局限于符合疑问句所需信息量的答语，至于答语中出现的增量和减量不是本文要解决的问题，这里也就不作过多讨论。

针对疑问句疑问点所要求的答语，可以分为三种：1. 遵守合作原则的积极回答 2. 遵守合作原则的消极回答 3. 不遵守合作原则的回答。其中最能体现出疑问句与答语之间关系的是第一种，这类答语能清晰的反映出疑问焦点及其内容。通过对它的分析考察，我们可以弄清各种疑问句式之间的深层语义关系和语用价值，为疑问句的语义、语用分类提供积极的证据。这里我们先弄清几个概念：

预设，是指问话人与听话人共享的背景知识，这种背景知识往往暗含在话语当中，不需用明确的命题表示出来。

疑问焦点，是指疑问句中需要听话人做出解答、提供新信息的部分。

遵守合作原则，是指听话人能把握问句的疑问点，并按问话人的要求进行回答。

不遵守合作原则，是指听话人不能把握问句的疑问点，或不按问话人的要求进行回答。

积极回答，是指答话人针对疑问点所提供的有能力的回答。

消极回答，是指答话人因缺乏疑问点所需的信息而作出的没有能力的回答。

下面我们将对疑问句的答语，特别是合作原则的积极回答作一详细的分析，这里的分析主要是疑问答语的肯否情况，通过分析进一步明确各类疑问句式之间的语义和语用关系。

一　合作原则的积极回答

合作原则的积极回答，是指听话人理解了问话人的疑惑之处，并认为知道或大致知道问题的答案而作的回答，这种答语一般能消除或部分消除问话人的疑惑，从而能使问答交际得以圆满完成。例如：

(1) 甲：你昨晚睡觉做梦了没有？

乙：做了。/没做。（问及听话人自己所做过的事）

(2) 甲：你知道小民是哪里人吗？

乙：听口音应该是浙江人。（问及他人的相关事件，且听话人自认为知道答案时）

这种答语首先可以分为两种大的情况（特别是问他人的相关事件时）：真回答和假回答。“真回答”与“假回答”之间的区别在于答话人是否遵守了“会话合作原则”中的“质”的准则。“真回答”完全遵守了“会话合作原则”中“质”的原则，即答语不仅满足了问话人的需要，而且其内容与客观事实相一致。而“假回答”的答语则是客观上或主观上不遵守“会话合作原则”中“质”的原则。因此假回答又细分为两种情况：

一种是客观上不能遵守“质”的准则。从语义上看，所给出的答语与客观事实不一致或不完全一致；但从语用上看，答话人有着合作的意愿，愿意满足问话人疑问的需要。之所以提供了假的回答，是因为答话人不知道自己所提供的是假信息。因此，即便答语的真值为假，也应算作是遵守合作原则的回答，所以这类答语应属于遵守合作原则的积极回答；

另一种是主观上不愿遵守“质”的原则。从语义上看，所给出的答语与客观事实不一致或不完全一致；而且从语用上看，答话人不愿满足问话人疑问的需要，即他在明知答案为假的情况下，仍然作出虚假的回答，这无疑是在欺骗、蒙蔽对方。这类假回答又可以分为“回绝、回避、回问、回驳”四种，它们都属于不遵守合作原则的消极回答，我们将在第三节单独进行讨论。

下面我们分别通过举例来看看合作积极回答中真假回答的情况。

真回答是指听话人的答语符合或基本符合实际的情况。如上例：

(3) 甲：你知道小民是哪里人吗？

乙：听口音应该是浙江人。（问及他人的信息，听话人自认为知道答案，且小民事实上就是浙江人）

假回答是指听话人的答语不符合实际的情况。例如：

(4) 甲：你知道小民是哪里人吗？

乙：听口音应该是浙江人。（问及他人的信息，听话人自认为知道答案，但小民事实上不是浙江人，而是上海人）

不论是真回答还是假回答，它们都是针对疑问句的疑问焦点所作出的回答，都能把握住疑问句中的疑问点。如上例答语中的“浙江人”，不论是真回答还是假回答，所针对的都是疑问句中的疑问焦点“哪里人”来进行的，即都是关于某人的籍贯问题。

下面我们将通过分析与疑问句密切相关且能反映疑问点的语义内容和语用功能的答语(即遵守合作原则的积极回答)来探讨疑问句的分类问题。在现代汉语疑问句的四种基本句式中,其肯定答语与否定答语的分布情况是明显不同的,其中特殊疑问句和范围选择疑问句答语的肯、否分布情况基本上一致,而正反问、是非问以及真假选择问答语的肯、否分布情况也基本一致。也就是说,我们也可以用疑问句答语所反映的肯、否情况来证明疑问句的语义、语用分类。

(一)特指疑问句与范围选择疑问句①的答语肯否情况的分析

根据分类语义学和伍雅清的观点,这类疑问句是在两个或两个以上的命题中选定一个或多个命题,以消除问话人的疑惑。只要是合作原则的积极回答,其答案一般来说都是肯定的。例如:

(5) 甲:这台电脑是从哪里买来的?(特指疑问句)
乙:从新潮电脑城买来的。

(6) 甲:你是北京人还是上海人?(范围选择疑问句)
乙:我是上海人。

(7) 甲:你是北京人、上海人还是其他什么地方人?(特指与范围选择疑问句的结合式)
乙:我是安徽人。

如果答话人对答案相当肯定,有时还会采取强调的答语,即在答语中使用"一定、肯定、绝对"之类的词语,一般用于问答他人的相关事件(包括

① 本文的"范围选择疑问句"是指问句的选择肢为两个以上的不同命题,如"你去北京还是上海?"包括"你去北京"和"你去上海"两个不同命题的选择肢。范围选择疑问句以外的选择疑问句为真假选择疑问句,其两个选择肢分别为同一个命题的肯定形式或否定形式(根据矛盾律,一般是一真一假),如"你去还是不去?"包括"你去。"这一命题的肯定形式"你去"和否定形式"你不去"。

有人称为是非特指疑问句[①]的句子)。如:

(8) 甲:你知道他是哪里人吗?

乙:听口音肯定是广东人。

(9) 甲:张文涛是干什么的?

乙:绝对是个老师,因为你经常可以看到他满身的粉笔灰。

有时也用重音来强调,或者用声音的拉长或重复词语来表示强调。

(10) 甲:你知道他是哪里人吗?

乙:听口音肯定是广东人。

(11) 甲:你家有几口人?

乙:三——口人,你都问了好几遍了。(稍有不耐烦)

(12) 甲:张文涛是那里人?

乙:广东人广东人,你老问这个干什么嘛?(稍有不耐烦)

遵守合作原则的积极回答一般不会是否定回答,如一般不会有这样的问答:

(13) 甲:东方明珠是指哪座城市?

乙:不是指上海。(在答话人认为自己掌握了相关信息时)

(14) 甲:你今年多大了?

乙:不是三十二岁。(问及答话人自身情况,实际上是三十二岁)

① 一般认为这种疑问句是由两个不同形式的问句组合而成的。如"你知道他在什么地方吗?"可以理解为特指疑问句"他在什么地方?"和是非疑问句"你知道吗?"两个不同形式的疑问句组合而成。

当然，上面的两个例子也可以用“不知道”来回答，但这已不属于遵守合作原则的回答，不在本节所讨论之列。

这里的回答是听话人自认为所了解的答案是正确的或基本正确的，但实际上并不一定符合实际情况，所以也分为真假两种回答。

例(13)中，如果听话人对“东方明珠”的了解是错误的(如认为“东方明珠”是指“北京”)，就会出现如下的假回答：

(15) 甲：东方明珠是指哪座城市？

乙：北京。(在答话人认为自己掌握了相关信息时，但其信息与实际不符)

例(14)中，当听话人不想将真实的年龄告诉对方，但又不愿不合作问话人，于是编出一个虚假的年龄来合作问话人，于是作出了如下的回答：

(16) 甲：你今年多大了？

乙：二十五岁。(答话人实际是三十二岁，不愿别人知道自己的真实年龄而做出的假回答)

在特指疑问句与范围选择疑问句中，有时答话人不能完全掌握问句所需要的信息，只了解大致情况，就往往会在答语中用“也许、好像、可能、很可能”之类的词语，构成“肯定—否定连续统”。但这类疑问句所表示的可能性一般在50%以上，即肯定的倾向大于否定的倾向，当然也存在真假两种回答。例如：

(17) 甲：东方明珠是指哪座城市？

乙：好象(可能)是指上海。(真回答)/ 好像(可能)是指北京。(假回答)

(18) 甲：小华今年多大了？

乙：很可能是三十二岁。（真回答）/ 很可能是二十五岁。（假回答）

以上两例都是因答话人所掌握的信息不充分而可能作出的各种答语。这种可能的回答还可以使用是非疑问句中的“吧”问句来回答，如上面的答语可以分别改为：

（17’）是指上海吧。（真回答）/ 是指北京吧。（假回答）

（18’）是三十二岁吧。（真回答）/ 是二十五岁吧。（假回答）

或者可以将表示可能的词语与“吧”连用来表示这种不确定的回答。上面答语还可分别改为：

（17”）好象（可能）是指上海吧。（真回答）/ 好像（可能）是指北京吧。（假回答）

（18”）很可能是三十二岁吧。（真回答）/ 很可能是二十五岁吧。（假回答）

上面的各例，不论是真回答还是假回答，也不论是可能回答还是肯定回答，只要是遵守合作原则的积极回答，就只能是肯定形式回答，而不能是否定形式回答。如下面的回答就不能成立：

（19）甲：东方明珠是指哪座城市？

※乙：不是指上海。/ 不是指北京。（答话人认为自己掌握相关信息且愿意遵守合作原则）

（20）甲：你今年多大了？

※乙：不是三十二岁。/ 不是二十五岁。（答话人知道自己的年龄且愿意遵守合作原则）

当肯定程度低于50%时，答话人往往采取消极回答的形式(具体分析见下节)。也就是说，特指疑问句或范围选择疑问句的积极回答，一般是以50%为最低肯定点，且其否定方向是封闭的，而肯定方向却是开放的，直至完全肯定，即呈现出从50%到100%这一特定的肯定性的范围。可以用坐标轴表示为：

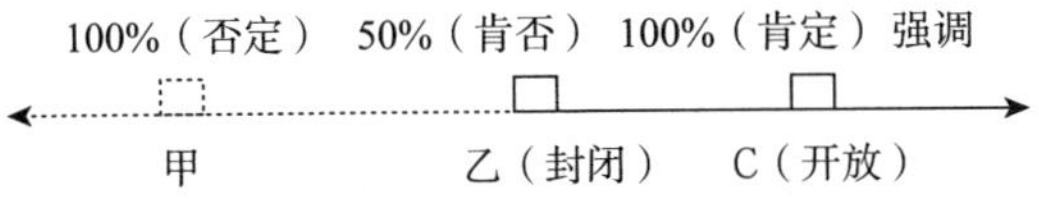

答语肯否关系图

图中表示的是范围疑问句，主要包括特指疑问句和范围选择疑问句，在遵守合作原则的积极回答中所表现出的答语的肯否关系。其中乙甲线段所表示的否定倾向大于50%，肯定倾向小于50%，这里用的是虚线，表示该类疑问句的合作原则的积极答语不出现此类情况；乙C线段所表示的肯定倾向大于50%，否定倾向小于50%，这里用的是实线，表示该类疑问句的合作原则的积极答语出现此类情况。又由于该类答语所表现出的性质呈现为一条线段，从而可以得出结论：特指疑问句和范围选择疑问句的积极答语，在肯否关系上具有单向性，在否定的方向上是封闭的，封闭的节点为肯否均为50%的乙点，在肯定的方向上是开放的，在理论上可以由乙往C无限延伸，当然在实际的语言交际中，是有选择的，不可能做到延伸的无限性。

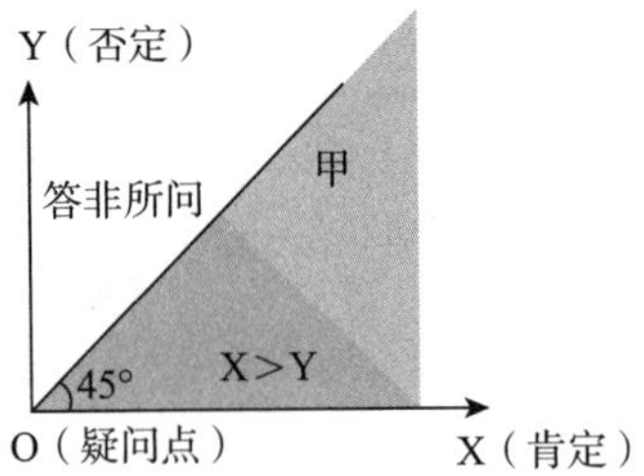

答语的肯否情况与疑问焦点关系图

O甲与X轴围成的45°扇形区域为特指疑问句或范围选择疑问句合作积极回答的答语所可能出现的范围，取其中任何一点，肯定性X大于否定性Y(相当于肯否关系图中的乙C段)，而O点为疑问句的疑问点，发问者所疑惑之点。

(二) 判断(真假)选择疑问句、正反问和是非问的肯否情况分析

根据分类语义学和伍雅清的观点，这三种疑问句式的问句中只包含一个命题，也就不存在命题选择的问题，这种疑问句中的疑问点主要体现在对该命题的真假性质进行确认。

这些疑问句的答语，与上一节分析的特指问句和范围选择问句的答语有着明显的不同，同样是在遵守合作原则作出积极回答的情况下，它可以是肯定的，也可以是否定的。例如下面的回答根据有关事实既可以是肯定的又可以是否定的：

(21) a. 甲：你明天去还是不去？
乙：我明天去。/我明天不去。
b. 甲：你明天去不去？
乙：我明天去。/我明天不去。
c. 甲：你明天去吗？
乙：是的，我明天去。/不，我明天不去。
d. 甲：你是不是明天去？
乙：是的，我是明天去。/不，我不是明天去。
e. 甲：你是明天去不是？
乙：是的，我是明天去。/不，我不是明天去。

在肯定形式和否定形式的答语中，根据形式逻辑“矛盾律”，必然有一真一假。例如：

(22) 甲:李小建是不是昨天去广东的?(实际情况:李小建前天去的广东)

乙:是的,他是昨天去广东的。(肯定形式的假回答)/不是,他不是昨天去广东的。(否定形式的真回答)

(23) 甲:中国是不是世界上人口最多的国家?(实际情况:中国是世界上人口最多的国家)

乙:是的,中国是世界上人口最多的国家。(肯定形式的真回答)/不是,中国不是世界上人口最多的国家。(否定形式的假回答)

不仅如此,肯定和否定回答都存在可能的答语,这种可能的答语往往要用上“也许、好像、可能、很可能”之类的词语来表示,例如:

(24) 甲:贵州大学通过了教育部本科评审没有?

乙:可能通过了。/可能没通过。

(25) 甲:现在安徽的“非典”最严重吗?

乙:好像是。/好像不是,听说北京现在更严重些。

有时将“可能”放在否定词之后,构成“不可能、不太可能”等表示对否定的倾向的强调。例如:

(26) 甲:贵州大学通过了教育部本科评审没有?

乙:学校准备得这么充分,不可能没通过。

(27) 甲:现在安徽的“非典”最严重吗?

乙:不太可能,听说北京、广东、陕西等很多城市都比安徽严重得多。

而且肯定和否定回答还有它们共同的强调式,一般要用“一定、肯定、绝对、确实”等之类的词语，例如：

(28) 甲：结婚后，小孩成了夫妻关系的纽带，不是吗？
乙：是的，很多家庭确实如此。

(29) 甲：他是昨天去北京的吗？
乙：肯定是昨天去的/肯定不是昨天去的。

有时用重音强调疑问焦点标记词来替代“一定、肯定、绝对、确实”等的作用（但其强调语义稍有程度的差别），例如上述的例句可以分别换为：

(30) 甲：他是昨天去北京的吗？
乙：是昨天去的/肯定不是昨天去的。

(31) 甲：是不是小江开车去上海的？
乙：是小江开的车，昨天一起去上海的只有他会开车。

还可以用声音的重音拉长或重复词语来表示强调，此种强调形式比原强调形式所强调的程度更深，例如：

(32) 甲：结婚后，小孩成了夫妻关系的纽带，不是吗？
乙：是的，很多家庭确——实（确确实实）如此。

(33) 甲：他是昨天去北京的吗？
乙：肯——定是昨天去的/肯——定不是昨天去的。

从上面的考察我们可以知道，判断（真假）选择疑问句、正反问和是非问的答语不仅可以朝肯定的方向延伸，而且还可以朝否定方向延伸；而且不论肯定与否定，它们都存在中间的可能状态，既有肯定倾向的连续，又有否定倾向的连续：

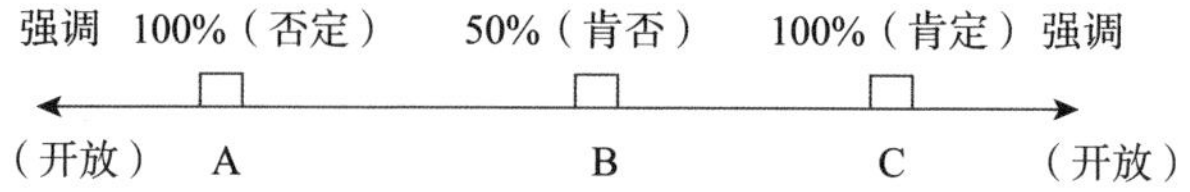

答语肯否关系图

图中表示的是真假判断疑问句，主要包括判断(真假)选择疑问句、正反问和是非问句，从遵守合作原则的积极回答中表现出的答语的肯否关系。其中BA线段所表示的否定倾向大于50%，肯定倾向小于50%，这里用的是实线，表示该类疑问句的合作原则的积极答语出现此类情况；BC线段所表示的肯定倾向大于50%，否定倾向小于50%，这里用的也是实线，表示该类疑问句的合作原则的积极答语出现此类情况。又由于该类答语所表现出的性质呈现为一条直线，从而可以得出结论：判断(真假)选择疑问句、正反问和是非问句的合作积极答语，在肯否关系上具有双向性，在向肯定和否定的方向上都是开放的。肯否程度均为50%的B节点，在理论上，既可以在肯定的方向上由B往C无限延伸，又可以在否定的方向上由B向A无限延伸，当然在实际的语言交际中，是有选择的，不可能做到延伸的无限性。

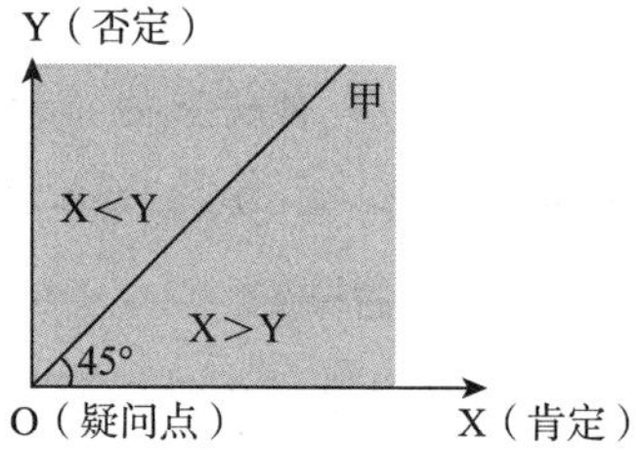

答语的肯否情况与疑问焦点关系图

O甲与X轴围成的45°扇形区域为特指疑问句或选择疑问句合作积极回答的答语肯定性倾向所可能出现的范围，取其中任何一点，肯定性X大于否定性Y(相当于肯否关系图中的BC段)；O甲与Y轴围成的45°扇形区域为特指疑问句或选择疑问句合作积极回答的答语否定性倾向所可能出现的范围，而取其中任何一点，肯定性 X 小于否定性 Y(相当于肯否关系图中的 AB 段)，O 点为疑问句的疑问点，发问者所疑惑之点。

（三）上述答语的逆回答形式

所谓的逆回答是指用肯定式的反义词加上否定词语构成的回答(相应地，我们称上述的回答为正回答)，如问“某人好不好?”可以正回答“某人还好”，也可以用逆回答“某人不错”来回答，此外还有“还不错、很不错、相当不错”等，但不说“某人错”。它们的肯否关系并没有发生根本性的改变，只是换用了不同的表达形式而已，如用“不错”是用否定的形式来表达对某人品质的肯定，而且这种表达只用于对性质状态等的提问当中。

（四）小结

通过上面的几点分析，我们可以得到下面的一些结论:(1) 不论是真回答还是假回答，只要是针对疑问点的合作性的积极的回答，它们都能体现疑问点的深层语义内容，也就是说，我们可以通过对它们的分析来分析各类疑问句式的语义和语用差别。(2) 通过分析可以知道，特指疑问句和范围选择疑问句的合作积极的答语只能是肯定性的，即肯定的倾向要大于否定的倾向，呈现为一条单向的线段(朝否定方向是封闭的，而朝肯定方向却是开放的)，其答语和疑问点关系图只占坐标轴第一象限 X 正方向 45°的一个扇区(包括 X 轴)；而判断选择疑问句、正反问和是非问的合作积极的答语既可以是肯定性的，即肯定的倾向要大于否定的倾向，又可以是否定性的，即否定的倾向要大于肯定的倾向，从而呈现为一条向两端开放的直线(朝否定方向和朝肯定方向都是开放的)，其答语和疑问点关系图占据了坐标轴的整个第一象限(包括 X 轴和 Y 轴)。(3) 从图象的比较分析中我们可以看出，能体现疑问焦点的答语(合作原则的积极答语)在肯否关系上存在着明显的两大类别，即特指疑问句和范围选择疑问句一类的答语与判断选择疑问句、正反问和是非问一类的答语之间有着本质的区别，而两者内部各形式的疑问句之间却存在着肯否关系的一致性。(4) 实际运用中,连续统的表现是以有选择的点来作为代表的。

二　合作原则的消极回答

所谓合作原则的消极回答是指答话人掌握了疑问点,但却无法提供与疑问点相关的信息而作出的消极回答。这种回答一般是采用否定的形式,但这时否定的对象不是问话的列项选择项或肯否选择项,而是自己对疑问点的认知情况。这种对自己认知情况的否定与对命题的真假判断是有本质区别的,它往往用“不知道”或“不清楚”来回答。例如:

(34) 甲:你知道徽州师专是什么时候升格为黄山学院的吗?
乙:不(太)清楚。/不知道。(确实不知道徽州师专是什么时候升格为黄山学院的)

(35) 甲:小民的父母什么时候离的婚?
乙:不(太)清楚。/不知道。(确实不知道小民的父母什么时候离的婚)

(36) 甲:张渊华明年去上海打工还是去浙江?
乙:我也不太清楚。/不知道。(确实不知道张渊华明年去上海打工还是去浙江)

有时这种否定所针对的不是疑问点的认知情况,而是疑问句预设的认知情况。例如:

(37) 甲:张渊华明年去上海打工还是去浙江?
乙:哪个张渊华,我不认识。(答话人确实不认识张渊华)

(38) 甲:卧龙自然保护区在哪个省份?
乙:什么卧龙自然保护区?我没听说过。(答话人确实没听说过卧龙自然保护区)

这里对预设进行的认知否定，与不合作原则的同一形式的否定在语用上有着本质的不同，这里对预设进行的认知否定不是答话人的意愿，即答话人没有不合作的倾向（不是明知答案的故意否定），而是根据实际的认知情况所作的回答，在听话人的主观意愿上是尽了最大努力进行合作了的。

有时，不是否定认知，而是对预设的内容直接否定。例如：

(39) 甲：我们现在是什么朝代？

乙：现在没有朝代这个概念，又不是封建社会。

三　不合作原则的回答

不合作原则的回答，是指听话人理解问话人的疑问点，并知道答案，但不愿意配合提问而做的回答，一般有以下几种：回绝、回避、回问、回驳。下面我们来具体举例分析四种不遵守合作原则的回答。

（一）回绝是指答话者知道问句的答案，但不愿意回答，它采用的回答方式与合作原则的消极回答一样，主要用“不知道、不清楚”之类的答语、不再提供任何信息的回答。例如：

(40) 问：今晚礼堂有没有电影？

答：不知道。（问话者知道问题的答案，但不愿意讲）

回绝还有自己特有的回答形式如“无可奉告”等，这种回答不仅是不愿意讲，而且是暗示问话人：是在自己知道答案的情况下不愿提供任何信息，这明显是一种不顾情面的回答。例如：

(41) 问：现在你们的关系怎么样了？

答:无可奉告。(是在答话人知道答案的情况下不愿提供任何信息)

(二) 回避是指答话者知道答案,但作出的回答却是与问句无关的一个语句或者是问句预设的命题或预设所蕴涵的命题,王建平分别称之为"话题回避、预设回避"。其举例为:

某局一职工问局长:"我的房子问题这次能解决吗?"局长回答:"昨晚的电影不错啊"。这也许是由于事情还没有最后决定,局长不便于直接回答,也许是由于种种复杂关系,当然,也可能是这位局长打官腔。——这叫话题回避

问:"谁打死了老虎?"答:"当然是有人打死了老虎喽。"回答者不说"武松打死了老虎",而回答的是原问句所预设的一个命题:"有人打死了老虎",这等于什么也没有告诉问话者。——这叫预设回避

(三) 回驳是指答话者知道答案,但他的回答是对问话者问句预设命题或预设所蕴涵命题的否定。例如:

(42) 问:"你戒烟了吗?"(预设:"你常抽烟")
答:"我从不吸烟"。

(43) 特务问李侠:"你的上级在哪儿?"(预设:你有上级)
李侠说:"我根本就没有什么上级"。

(44) 问:"鬼是红脸的,还是青脸的?"(预设:鬼是存在的)
答:"根本就不存在什么鬼"。

(四) 回问有两种,一种是愿意回答,为了要求证实或赢得考虑回答的时间,而重复对方的问话,可归入合作原则的消极回答。包括部分回问和整句回问两种,分别例如:

(45) 问:你最近怎么样?

答:什么怎么样? ——部分回问

(46) 问:你在干什么呢?

答:你为什么要问我干什么? /我干什么你管得着吗? /你为什么要问我? ——整句回问

一种是回答人对问句不能或不愿意作正面回答,另外推出一个针对问句,但不问问句的问句,例如:

(47) 问:你在干什么呢?

答:你呢?

(48) 问:他是不是昨天去过?

答:你怎么知道有人去? /你昨天到哪儿去了?

四 结 语

在以上分析的各种答语中,最能体现疑问句语义的答语是合作原则的积极回答,合作原则的消极回答一般不能给问话人提供有关疑问点的信息,不论是正确的(真回答)还是不正确的(假回答),不合作原则的回答,不仅不能提供有关疑问点的信息,而且提及一些疑问点无关的其它的一些事,或反宾为主,让问话人回答另一个问题。因此,疑问句的语义语用分类,在答语中只能以合作积极回答为依据,而不能以合作积极回答以外的答语为依据。根据合作积极答语的肯否情况,可以将疑问句分为多命题判断的范围疑问句(包括特指疑问句和范围选择疑问句)和单命题判断的真假疑问句(包括是非问句,正反/反复疑问句和真假选择疑问句)。

(原刊于《贵州民族学院学报(哲学社会科学版)》2004 年第 1 期)

参考文献：

[1] 伍雅清:《汉语特殊疑问词的非疑问用法》,《语言教学与研究》2002 年第 2 期。

[2] 王建平:《对问句的几种应对方式》,《逻辑与语言学习》。

[3] 陈前端、赵葵欣:《浅析是非问句应答方式的语言共性》,《汉语学习》1998 年第 3 期。

[4] 杨惠芳:《论语言交际中合作原则的违反》,《江汉大学学报》1992 年第 2 期。

汉语疑问句的语用转换与信息含量

人们从句法结构上给疑问句分出了较为公认的四类:特指问句、选择问句、是非问句和正反问句(这里包括很多学者提到的反复问句或附加问句)。徐杰、张林林在《疑问程度和疑问句式》一文中把疑问程度与疑问结构对应起来进行研究,把疑问句按语气分为四类:最高、次高、次低、最低,并以此为纲收容句式,并列表以示其关系,最后得出两条结论:① 疑问程度愈低,其表达形式愈灵活,可选用的疑问句式愈多;② 高程度疑问的典型句式的适用范围最广泛。

由此我们可以了解,各种形式的疑问句式之间在语义和语用上有着相似相通之处,在实际的言语交流中可以相互变换,语义上的细微差别,基本上不影响人们的日常交际,即能达到相同的语用效果,下面我们就根据它们的变换情况来了解四种基本的疑问句式间的语用信息含量。

一 “特指问句”和“选择问句”之间的变换

普通话中,选择问句和特指问句之间存在着语义相似和语用等价的变换关系。即某些选择疑问句可以变换为特指疑问句,疑问范围扩大后,并不影响语用交际效果,照样能使自己的疑问点得到表达;反过来说,某些特殊疑问句变换为选择疑问句后,不论选择内容是否包含所需答案,也同样能使自己的疑问点得以表达,但需要在一定的条件下才能实现。[①]下面我们就来具体探讨它们之间的变换关系。

(一)某些"选择疑问句"可以转换为"特殊疑问句"

一般说来,某些选择疑问句可以转换为特指疑问句而不影响语用交际效果,后者可以满足前者相同的交际需要。例如:

(设定下面各对中的两种问句形式为同一问话人在同一时间地点向同一个人发问)

(1)你明天是去北京还是上海?去上海。可以转换为:你明天去哪里?去上海。

(2)你明天是去北京还是上海?去北京。可以转换为:你明天去哪里?去北京。

(3)你明天是去北京还是上海?我既不去北京也不去上海,我去南京。可以转换为:你明天去哪里?去南京。

(4)你明天是去北京还是上海?我哪里都不去。可以转换为:你明天去哪里?我哪里都不去。

上述的范围选择问话形式虽然改用了特指疑问形式,但答话人仍会根据问话人的疑点要求给出自己的答案。这说明,特指疑问形式实际上也包含了范围选择疑问形式所提出的疑问要求。

不过这些可以转换的选择疑问句,都是针对疑问范围而发的,并非针

① 在"选择问句"和"特殊问句"之间似乎是存在着"疑问范围"上的大小之分的。后者的范围应该比前者大,这就好比试题类型中的"回答题"(相当于"特殊疑问句")和"选择题"(相当于"选择疑问句")一样。当变换导致"疑问范围"发生变化以后,我们应该这样来约定:当问句中的"疑问范围"由大变小时,问话人的信息需要量应该是减少了;反之,若问句中的"疑问范围"由小变大时,则是问话人的信息需要量增加了。

对整个命题的真假而发。如下面的选择问句就不能转换为特殊疑问句：

(5)“你明天去还是不去?”一句就无法把疑问点“去还是不去”转换成特殊疑问句形式。

(6)“昨天晚上下没下雨?”同样也无法把疑问点“下没下”转换成特殊疑问形式。

(7)“她明天会不会来?”中的疑问点“会不会”也不能转换成特殊疑问形式。

(二)“特殊疑问句”可以转换为“选择疑问句”

一般说来,特殊疑问句可以转换为选择疑问句也不会影响语用交际效果。例如：

(假定以下例句答话人的实际目的地是上海)

(8) 你明天去哪里? 去上海。可以转换为:你明天去北京还是上海? 去上海。

(9) 你明天去哪里? 去上海。可以转换为:你明天去北京还是广州? 我既不去北京也不去广州,我去上海。

(10) 你明天去哪里? 我哪儿也不去。可以转换为:你明天去北京还是上海? 我哪儿也不去。

但是,这里应该区分两种情况。第一种情况是:从特殊疑问句转换而来的选择疑问句,其疑问选项中包含了疑问点所需要的答案。这时,特殊疑问句和选择疑问句在语义上都包含了疑问点所需的答案,因而都能使听话人从疑问项中找到答案。如上述的例(8),再如：

(11) 小明什么时候结婚的? 上个星期天。可以转换为:小明是上个星期六还是上个星期天结婚的？上个星期天。

这种转换一般需要一个预设：就是说话人认为自己大致知道疑问点所在的范围（他对这种范围的预测是符合事实的），这是转换所必需的条件。比方（11）中，说话人认为自己对"小明结婚"的时间范围是大致知道的，即"不是星期六就是星期天"。

第二种情况是：原来的特殊疑问句包含了疑问点所需要的答案，而转换成的选择疑问句不包含疑问点所需要的答案。在这种情况下，听话人不能从范围选择问句中选择答案，他一般会纠正说话人提出的疑问点，给出正确的答案。如上述的例（9），再如：

（12）你是什么时候去的南京？上个月五号。可以转换为：你是上个月一号还是二号去的南京？不是一号也不是二号，是五号。

这种转换所必需的条件是，同样需要一个预设：即说话人认为自己大致知道疑问点所在的范围，即使他对疑问范围的预测是不正确的、不符合事实的。

此外，有时还会出现特殊情况：即答话人对问句中的预设提出否定，如上面的例（10）："你明天去哪里？"中就必然包含了"你明天要动身"的预设，而"我哪也不去"的回答正是对该预设的否定。但是我们认为，只要问话人认定自己对于对方要动身到什么地方的预测是正确的，那么他就可以提出像例（10）这种不仅预测范围错误，而且连预设也不成立的问句来。

二　"选择问句"与"正反问句"之间的转换

针对谓语中心语的正反问句可以无条件相互转换为选择问句。

(一) 针对谓语中心的“正反疑问句”转换为“选择疑问句”

这种转换一般不需要具备信息增减(疑问范围的变化)的条件：

(13) 你明天去不去北京？可以转换为：你明天去北京还是不去？

(14) 你有没有去过北京？可以转换为：你去过北京还是没去过？

(二) 在一定条件下，针对非谓语中心的“正反疑问句”可以转换为“选择疑问句”

(15) 他是不是昨天去的北京？可以转换为：他是昨天去的北京，还是前天去的？

(16) 他去的是不是北京？可以转换为：他去的是北京，还是天津？

第二类正反问的转换一般需要问句中疑问范围的变化，如上面的两个例句转换后分别增加了“前天”和“天津”两个词语，这样，问话人的信息需要量就相应减少了，疑问范围随之发生了变化。因此，在疑问范围保持不变的情况下不能进行这样的变换：

(17) 他是不是昨天去的北京？不能转换为：※他是昨天去的北京，还是不是昨天去的北京？

(18) 他去的是不是北京？不能转换为：※他去的是北京，还是不是北京？

(19) 是不是小王做的好事？不能转换为：※是小王做的好事，还是不是小王做的好事？

（三）"选择疑问句"转换为针对谓语中心的"正反疑问句"

这种转换一般无需具备信息增减或疑问范围变化的条件：

(20) 你明天去北京还是不去？可以转换为：你明天去不去北京？

(21) 你去过北京还是没有去过？可以转换为：你有没有去过北京？

（四）在一定条件下，"选择疑问句"可以转换为针对非谓语中心的"正反疑问句"

(22) 你是昨天去北京的，还是前天去的？转换为：你是不是昨天去的北京？

(23) 你是上午去的，还是下午去的？转换为：你是不是下午去北京的？

这第二类正反问的转换一般反映了问话人信息需要量的增加，如上面的两个例句转换后分别减少了"前天"和"上午"两个词语，因此疑问范围就相应地扩大了。故在不扩大疑问范围的情况下就不能作如下的变换：

(24) 你是不是昨天去的北京？不能从后句转换而来※你是昨天去北京的，还是不是昨天去的？

(25) 你是不是下午去的？不能从后句转换而来※你是下午去的，还是不是下午去的？

三 “选择问句”与“是非问句”之间的变换

(一)针对谓语中心的“是非疑问句”转换为“选择疑问句”

其中,例(27)的转换是在问话人信息量减少的情况下进行的,因而其疑问程度在转换之后增强了:

(26)你去北京吗?去。可以转换为:你去北京还是不去?

(27)你没去过北京吧?去过。可以转换为:你去过北京没有?

(二)在一定条件下,针对非谓语中心的“是非疑问句”转换为“选择疑问句”

(28)你是昨天去北京的吗?可以转换为:你是昨天去北京的,还是前天去的?

(29)你坐火车去北京的吗?可以转换为:你是坐火车去北京的,还是乘飞机去的?

这类是非问的转换一般反映的是问话人信息需要量的增加。如上面的两个例句转换后分别增加了“前天”和“乘飞机”两个词语,对“昨天”和“坐火车”的确定性明显减弱,问话人的信息需要量就增加了。因此在问话人的信息需要量不增加的情况下不能作如下的变换:

(30)你是不是昨天去的北京?不能转换为:※你是昨天去北京的,还是不是昨天去的?

(31)你是不是坐火车去北京的?不能转换为:※你是坐火车去

北京的，还是不是坐火车去的？

（三）“选择疑问句”转换为针对谓语中心的“是非疑问句”

其中例（33）的转换是在问话人信息需要量减少的情况下进行的：

（32）你明天去北京还是不去？去。可以转换为：你明天去北京吗？

（33）北京你去过还是没去过？去过。可以转换为：你没有去过北京吧？

（四）在一定条件下，“选择疑问句”可以转换为针对非谓语中心的“是非疑问句”

（34）你是昨天去北京的，还是前天去的？可以转换为：你是昨天去北京的吗？

（35）你是坐火车去北京的，还是乘飞机去的？可以转换为：你坐火车去北京的吗？

这类是非问的转换一般反映了问话人信息需要量的减少，如上面的两个例句转换后分别少了“前天”和“乘飞机”两个词语，因此转换之后随着疑问范围的缩小，问话人的信息需要量相应地减少了。故在疑问范围没有相应缩小的情况下不能作这样的变换：

（36）你是不是昨天去的北京？不能从后句转换而来：※你是昨天去北京的，还是不是昨天去的？

（37）你是不是坐火车去北京的？不能从后句转换而来：※你是

坐火车去北京的，还是不是飞机去的？

四 “特指问句”与“正反问句”之间的变换

（一）针对谓语中心的“正反疑问句”变换为“特殊疑问句”

这种变换一般不能直接进行，它除了要增加说话人的信息需要量之外，还要将谓语中心语转换为“干”或“搞”等，然后把宾语改为疑问代词。即使在这种情况下，听话人也很难将变换以前的问句和变换以后的问句联系起来，所以我们说这种转换一般是不能成立的。

(38) A：你明天去不去北京？ B：去。转换为：? A：你明天干什么？ B：去北京。

(39) A：你有没有去过北京？ B：去过。转换为：※A ：你做过什么没有？ B：你问的是哪方面？

特指问向针对谓语中心语的正反问的转换也存在着同样的问题，所以一般也不宜转换（例略）。

（二）在一定条件下，针对非谓语中心的“正反问句”可以转换为“特殊疑问句”

(40) 你是不是昨天去北京的？可以转换为：你（是）什么时候去北京的？

(41) 你是不是坐火车去北京的？可以转换为：你（是）怎么去北京的？

这类转换的特点是，由对命题真假的提问变成了对“疑问范围”的提问，它代表的是问话人信息需要量的增加，如上面的两个例句转换后的疑问代词“什么时候”和“怎么”分别要比“昨天”和“坐火车”的确定性明显减弱，表明问话人的信息需要量增加了。

(三) 在一定条件下，“特殊疑问句”可以转换为针对非谓语中心的“正反疑问句”

(42) 你是不是昨天去北京的？可以从下句转换而来：你(是)什么时候去北京的？

(43) 你是不是坐火车去北京的？可以从下句转换而来：你(是)怎么去北京的？

这种转换一般表示的是问话人信息需要量的减少，如上面的两个例句转换后要分别将外延广、不确定性最强的“什么时候、怎么”改为唯一确定的“昨天”和“坐火车”，表明问话人的信息需要量减少了。如果说话人的信息需要量不减少，上述例句无法变换。

五　“特殊问句”与“是非问句”之间的变换

(一) 针对谓语中心语的“是非疑问句”转换为“特殊疑问句”

这种变换一般不能直接进行，因为它除了增加说话人的信息需要量之外，还要将谓语中心语转换为一般行为动词“干”或“搞”等，然后把宾语改为疑问代词，即使在这种情况下，听话人也很难将问话人想问的内容与变换之后的问句联系起来，所以，我们说这种转换一般是不能成立的。

(44) A：你明天去北京吗？B：去。转换为：? A：你明天干什么？B：去北京。

(45) A:你没有去过北京吗? B:去过。转换为:※A:你做过什么没有? B:你问的是哪方面?

特指问向针对谓语中心语的正反问的转换也存在着同样的问题,所以一般也不宜转换(例略)。

(二)在一定条件下,针对非谓语中心的“是非疑问句”可以转换为“特殊疑问句”

(46) 你是昨天去北京的吗? 可以转换为:你(是)什么时候去北京的?

(47) 你坐火车去北京的吗? 可以转换为:你(是)怎么去北京的?

这类是非问的转换一般代表的是问话人信息需要量的增加,如上面的两个例句转换后的疑问代词“什么时候”和“怎么”分别要比“昨天”和“坐火车”的确定性明显减弱,它表明说话人的信息需要量增加了。如果问话人的信息需要量不增加,这种转换就无法进行。

(三)在一定条件下,“特殊疑问句”可以转换为针对非谓语中心的“是非疑问句”

(48) 你是昨天去北京的吗? 可以从下句转换而来你(是)什么时候去北京的?

(49) 你坐火车去北京的吗? 可以从下句转换而来你(是)怎么去北京的?

这类是非问的转换一般需要问话人信息量的增加,如上面的两个例句转换后要分别将外延广、不确定性最强的“什么时候、怎么”改为确定唯一的“昨天”和“坐火车”。若问话人信息量不增加,上述例句无法变换。

六　“正反问句”与“是非问句”之间的变换[①]

正反问与是非问之间一般也可以相互转换，而不影响交际的效果，虽然其间有一定的语义差别。

(一)“是非问”句转换为“正反问句”，包括语调“是非问句”和“吗”字“是非问句”转换为“正反问句”

(50) 你明天去北京吗？可以转换为：你明天去不去北京？

你明天去北京，是(对)吗？可以转换为：你明天去北京，是不是(对不对)？

(51) 你明天去北京吗？可以转换为：你是不是明天去北京？

你明天去北京，是(对)吗？可以转换为：你明天去北京，是不是(对不对)？

(52) 你明天去北京？可以转换为：你明天去的(地方)是不是北京？

你明天去北京，是(对)吗？可以转换为：你明天去的(地方)是北京，是不是(对不对)？

其它是非问句(“吧、啊、呗”等结尾的疑问句)确定性较强，疑问意味较弱，转换后语义有差别，即问句的信息量减少，问话人的信息需要量增加，但转换为正反问后，也能产生相同的语用交际效果。例如：

① “吗”及语调是非问句和正反问句语义上确实还存在一些细微的差别，还有待于进一步的考证，本人认为它们的区别主要在口气而非疑问语气上信息量的差别，本文不作讨论。本小节将附加形式的正反问句、是非问句与一般的正反问句、是非问句归并进行讨论，它们之间的转换下一小节专节讨论。

(53) 你明天去北京吧？可以转换为：你明天去不去北京？
你明天去北京，是(对)吧？可以转换为：你明天去北京，是不是(对不对)？

(54) 你明天去北京啊？可以转换为：你是不是明天去北京？
你明天去北京啊？还可以转换为：你明天去北京，是不是(对不对)？

(55) 你明天去北京呗？可以转换为：你明天去不去北京？
你明天去北京呗？可以转换为：你明天去北京，是不是(对不对)？

(二)"正反疑问句"转换为"是非疑问句"

其中正反问转换为"吗"问句和语调是非问。一般地说，这种变换不需要改变说话人的信息需要量，两种问句的语义内容基本相等。例如：

(56) 你明天去北京吗？可以从下句转换而来：你明天去不去北京？
你明天去北京，是(对)吗？可以从下句转换而来：你明天去北京，是不是(对不对)？

(57) 你明天去北京吗？可以从下句转换而来：你是不是明天去北京？
你明天去北京，是(对)吗？可以从下句转换而来：你明天去北京，是不是(对不对)？

(58) 你明天去北京？可以从下句转换而来：你明天去的(地方)是不是北京？
你明天去北京，是(对)吗？可以从下句转换而来：你明天去的(地方)是北京，是不是(对不对)？

而正反问转换为其它是非问（“吧、啊、呗”等结尾的疑问句），则必须有一定的附加条件，即要增加说话的信息量，减少问话人的信息需要量。例如：

(59) 你明天去北京吧？可以从下句转换而来：你明天去不去北京？

你明天去北京，是（对）吧？可以从下句转换而来：你明天去北京，是不是（对不对）？

(60) 你明天去北京啊？可以从下句转换而来：你是不是明天去北京？

你明天去北京啊？可以从下句转换而来：你明天去北京，是不是（对不对）？

(61) 你明天去北京呗？可以从下句转换而来：你明天去不去北京？

你明天去北京呗？可以从下句转换而来：你明天去北京，是不是（对不对）？

七　附加形式的“正反问句”、“是非问句”与非附加形式的“正反问句”、“是非问句”之间的变换

一般说来，某些附加形式的“正反问句”“是非问句”可以转换为非附加形式的“正反问句”“是非问句”而不影响语用交际效果，后者可以满足前者相同的交际需要。例如：

(62) 你明天去北京，是（对）吗？可以转换为：你明天去北京吗？

你明天去北京，是不是（对不对）？可以转换为：你明天去北京吗？

(63) 你明天去北京,是(对)吗? 可以转换为:你明天去北京吗?
你明天去北京,是不是(对不对)? 可以转换为:你明天去北京吗?

(64) 你明天去的(地方)是北京,是(对)吗? 可以转换为:你明天去北京吗?
你明天去的(地方)是北京,是不是(对不对)? 可以转换为:你明天去北京吗?

从疑问句的信息量来看,附加形式的"正反问句""是非问句"要比非附加形式的"正反问句""是非问句"蕴含的信息量大,或者说使用前一问句的使用者的信息需要量比后一问句使用者信息需要量要小。这可以从安徽旌德三溪方言的附加问明确的看出:在三溪方言中,凡是附加问,不论是对过去还是将要发生的事件的疑问,均要用上表示完成时体的"底",表示在问话人心中该事件已是既成事实,较为肯定,问只是为了想得到进一步的证实和确认。

所以,要从一般的"正反问句""是非问句"转换为附加形式的"正反问句""是非问句"需要一定的条件,即增加问话的信息含量,减少问话人的信息需要量。取得这些条件可以作下述转换:

(65) 你明天去北京,是(对)吗? 可以从下句转换而来:你明天去北京吗?
你明天去北京,是不是(对不对)? 可以从下句转换而来:你明天去北京吗?

(66) 你明天去北京,是(对)吗? 可以从下句转换而来:你明天去北京吗?
你明天去北京,是不是(对不对)? 可以从下句转换而来:你明天去北京吗?

(67) 你明天去的(地方)是北京,是(对)吗? 可以从下句转换而来：你明天去北京吗？

你明天去的(地方)是北京，是不是(对不对)？可以从下句转换而来：你明天去北京吗？

其中“吧”“呗”问句，也有着同样的转换机制，其一般形式的疑问程度要强于附加形式，即一般的“吧”“呗”问句要比附加形式的“吧”“呗”问句蕴含的信息量小，或者说使用前一问句的使用者的信息需要量比后一问句使用者信息需要量要大。由后者转换为前者一般可以直接进行，而不影响交际效果，例如：

(68) 你明天去北京，是(对)吧？可以转换为：你明天去北京吧？

由前者转换为后者需要增加问话人的信息掌握量，例如：

(69) 你明天去的(地方)是北京，是(对)吧？可以从下句转换而来：你明天去北京吧？

“啊”问句的疑问程度太弱，或者说该疑问句的信息蕴含量很大，问话人对信息的需求量很小，很难在问句中再进一步增加信息含量，否则问句中就无“疑”了，所以“啊”问句没有附加形式①。从这里也可以看出“啊”问句的信息含量要大于“吧”“呗”问句。

八　句式变换小结

从上面的疑问句的考察，我们可以看出：

① 三溪方言中，有一种十分接近肯定句的句式，在陈述句尾用“噶”表示对前面陈述的确认要求，其肯定性要比“啊”问句更强。是否可以看成“啊”问句的附加式有待考证。

(1) 有些疑问句之间进行转换是双向、可逆的，它们在语义和语用上几乎是等价的，如针对谓语中心的正反问句、“吗”是非问句、语调是非问句与表示命题真假判断的选择疑问句三者之间的关系便是如此，在三溪话中，它们用同一种句式(“咯”问句)表示。即：

针对谓语中心的正反疑问句＝“吗”是非疑问句＝语调是非疑问句＝表示命题真假判断的选择疑问句

(2) 有些疑问句之间的转换却是单向、不可逆的，转换后的语句有相同的语用交际效果，但在语义信息量上有一定的差别。如在是非问内部，“吧、啊、呗”等结尾的疑问句向正反问句、是非问句与表示命题真假判断的选择疑问句转换时减少了问句的信息含量，真的可能性减小。表示范围的选择问句可以向特指问句转换也使得疑问句的信息含量减少，疑问范围扩大。可以用图表示为：

“吧、呗、啊”等结尾的疑问句 —(信息需要量增加 / 信息需要量增加)→ 正反问句、是非问句与表示命题真假判断的选择疑问句

表示范围的选择问句 —(真的可能性减小 / 疑问范围扩大)→ 特指疑问句

相反，特指问向表示范围的选择问句转换，在是非问内部，正反问句、是非问句与表示命题真假判断的选择疑问句向“吧、啊、呗”等结尾的疑问句转换，必须增加说话人的信息量，若不增加信息量，难以进行转换。而在交际的实践中，信息量的无条件的突然增加，又几乎是不可能的。可以用图表示为：

“吧、啊、呗”等结尾的疑问句 ←(交际中无法实现　信息需要量减少)— 正反问句、是非问句与表示命题真假判断的选择疑问句

表示范围的选择问句 ←(交际中无法实现　信息需要量减少)— 特指疑问句

可见，疑问句之间这种转换的单向性（不可逆性），说明了说话人对信息量的掌握程度的不同，加上单向的可转换性，又说明了可被转换后的疑问句的疑问的信息范围或信息度要大于或高于转换后的疑问句。

（3）为了清晰起见，下面用一个公式将上述考察的各类疑问句的信息度和可转换情况表示出来：（“＜”或“＝”表示信息量的大小，“←—”表示交际中右边的问句可以向左边的问句转换）

① 特指问 ＜ 列项选择问＜　针对非谓语中心的是非问（＝针对非谓语中心的正反问＝“吗”是非问句＝语调是非问）＜ 吧问句 ＜ 呗问句＜啊问句

←————————————————————

② 针对谓语中心的正反问（＝“吗”是非问句＝语调是非问＝真假判断的选择疑问）　＜ 吧问句 ＜ 呗问句＜啊问句

←————————————————————

从上面的考察和分析，我们可以清楚的看到，有些疑问句是等义句，如“吗”问句、正反问句和判断选择问句；有些是近义句，如特指问句和范围选择问句，“啊、吧、呗”问句与“吗”问句（正反问句、判断选择问句）；还有些既不是等义句也不是近义句，它们是不同性质的疑问句式，如特指问、范围选择问句一类与针对谓语中心的正反问、针对谓语中心的是非问、表示判断的选择问句一类。

我们如果细心观察就可以发现：在公式中，①类的信息层级要比②类多出两个级别（特指问和范围选择问）。这两个级别与其他级别有何区别，①类的其他层级与②类又有何联系呢？我们将在以后的论文中详细探讨。

（原刊于《阜阳师范学院学报（社会科学版）》2018 年第 3 期）

参考文献：

［1］黄国营：《句末语气词的层次地位》，《语言研究》1994 年第 1 期。

[2] 黄明晔:《疑问句的句尾语调》,《上海师范大学学报》1992 年第 1 期。
[3] 刘月华:《语调是非问句》,《语言教学与研究》1988 年第 2 期。
[4] 石毓智、徐杰:《汉语史上疑问形式的类型学转变及其机制》,《中国语文》2001 年第 5 期。
[5] 邢福义:《现代汉语的特指性是非问》,《语言教学与研究》1987 年第 4 期。
[6] 徐杰、张林林:《 疑问程度和疑问句式》,《江西师范大学学报》1985 年第 2 期。
[7] 朱晓亚:《现代汉语问答的结构模式系统研究》,《汉语学习》1996 年第 2 期。

安徽旌德三溪话疑问句尾语气词

一 引 言

旌德县，原属安徽省徽州地区，20 世纪 80 年代与绩溪县一并划入宣城，县城及该县东南部乡镇属徽语区，西北部一些乡镇属北部吴语。三溪，北邻泾县，西靠属于北吴语的兴隆和太平，东南是广袤的徽语之乡。该镇和蔡家桥乡的大部分村寨是旌德县中说江淮官话的乡镇（本县百姓大都称其为三溪话）。

自出现捻军以来，本地人口死伤殆尽，现有人口来源复杂，但大部分来自江淮官话区，其方言虽与江淮官话接近，但又由于受其它外地口音和周围徽语、吴语的影响而产生了很大的变化。

本文主要研究疑问句末语气词，我们知道世界语言中疑问句主要有三类：是非问（即极性问）、特指问（内容问）和选择问（交替问），汉语的所谓反复问（VP 不，VP 不 VP 以及可 VP）功能上属于是非问。三溪话中的疑问句较为特别，几乎不存在选择疑问这一重要的疑问形式，其中相当于普通话谓词性选择问的归入反复问，而名词性选择问全部并入了特指问句。反复问和“吗”是非问都采用统一的形式——“咯”问句形式表达。现今年轻人开始向普通话靠拢（新近出现的疑问句式不在本文考察范围之内）。也就是说，三溪话只存在特指问句和“咯”类问句（相当于朱德熙先生所说的“可 VP”问句，功能上与普通话的反复问相对应）（包括低程度的“啊”类问句，见下）两种疑问句式（吴早生，2004）①。

二　三溪话疑问句尾语气词及其分类

三溪话如此简化了疑问句式，那么它们是如何表达复杂疑问语义的呢？通过考察，我们发现该方言运用了大量的疑问句尾语气词以弥补疑问句式的不足。本文讨论的疑问句尾语气词主要有：“唉”“哉$_1$”“咥”“哧”“呢”“哉$_2$”“啊”“喳”“嗲”“呗”“吧”。

三溪话疑问句尾语气词一般只用于疑问句的末尾（这里的疑问句包括疑问程度不高的测度问和求证问），不用于非疑问句，即使语音形式与普通话相同的语气词“啊”，也只用于疑问句尾，如要表达普通话感叹语气，不用“啊”音，而用“iɔ”“ɔ”等语音形式。在三溪话中，只要是疑问句就必须出现这些疑问句尾语气词，没有它们就成不了疑问句。

关于世界语言的疑问句形态，经常用于标记是非问，很少用于标记特指问。在特指问中很少使用这种非普遍（generalized）语素当然是可以理解的，因为特指问已经被疑问代词很好的标记了。（Givon 2001：vol. Ⅱ 294 - 296，刘丹青授课）②从这一点看，三溪话所有疑问句都必须使用疑问句尾语气词确实是一种较为特殊的语言现象，这种所有类型的疑问句都强制使用疑问语气词，是至今很少报道的汉语方言类型。

三溪话不仅必须在疑问句中使用句尾语气词，且高程度问句与低程度问句所使用的疑问句尾语气词是互补分布的，用于前者的疑问句尾语气词不能用于后者，反之亦然。下面根据它们互补分布情况及所附疑问句式的不同，我们把这些疑问句尾语气词分为两类：

---

① 吴早生：《现代汉语疑问句研究》，贵州大学 2004 年硕士学位论文。

② Givòn, T. 2001 *Syntax*：*an introduction*, John Benjamins Publishing Company

（一）用于特指问和“咯”问的：“唉”“哉$_1$”“咥”“唻”“呢”“哉$_2$”（后文称为“唉”系列）

注：有体标记作用的“哉”标为“哉$_1$”，无体标记作用的“哉”标为“哉$_2$”，分析见后文。

从形式上看，它们在三溪话中只能用于特指问和“咯”问，而且其使用是不可或缺的，而普通话中对应的特指问、选择问、反复问和“吗”问句，至少前三种不是必须使用疑问句尾语气词的。从语义上看，此类疑问句，都是高程度问句；低疑问程度问句不能使用此系列疑问句尾语气词。如：

落$_{\text{下}}$这么大底$_{\text{的}}$雨，你怎么来咥？	＊落$_{\text{下}}$这么大底$_{\text{的}}$雨，你坐车子来咥？
小明家底$_{\text{的}}$屋咯盖好哉$_1$？	＊小明家底的屋昨家$_{\text{昨天}}$盖好仔哉$_1$？
你什么时候去唉？	＊你明朝$_{\text{明天}}$去唉？
这个话咯是你讲底$_{\text{的}}$唻？	＊这个话是你讲底$_{\text{的}}$唻？
张明是什么时候来底$_{\text{的}}$呢？	＊张明是明朝$_{\text{明天}}$来底$_{\text{的}}$呢？
你什么时候来底$_{\text{的}}$哉$_2$？	＊我昨家来底$_{\text{的}}$哉$_2$？

其中“咥”用于特指疑问句，“哉$_1$”用于“咯”问句，不能互换使用；“唉”既可用于特指问句，又可用于“咯”问句。

＊你什么时候来哉$_1$？（比较：你什么时候来哉$_2$？/你什么时候来底$_{\text{的}}$哉$_2$？具体见下文）

＊小明家底$_{\text{的}}$屋咯盖好咥？

（二）用于低程度是非问的：“啊”“喳”“嗲”“呗”“吧”（后文称为“啊”系列）

注：本文把表商询语气的也纳入疑问句讨论。

从形式上看，它们只能用于无其它疑问标记的疑问句，即该类语气词与前类的疑问代词或“咯”不能同现，否则不合语法。与前类相同的是，本类疑问句尾语气词也是不可或缺的。从语义上看，本类问句是低程度的命题性疑问句，对应于普通话中的“啊”“吧”等问句。如：

你到广东去喳？	*你什么时候到广东去喳？
这本挂历你是到县城买嗲？	*这本挂历你咯是到县城买嗲？
你明朝明天去啊？	*你什么时候去啊？
你明朝明天去呗/吧？	*你什么时候去呗/吧？

至于“你呢？”之类的“呢”（与普通话同）以及附加问的疑问句尾语气词的用法（已融入其它疑问句用法），举例及分析不再重复。

三　三溪话疑问句尾语气词的语义功能

前面我们对三溪话疑问句尾语气词进行了初步分类，每一类中都包含了若干语气词。通过考察，我们发现两类疑问句尾语气词内部，仍存在语义上的差别，而且主要是体标记的语义区别。下面就以三溪话疑问句的两个大类为线索展开语义功能的探讨：

(一) 用于特指问和“咯”问(“唉”系列)

1. “咥、哉$_1$”——融合了完成体语素的疑问句尾语气词

三溪方言中，“咥、哉$_1$”表明事情在说话之前已经完成，不能用于正在发生或将要发生的事情。如下面的(1)—(4)例表示的都是已经完成的事件。

(1) 你家秧什么时候栽咥？　(2) 你是几点到旌德咥？

(3) 你那天搞么事去哉$_1$？　(4) 昨家昨天下午你到哪上网去哉$_1$？

下面表示的是现在或将来发生的非完成事件，用上“咥、哉$_1$”等疑问

句尾语气词后，都变得不合法。

*你明朝$_{\text{明天}}$搞么东西去咥？　*明年你到哪打工去咥？

*歇下子咯会下雨哉$_1$？　*你明朝$_{\text{明天}}$搞么事去哉$_1$？

2. “唉”——未融合完成体语素的疑问句尾语气词

三溪方言的肯定式疑问句中，“唉”一般不能表示完成体。句子当中如果有“仔、底”表示完成体的词，则句子表达完成体，否则是非完成体。也就是说，在该类疑问句中完成体是有标记的（由“仔、底”担负），而非完成体是无标记的。

肯定式疑问句的有标记完成体，如：

(1) 你咯是昨家$_{\text{昨天}}$上底街唉？　(2) 小方家什么时候办底酒唉？

肯定式疑问句的无标记非完成体，如：

(1) 明朝$_{\text{明天}}$你到哪去唉？　(2) 你们欢喜喝什么酒唉？

(3) 你什么时候来唉？打个招呼噢。　(4) 小明咯去唉？

无标记形式不能表示完成体。

(*表完成体)小方家什么时候办酒唉？　*昨家$_{\text{昨天}}$你到哪去唉？

否定句的体表示法用“不、没/没耄$_{\text{没有}}$”等，与普通话用法相同，下不赘述。

3. “咊、呢、哉$_2$”——表深究、责问和要求(对方)确认的疑问句尾语气词

A. 哉$_2$

“哉”除了可以附在疑问句尾表示体疑问之外,还表示深究意味的语气,含有责问的意味,记为“哉$_2$”,这时它与表示完成体的体助词“仔”“底”可以同现。同现的如:

(1) 你昨家$_{昨天}$咯去仔哉$_2$?(比较:你昨家$_{昨天}$咯去哉$_1$?)

(2) 你什么时候去底哉$_2$?

(3) 昨家$_{昨天}$下午你怎么去底哉$_2$?

也可以不与“仔”“底”同现,如:

(1) 你明朝$_{明天}$咯走哉$_2$?

(2) 你在哪等我哉$_2$?

(3) 他要到哪场子$_{什么地方}$去哉$_2$?

也就是说,这里的“哉$_2$”与体无关,只要是本类(特指问和“咯”问疑问)问句都可将其用在句尾表示深究、责问的语气。

B. 咊/呢

这里的“咊”与上文的“哉$_2$”不同,它表达的语法意义不是深究和责问,而是对不能确切了解或记忆不清的事件要求(对方)予以确认,同时问话者也经常在问话期间或之后追忆该问题的答案。说话者在使用该语气词构成疑问句时,往往伴有明显的面部表情,如昂头、皱眉等。

(1) 小虎昨家$_{昨天}$到三溪去喳,咯是底$_{的}$咊?

(2) 这个话咯是你讲底$_{的}$咊?

(3) 这件衣裳是哪个裁缝做底$_{的}$咊?

(4) 张明是什么时候来底$_{的}$咊?

三溪话中的“呢”也表示要求(对方)确认的语气,但只相当于普通话中“呢”的部分功能,即要求(对方)确认的需求较高时使用。问者对疑问焦点的清晰度要比“唻”句低,因而要求确认的需求要高一些,形成语义互补。如刚才的“唻”例均可换成“呢”句,但要求(对方)确认的程度不同。可以表示为:唻＜呢。

(1) 这个话咯是你讲底$_{\text{的}}$唻?＜这个话咯是你讲底$_{\text{的}}$呢?
(2) 张明是什么时候来底$_{\text{的}}$唻?＜张明是什么时候来底$_{\text{的}}$呢?

(二) 用于低程度是非问的(“啊”系列):

1. “嗲、喳”——融合了完成体语素的疑问句尾语气词

三溪方言中,“嗲、喳”表明事情在说话之前已经完成,不能用于正在发生或将要发生的事情。如下面的(1)—(4)例在该方言表示的都是已经完成的事件。

(1) 你们上午上街嗲? (2) 你昨家家来嗲?
(3) 上午你上课去喳? (4) 你家稻子割光喳?

下面表示的是现在或将来发生的非完成事件,用上“嗲、喳”等疑问句尾语气词后,都变得不合法。

* 你们明朝$_{\text{明天}}$上街去嗲? * 你要到县城买这本挂历嗲?
* 你要买英语复习书喳? * 小虎家妈$_{\text{小虎的妈妈}}$要上街去喳?

2. “啊、吧、呗”——未融合完成体语素的疑问句尾语气词

三溪方言的肯定式疑问句中,“啊、呗、唉”一般不能表示完成体。句子当中如果有“仔、底”表示完成体的词,则句子表达完成体,否则是非完

成体。也就是说，在该类疑问句中完成体是有标记的（由“仔、底”担负），而非完成体是无标记的。

肯定式疑问句有标记的完成体，如：

(1) 你昨家$_{\text{昨天}}$去底$_{\text{的}}$街上啊/呗/吧？

(2) 小方昨家$_{\text{昨天}}$上仔街啊/呗/吧？

肯定式疑问句无标记的非完成体，如：

(1) 你什么时候来唉？打个招呼噢。

(2) 你家明朝$_{\text{明天}}$去卖稻啊/呗/吧？

但不能以无标记形式表示完成体。

* 你昨家$_{\text{昨天}}$到街上啊/呗/吧？

* 小方昨家$_{\text{昨天}}$上街去啊/呗/吧？

否定式疑问句的体表示法用“不、没/没耄$_{\text{没有}}$”等，与普通话用法相同，下不赘述。

（三）根据上面的考察，我们可以把三溪话疑问句尾的语气词的语义功能归结为如下三类：

1. 融合了完成体语素的疑问句尾语气词，主要有“咥、哉$_1$”（用于特指问和“咯”问）“嗲、喳”（用于低程度是非问）；

2. 未融合完成体语素的疑问句尾语气词，主要有“唉”（用于特指问和“咯”问）“啊、呗、吧”（用于低程度是非问）；

3. 表深究、责问和要求（对方）确认的疑问句尾语气词，主要有“唻、呢、哉$_2$”（用于特指问和“咯”问）。

四 三溪话疑问句尾语气词间的关系小结

(一) 句式选用上的互补

三溪话中 “啊、呗、吧、喳、嗲”(用于低程度是非问的“啊”系列)和“唉、哉$_1$、咥、哉$_2$、啉、呢”(用于特指问“咯”问的“唉”系列)在疑问句式的选用上存在互补分布的情况。

“啊”系列只用于没有疑问代词和“咯”问词的低程度疑问句中(相当于普通话中的低程度是非问),即“啊、呗、吧、喳、嗲”和疑问代词或“咯”这类高程度疑问词不能共现。

“唉”系列在三溪话中只能而且必须和疑问代词或“咯”这类高程度疑问词共现。不能与低程度是非问共现。

且其中“咥、哉$_1$”还存在着形式上的分工,前者只用于特指问句,后者只用于“咯”问句。

(二) 体标记表达上的差别

“唉、啊、呗”和“咥、哉$_1$、嗲、喳”的区别主要表现为是否表达“体”。

“咥、哉$_1$、嗲、喳”只用于说话之前事情已经完成的句子,不能用于正在发生或将要发生的未完成事件,即该词有表示完成体的作用。

“唉、啊、呗”不表示“体”,若句子被“仔、底”这一表体的词语标记时,为完成体疑问句,否则是非完成体疑问句。也就是说,非完成体在该类疑问句式中是无标记的,而完成体是有标记的。这种差别主要体现在肯定式疑问句,否定式疑问的体标记与普通话类似。

(三) 语气表达上的区别

除“哉$_2$、啉、呢”是深究责问或要求(对方)确认的语气词,其它为一般疑问句尾语气词。它们分工明确,细化了普通话“呢”的功能。从信息的需求量和要求（对方）确认的程度来看：唻＜呢＜哉$_2$。为清晰起见，我们将这些语气词的用法列表如下（见表一）。

表一　三溪话疑问句尾语气词用法列表

<table>
<tr><th>疑问句尾语气词</th><th>疑问句式选用</th><th>体</th><th colspan="2">语气</th><th>例句</th></tr>
<tr><td>喳</td><td rowspan="5">低程度是非问</td><td rowspan="2">完成体</td><td colspan="2" rowspan="8">一般疑问语气</td><td>你昨家上街去喳/仔啊？</td></tr>
<tr><td>嗲</td><td>你昨家上街嗲/底啊？</td></tr>
<tr><td>啊</td><td rowspan="4">不表体</td><td>你没上街啊？/你明朝不上街啊？</td></tr>
<tr><td>吧</td><td>明朝去吧？/昨家去底吧？</td></tr>
<tr><td>呗</td><td>这张台子年生家底呗？/你家明朝去卖稻呗？</td></tr>
<tr><td>唉</td><td rowspan="7">特指问
“咯”问</td><td>你喝底什么酒唉？/你不欢喜喝什么酒唉？</td></tr>
<tr><td>咥</td><td rowspan="2">完成体</td><td>你怎么讲咥/底唉？</td></tr>
<tr><td>哉$_1$</td><td>小明作业咯做好哉$_1$/仔唉？</td></tr>
<tr><td>哉$_2$</td><td rowspan="4">不表体</td><td colspan="2" rowspan="2">深究、责问语气</td><td rowspan="2">你什么时候去底哉$_2$？你咯去仔哉$_2$？</td></tr>
<tr><td>呢</td></tr>
<tr><td rowspan="2">唻</td><td rowspan="2">要求（对方）确认的语气</td><td>要求强确认</td><td>校长什么时候来底呢？</td></tr>
<tr><td>要求弱确认</td><td>校长什么时候来底唻？</td></tr>
</table>

五　三溪方言疑问句尾体语气词成因探索——语气舒缓与移位测试

从上文的分析，我们也许已经发现，不能表达体的“唉、啊、呗、吧”在表达完成体的时候，使用了“仔、底”两个不同的体标记，而能表达完成体的“咥、哉$_1$、嗲、喳”却没有使用“仔、底”体标记。这不能不让我们想到“咥、哉$_1$、嗲、喳”已暗含了“仔、底”体标记。下面我们通过慢读舒缓和移位分离证明“咥、哉$_1$、哆、喳”中确实暗含了“仔、底”体标记。

关于“仔”的体标记用法，已有不少研究。“仔”表示体，一般认为分别为实现体和持续体，或与此相似的体含义。如许宝华、汤珍珠(1997)认为上海话存在四个“仔”，从成分搭配的角度进行分析，认为“仔$_1$”“仔$_2$”分别表示动作的完成和状态的持续。左思民(2003)认为上海话表示的是实现体和持续体，还提到了存续体的概念。徐烈炯和邵敬敏(1998)把“仔”归入体貌助词，认为“仔”一是表示动作的实现和完成，一是表示状态的持续。林达青(2002)也分其为实现体和持续体，此外，汪平(1984)也有类似的提法。

上述关于“仔”的研究都包含了动作的实现和状态的持续，而三溪话中的“仔”主要表示动作的实现，不表状态的持续(状态持续在三溪话中由“到”担负)，其语义相当于普通话的“了$_1$”。与普通话不同，它不仅可以与“了$_2$”连用(三溪话中也有“了”，但只表普通话“了$_2$”语义)，还可以与经历体“过”连用，甚至三者可以全部叠加在句尾。因语音不同而不会发生普通话中的“了$_1$”“了$_2$”的并合，这进一步说明了前辈学者观察的敏锐性，对“了$_1$、了$_2$”区分的正确性。也就是说

“了”[普通话]＝仔[三溪话]＋了[三溪话]

如:吃过仔了。/吃仔了。/吃饭了。/吃仔饭了。/吃过仔。/吃仔。

至于“底”的用法，与普通话“的”的用法基本一致(包括结构助词、体助词和强调结构“(是)……的”中的“的”)，本文就不多说了。

(一) 先看低程度是非问中“喳”“哆”的慢读与移位分离

1. 慢读

语气舒缓时，“喳”有时可以用“仔啊”替换，“哆”有时可以用“底啊”替换，如“/”后的下划线部分为替换后的用法：

(1) 你到广东去喳/<u>仔啊</u>?　　(2) 你家稻子割光喳/<u>仔啊</u>?

(1') 你昨家$_{昨天}$到广东去哆/底啊?　(2') 你家稻子昨家$_{昨天}$割光哆/底啊?

有时,“仔啊”换成“仔啦”,这里的“啦”同于普通话中“了$_2$”与“啊”的合音。强调发生事件所产生的结果或造成的影响。例如:

(1) 你到广东去仔啦? (2) 上午他上课去仔啦? (3) 你家底$_{的}$稻子割光仔啦?

第(1)句表示人已经在广东,第(2)句表示人已经在课堂上,第(3)句表明田里已经没有稻子了。

2. 移位分离

“喳”相当于“仔啊”的合音,还可以从三溪话“仔”“啊”在同一句子中的分离使用而得到证明,其功能仍相当于带“喳”的疑问句,特别是带宾语的某些句子:

(1) 你上半年到上海去喳? ==你上半年去仔上海啊?

(2) 你们上午底$_{的}$课上喳? ==你们上午上仔课啊?

“哆”也存在同样的情况,但基本都能移位分离:

(1) 你们上午上街哆==你们上午上底$_{的}$街啊?

(2) 这本挂历你是到县城买哆? ==你是到县城买底$_{的}$这本挂历啊?

(3) 今朝$_{今天}$中午底菜是你炒哆? ==今朝$_{今天}$中午是你炒底$_{的}$菜啊?

小结:我们通过慢读和移位分离可以发现,三溪话中的“喳”“哆”之所以能够同时担负体和语气是由于合音所致。它们是“仔”“底”分别和“啊”的合音。也就是说这里底层的语气词只是一个“啊”字。

（二）再看特指问和“咯”问中“哉$_1$”“咥”的慢读与移位分离

1. 慢读

“哉$_1$”“咥”在三溪方言中，分别相当于“仔唉”“底唉”的合音，语气舒缓时，声音拉长，可以直接表示为“仔唉”“底唉”，如下例在语气舒缓时可以表示为“/”右边下划线的形式：

（1）小明家底$_{的}$屋咯盖好哉$_1$/仔唉？

（2）下午你到哪上网去哉$_1$/仔唉？

（1'）你什么时候上街咥/底唉？

（2'）你是怎么烧炭咥/底唉？

2. 移位分离

“咥”与“底唉”相当，只是后者的语气比前者舒缓，这可以从三溪话“底”“唉”可以在一句话中分开使用而功能相当于“咥”的情况得到证明，特别是带宾语的某些句子：

（1）你什么时候上街咥＝＝你什么时候上底$_{的}$街唉？

（2）你是怎么烧炭咥？＝＝你是怎么烧底$_{的}$炭唉？

（3）你家秧什么时候栽咥？＝＝你家什么时候栽底$_{的}$秧唉？

小结：我们同样通过慢读和移位分离发现，三溪话中的“哉$_1$”“咥”之所以能够同时担负体和语气也是由于合音所致。它们是“仔”“底”分别和“唉”的合音。也就是说这里底层的语气词只是一个“唉”字。通过分离，我们可以将表一简化为：

表二　三溪话与普通话语气词比较简表

<table>
<tr><td>疑问句尾语气词</td><td>啊</td><td>呗</td><td>吧</td><td>唉</td><td>哉$_2$</td><td>呢</td><td>唻</td></tr>
<tr><td>疑问句式选用</td><td colspan="3">无其它疑问词的疑问句</td><td colspan="4">有其它疑问词的疑问句</td></tr>
<tr><td rowspan="2">语气</td><td rowspan="2" colspan="4">一般疑问句尾语气词</td><td rowspan="2">深究责问</td><td colspan="2">要求(对方)确认的语气</td></tr>
<tr><td>要求强确认</td><td>要求弱确认</td></tr>
<tr><td>普通话</td><td>啊</td><td>呗</td><td>吧</td><td>/</td><td colspan="3">呢</td></tr>
</table>

六　结　语

目前关于普通话疑问语气词的争论较多,分歧也很大。有人认为“吗、呢、吧、啊”都是表示疑问的语气词,有人认为只有两个半,即“吗、呢”和半个“吧”,还有人认为只有一个“吗”,甚至有人认为汉语没有疑问语气词,如此等等。疑问句的分类也由于对形式的不同看法而形成各自不同的观点。本文主要考察了旌德三溪话的疑问语气词,希望能够通过这些描写与讨论给普通话疑问句的讨论以借鉴。

上面我们讨论了三溪方言疑问句句尾的十一个语气词,但通过分离和慢读,最后得到的疑问句尾语气词为七个:唉;呗、啊、吧;哉$_2$、呢、唻。其中前四个为一般疑问句尾语气词,后三个分别为表深究和要求(对方)确认的疑问句尾语气词。

特别是“唉”的使用,使其与普通话疑问表达的手段产生了明显的区别,在普通话语义所能达及的所有特指问、选择问、正反问和“吗”是非问中,三溪话相应的使用了统一的疑问语气词“唉”,且这种表达不可或缺。而在该类问句中,三溪话又将其归并为两类:特指问(包括普通话的体词选择问)和“咯”问句(包括谓词性选择问、反复问和“吗”问句)。这种现象的出现,无疑会给现代汉语普通话疑问句的分类提供新的思路,以弥补原有分类的不足。

至于“唉”的渊源，还须进一步的考察（将专文讨论），以弄情这类问句的真实面貌。分离后的疑问句尾的“呗、啊”情况基本同于普通话。

后三个语气词“哉$_2$、呢、唻”的研究，可以使我们进一步证实普通话“呢”语义的实际差别，普通话“呢”的三个语义正好与三溪话的“哉$_2$、呢、唻”的语义对应，分别表达了说话人对问句的不同的态度：深究责问—要求（对方）强确认—要求（对方）弱确认。

（原刊于《方言》2009 年第 1 期）

参考文献：

[1] 黄伯荣、廖序东：《现代汉语》，北京高等教育出版社 2002 年版。
[2] 黄明晔：《疑问句的句尾语调》，《上海师范大学学报》1992 年第 1 期。
[3] 黄国营：《句末语气词的层次地位》，《语言研究》1994 年第 1 期。
[4] 金立鑫：《关于疑问句中的“呢”》，《语言教学与研究》1996 年第 4 期。
[5] 林达青：《安徽枞阳方言的“仔”和“个”》，南京师范大学 2002 年硕士学位论文。
[6] 刘月华：《语调是非问句》，《语言教学与研究》1988 年第 2 期。
[7] 陆俭明：《关于现代汉语里的疑问语气词》，《中国语文》1984 年第 5 期。
[8] 陆俭明：《由“非疑问形式＋呢”造成的疑问句》，《中国语文》1982 年第 6 期。
[9] 吕叔湘：《现代汉语八百词》，北京：商务印书馆 1999 年版。
[10] 史金生：《传信语气词“的”“了”“呢”的共现顺序》，《汉语学习》2000 年第 5 期。
[11] 叶　蓉：《关于非是非问句里的“呢”》，《中国语文》1994 年第 6 期。
[12] 汪　平：《苏州方言的“仔、哉、勒”》，《方言》1984 年第 2 期。
[13] 许宝华、汤珍珠：《上海市区方言志》，上海：上海教育出版社 1997 年版。
[14] 徐烈炯、邵敬敏：《上海方言语法研究》，上海：华东师范大学出版社 1998 年版。
[15] 朱德熙：《语法讲义》，北京：商务印书馆 1982 年版。
[16] 朱德熙：《V- neg-Vo”与“Vo- neg-V”两种反复问句在汉语方言里的分布》，《中国语文》1991 年第 5 期。
[17] 左思民：《上海话时态助词“仔”的语法意义》，《吴语研究——第二届国际吴方言学术研讨会论文集》，上海上海世纪出版集团、上海教育出版社 2003 年版。

安徽旌德三溪话疑问标记"唉"及其来源*

引 言

我们知道，从疑问句的句法和类型来看，编码是非问句主要有三种语法装置：语调、形态和词序。其中语调在三者中可能是最普遍的。而疑问句的形态，经常用于标记是非问，很少用于标记特指问，如 Swahihi 语疑问形态"je"用于标记是非问是非常频繁的，但很少用于特指问。在特指问中很少使用这种非普遍(generalized)语素当然是可以理解的：特指问已经被疑问代词很好地标记了。(Givón 2001：vol. Ⅱ 294 - 296)

只有在为数很少的语言中，当所有疑问句都带有黏着疑问语素时，特指问中这种非普遍疑问语素才是必要的，如 Greenlandic Eskimo 语。(Sadock and Zwicky 1985：184)

这种在特指问中使用非普遍疑问语素的现象，也见于安徽旌德三溪话，该方言在特指问及高程度是非问中使用非普遍疑问语素"唉"作为疑问标记。且这个疑问词只能置于句末，如果邻接于时体词"底"或"仔"，经

* 本文得到了国家社科基金项目"现代汉语语气助词与相关范畴/结构的同现限制及补偿机制研究"(项目编号：17BYY025)的资助。本文还得到了第九届汉语方言语法国际学术研讨会与会专家和《方言》编辑部及匿名评审专家的宝贵修改意见，谨致谢忱。文中若有错讹，概由笔者负责。

常会失去独立的音节，而粘着于时体词上。但与 Sadock and Zwicky (1985)所论不同的是，这种黏着现象于三溪话中并非必须的，在一定条件下，它可以独立语素的形式出现。

本文主要讨论安徽旌德三溪话中这个特殊的句末疑问词“唉”及其在邻接时体环境下的变异形式，并结合其他语言的疑问标记情况探索其语法化路径。

旌德县位于皖南山区，隶属安徽省宣城市，东依宁国县，南邻绩溪县，西毗黄山市黄山区(原太平县)，北接泾县。地理坐标：东经 118 度 15 分至 44 分，北纬 30 度 7 分至 29 分。全县户籍人口 150130 人，常住人口 12.4 万人。旌德县辖 6 个镇、4 个乡，其三溪镇位于旌德县西北部，东连蔡家桥镇，南接孙村镇，西邻兴隆镇，北与泾县榔桥镇毗邻，是旌德的北大门。根据《中国语言地图集(第 2 版)·汉语方言卷》，旌德县方言主要有徽语旌占片、绩歙片、西南官话鄂北小片，江淮官话洪巢片；在江淮官话洪巢片的文字描述中，将旌德县城、蔡家桥等地归入该片。旌德三溪与蔡家桥相邻且持同一种方言，同属江淮官话洪巢片。

虽然旌德三溪话是笔者的母语，但为确保方言语料的准确性，笔者对三溪话疑问句进行了认真调查核实，第一次调查时间为 2008 年 7 月 15 日—8 月 26 日，第二次调查时间为 2018 年 1 月 19 日—2 月 28 日，2018 年 5 月 1—5 日又进行了核实，方言发音合作人信息如下：

刘累忠，男，67 岁，安徽省旌德县三溪镇建强村，农民，小学文化

章友娣，女，66 岁，安徽省旌德县三溪镇建强村，农民，小学文化

李小寿，男，59 岁，安徽省旌德县三溪镇古城村，农民，初中文化

宋兰香，女，54 岁，安徽省旌德县三溪镇古城村，农民，小学文化

汤庆元，男，40 岁，安徽省旌德县三溪镇三溪社区，农民，初中文化

袁桂芝，女，32 岁，安徽省旌德县三溪镇三溪社区，农民，小学文化

一 三溪话句末疑问语气词使用情况

三溪话能用于句末的疑问语气词主要有两大类三小类：

（一）用于有疑问小词（指疑问代词和"咯"，下同）疑问句的语气词：

（1）非主观化的："唉[ɛ³³]"（变体有："哉1[ʦɛ³³]""咥[tiɛ³³]"）

（2）主观化的："唻[lɛ⁴⁴]""呢[nĩ⁴⁴]""哉2[ʦɛ⁴⁴]"

"哉1[ʦɛ³³]"是"仔"和语气词"唉"的合音（"仔"相当于普通话"了1"），"咥[tiɛ³³]"是"底"与语气词"唉"的合音（"底"相当于普通话"的"）。

本文所谓的主观化语气词是指该语气词表达问话者对所问问题答案有所了解或曾经了解，这里的问话只是为了进一步求证或要求通过提醒唤起记忆，而非主观化语气词只是纯粹疑问的标记，只表明该句是疑问句。

（二）用于无疑问小词疑问句的语气词："啊"（变体："喳""嗲"）"呗""吧"

三溪话中任何疑问句句末都必须赋予特定语气词，此类疑问词与（一）中提到的疑问句末语气词互补分布。除"啊"外，其他疑问句末语气词都不能用于陈述句。

分别举例如下：

1. 用于有疑问小词的疑问句

（1）非主观化的："唉"（变体有："哉1""咥"）

从语义上看，此类疑问句在普通话中对应为特指问、选择问、正反问和"吗"问句，它们使用的疑问句末语气词与普通话是不一致的。普通话前三种问句中语气词不是必需的，但三溪话疑问句语气词是必需的，即该类含有疑问小词的问句必须与本类语气词同现，且不可或缺。相反，它们不能用于其他类问句。如：

① 落$_{下}$这么大底雨，你怎么来咥？

* 落$_{下}$这么大底雨，你坐车子来咥？

② 小明家底屋咯盖好哉 1？

* 小明家底屋昨家盖好哉 1？

③ 你什么时候去唉？

* 你明朝$_{明天}$去唉？

（2）主观化的："唻""呢""哉 2"，句法分布与本节（1）相同，但表示的是主观化意义——深究、确认、思索和提醒，普通话均用"呢"表达。如：

④ 这个话咯是你讲底唻？

对应普通话：这个话是不是你讲的呢？

⑤ 张明是什么时候来底呢？

对应普通话：张明是什么时候来的呢？

⑥ 你什么时候来底哉 2？

对应普通话：你是什么时候来的呢？

当地人的语感是，只在问话人对问句答案有所了解、曾经了解或不耐烦地追问情况下，才能使用该类语气词表达上述语义。

2. 用于无疑问小词的疑问句："啊"（变体："喳""嗲"）"呗""吧"

从语义上看，该类问句在普通话中对应为低程度疑问句（即求证性疑问），往往用"啊""呗""吧"表示疑问程度不高。该类语气词不能与疑问小词同现，否则不合法：

⑦ 你到广东去喳？

* 你什么时候到广东去喳？

⑧ 这本挂历你是到县城买嗲？

* 这本挂历你咯是到县城买嗲？

⑨ 你明朝明天去啊？

*你什么时候去啊？

⑩ 你明朝明天去呗/吧？

*你什么时候去呗/吧？

二 “唉”疑问形式及其变体的使用情况

（一）“唉”在疑问句末的独立使用

三溪方言肯定句中，“唉”可独立使用。使用条件是“唉”不与时体词“仔、底”相邻，或虽相邻但语气舒缓。

⑪ 你咯是昨家上底街唉？

⑫ 小芳家什么时候办底酒唉？

⑬ 你什么时候来唉？打个招呼噢。

⑭ 你欢喜喝什么酒唉？

⑮ 昨家你到哪去仔唉（语气舒缓）？

⑯ 小明咯是骑车子去底唉（语气舒缓）？

（二）“唉”的变体——“咥”和“哉 1”

三溪方言中，“咥、哉 1”标明事情在说话时刻之前已完成，不能用于正在发生或将要发生的事情。如下面例子在该方言表示的都是已完成事件。

⑰ 你家秧什么时候栽咥？ ⑱ 你是几点到旌德咥？

⑲ 你那天搞么事去哉 1？ ⑳ 昨家下午你到哪去哉 1？

下面例子表示的是现在或将来发生的非完成事件，用上“哐、哉1”等疑问句末语气词后，都不合法。

㉑ ＊你明朝搞么东西去哐？　㉒ ＊明年你到哪打工去哐？
㉓ ＊歇下子咯会下雨哉1？　㉔ ＊你明朝搞么事去哉1？

(三)“哐”和“哉1”的异同

(1) 相同点：它们都只能用于句内有疑问小词的疑问句句末，而不能用于其他类疑问句。

㉕ 你是几岁念书哐/＊你念书哐？咯是你搞哐/＊你搞哐？你咯去过哉/＊你去过哉1？

(2) 不同点：前者疑问焦点是非谓语核心，可在该焦点前用疑问焦点“是”(用于特指疑问词)或“咯是”(用于非特指疑问词)；而后者只用于谓语核心或以整个谓语短语为疑问焦点的疑问句。“一个句子的焦点是句子的语义中心所在。由于句末成分往往遵循由旧到新的原则，越靠近句末信息内容就越新”(张伯江、方梅1996)。而三溪话谓词及谓词后内容作为命题的信息焦点靠近句末，是无标记的，而其他部分作为信息焦点在句中靠前，是有标记的。

㉖ 你是<u>哪天</u>去哐？　㉗ 我是<u>什么时候</u>讲哐？
㉘ 你咯是<u>昨家</u>去哐？　㉙ <u>哪个</u>跟你讲哐？
㉚ 小明咯是<u>跟你</u>讲哐？　㉛ 那个电视<u>几点</u>开始放哐？
㉜ 你昨家咯<u>去</u>哉1？　㉝ 小明咯跟你<u>讲</u>哉1？

其中最后两例一般不用焦点标记“是”，若用，则有强烈要求确认的语义，此时句末必须配以“仔”表时体，“哉”不再是兼表时体的疑问词，而是具有确认要求的语气加强词，记为“哉 2”。

三　“唉”变体的形成条件及测试

“唉”的两个变体“咥、哉 1”分别是与“底”和“仔”在疑问句末相邻而产生语音融合的结果。

下面我们通过慢读舒缓和移位分离两种方法进行测试，证明“咥、哉 1”确实暗含“仔、底”体标记。

关于“仔”的体标记用法，已有不少研究。“仔”表示体，一般认为表示实现体和持续体，或与此相似的体含义。许宝华、汤珍珠（1988）认为上海话存在四个“仔”，从成分搭配角度进行分析，认为“仔 1”“仔 2”分别表示动作完成和状态持续。徐烈炯、邵敬敏（1998）和钱乃荣、左思民（2003）也都把上海话“仔”归入体貌助词，认为“仔”一是表示动作实现和完成，一是表示状态持续。林达青（2002）也将枞阳话“仔”分为实现体和持续体。

前人关于“仔”的上述研究都包含了动作实现或状态持续，而三溪话中“仔”主要表示动作实现，不表状态持续（状态持续在三溪话中由“到”担负），其语义相当于普通话“了 1”，但与普通话不同的是：它可以与经历体及“了 2”（三溪话也有“了”，但只有普通话“了 2”义）连用，连用时因语音不同而不会发生像普通话“了 1”“了 2”的并合现象，这进一步印证了前辈学者区分“了 1”“了 2”的正确结论。也就是说：了[普通话]＝仔[三溪话]＋了[三溪话]，如：

㉞ 吃过仔了。/吃仔了。/吃饭了。/吃仔饭了。/吃过仔。/吃仔。

至于“底”的用法，与普通话“的”的用法基本一致（包括结构助词、体助词和强调结构“（是）……的”中的“的”），本文不再详述。

（一）慢读舒缓

“哉1”“咥”在三溪方言中，分别相当于“仔唉”“底唉”的合音，语气舒缓时，声音拉长，可以直接表示为“仔唉”“底唉”，如下例在语气舒缓时可以表示为“/”右边的形式表达：

㉟ 小明家底屋咯盖好哉1/仔唉？ ㊱ 下午你到哪去哉1/仔唉？
㊲ 你什么时候上街咥/底唉？ ㊳ 你是怎么烧炭咥/底唉？

（二）移位分离

“咥”与“底唉”相当，只是后者语气比前者舒缓，这可以从三溪话“底”“唉”能在一句话中分开使用而功能相当于“咥”的情况得到证明，特别是带宾语的句子：

㊴ 你什么时候上街咥＝＝你什么时候上底街唉？｛该方言里也存在右边这种“V底O”格式，但不如左边句式常用，下同｝
㊵ 你是怎么烧炭咥？＝＝你是怎么烧底炭唉？
㊶ 酒你咯喝哉1？＝＝你咯喝仔酒唉？
㊷ 麂子肉你咯吃哉1？＝＝你咯吃仔麂子肉唉？

我们通过慢读和移位分离发现，三溪话中的“哉1”“咥”之所以能够同时担负体和语气是由于合音所致。它们分别是“仔”“底”跟“唉”的合音，其底层语气词仍是“唉”，只不过与“仔”“底”合并为一个音节而已。

“唉”的使用，使其跟普通话甚至跟大部分语言中疑问小词疑问句的疑问手段产生了明显区别，在普通话语义所能达及的所有特指问、选择问、正反问和“咯”是非问中，三溪话都相应地使用了统一的疑问语气词“唉”来表达，且语气词“唉”不可或缺。

四　特指问句末语气词类型考察与“唉”的语法化解释

（一）类型考察

1. 汉语方言特指问句末语气词考察

虽然汉语普通话非是非问（包括特指问、正反问和选择问）中，疑问代词和疑问结构已经能够很好地标记疑问语气，不再使用疑问语气词标记疑问，即汉语普通话非是非问句末语气词不是必有的。但汉语一些方言（特别是南方方言）中，包括特指问在内的非是非问，不仅可以与其他疑问标记共现，而且必须使用这种看似冗余的标记。

本文所述三溪话属于江淮官话，江淮官话与南方方言中吴语、赣语和湘语的地理位置较近，本文从吴语、赣语、湘语中各举一个实例，同时再举北方晋语的一个实例，来说明上述特征。

(1) 吴语温州平阳话

钱成慧(2000)①认为，温州平阳话中，只有疑问代词“改（儿）”和单音节名词“号（日）”组词表询问日期时，可以直接加上上扬语调，变为特指问，平阳人能够接受。而其他非是非问形式（包括正反问、选择问和其他特指问），加上上扬语调不能直接形成问句，平阳人感觉疑问代词和疑问结构带上上扬语调后，句子仍没完，显得很突兀、生硬，不表疑问；如果带下降语调，则表斥责、申骂语气，也不表疑问。并得出结论：平阳话非是非问的疑问功能，是由句末语气词而不是疑问代词、疑问结构或疑问语调来承担的。

也就是说，温州平阳话在表达疑问时，不仅是非问需要疑问语气词才能表达疑问功能，非是非问句需要传达一般意义上的疑问功能，也必须带上疑问语气词。在非是非问中，语气词虽然是羡余成分，但又是该方言容许且需要的羡余信息。更重要的是，平阳话也只有带上疑问语气词才能表达一

① 钱成慧：《平阳话疑问语气词》，首都师范大学2000年硕士学位论文。

般意义上的询问，而没有那种表示意外、不相信的强烈反诘语气。例如：

㊸ 日昼吃勒阿泥？

㊹ 你老公该年一百万番钱訾那能近嘎？

㊺ 这句话用平阳话訾那能讲哦？

㊻ 你吃饭啊还是吃白粥喔？

㊼ 你有寻着也冇吗？

㊽ 你茶叶卵吃否吃喔？

总之，在平阳县城当地人语感中，平阳话正反问、选择问、特指问和是非问一样，其疑问语气由句末语气词负载；而语调只是帮助完成句子，并不承担表达疑问语气的功能。

（2）赣语塘南话

肖放亮（2015）[①]认为，赣语塘南话疑问句有一个明显特征，就是疑问语气词是构成疑问句必不可少的要素，具有成句功能，如果不用语气词，则语气生硬。如下面的特指问例句，包括不用疑问代词的特指疑问句（如49）和使用疑问代词的特指疑问句（如50—54）。

㊾ 你昨日冇去是？（含有“责备、不满”意味）

㊿ 你昨日聋冇去哦？（只是询问原因）

51 你昨日聋冇去啊？（含有“惊讶、好奇”意味）

52 你昨日做什哩冇去嘛？（“责备、不满”的意味较重）

“是”有时可以与指原因的疑问代词混用，并不相互排斥（但“做什哩”和“是”不混，原因不详）。例如：

① 肖放亮：《南昌县塘南方言疑问句与普通话疑问句比较研究》，《现代语文》2015年第12期。

㊼ 你聋讲差劲是？　　　　㊽ 我香不晓得是？

一般情况下，塘南方言选择问里的关联词语不出现，靠语气词"啊"充当连词，完成选择问。后项末尾一般出现"哦、啊"等语气词，前后相呼应。如果后项末尾无语气词，则显语气生硬。

㊿ 你吃饭啊吃面哦？　　　　(56) 个块地秧菜啊秧瓜生哦？

塘南方言正反问句采用"VP+啵/么"格式，例如：

(57) 你在听啵？(58) 我东去看打球啵啦？(59) 你个里写么？(60)买票么啦？

(3) 湘语长沙话和新化话

刘建琼、张英帆(2008)[①]认为，新化话不论是非问还是非是非问，句末语气词都不可省略，而长沙话新派和老派在疑问句末语气词使用上有一定差别，老派长沙话的非是非问一般都要有疑问语气词，且用法比较稳固，例如：

(61) 饭熟咖冇啰/咪？

(62) 你去啵/呗？("啵/呗"是"不啰/不咪"合音)

(63) 你是去放羊嘞，还是去玩啰/咪？

(64) 是多哒嘞，还是少哒啰/咪？

(65) 小张到哪里去哒嘞？

(66) 咯是么子啰/咪？

① 刘建琼、张英帆：《长沙方言作为过渡方言的分析——以长沙方言疑问语气词为例》，《湖南科技大学学报(社会科学版)》2008年第4期。

该文还指出，虽然长沙话新派方言的正反问和选择问出现了疑问语气词脱落现象，但长沙方言特指问疑问语气词是非常稳固的，新老派都很好地保留了疑问语气词，在语流中也更倾向于使用疑问语气词。

（4）晋语兴县话

高洋（2014）认为，山西兴县方言疑问句中，语气词使用非常广泛，几乎每一个疑问句都离不开语气词，特指问、反诘问和求证问一般都是在句末单独使用语气词，而选择问一般都是两个语气词配合使用。语气词不仅有表语气的作用，有时还可以表时态，在求证问中，语气词还可以作为区别惊讶性求证问和测度性求证问的标志。例如：

㊼ 你想要哪本书嘞？　㊽ 你背上书包做甚去也？

㊾ 自行车咋家坏咧？　㊿ 你是要红的也啊要绿的也？

(71) 吃的有嘞啊没咧？　(72) 你是听课也啊不咧？

以上列举的汉语方言中，有些要求所有疑问句都必须有疑问标记，有些要求非是非问有疑问标记，有些只要求特指问有疑问标记。但有一点是共同的，这些方言的特指问都必须使用疑问标记。同样，三溪话特指问和高程度是非问（即“咯”问句）也必须使用疑问标记；不同的是，三溪话特指疑问表纯粹的疑问功能时，疑问标记只有一个疑问标记“唉”及其合音（疑问标记的黏着形式），只有低程度是非问所用疑问标记不同，且与特指问句和高程度是非问中的“唉”互补分布。

1．世界其他语言特指问句末语气词考察

不仅汉语方言中存在特指问疑问代词、疑问结构与其他疑问标记必须共现的情况，这类句法现象也存在于其他语言中。在世界其他语言中，语言学家们也发现了特指疑问代词与其他疑问标记的共现现象，除了汉语方言的上述表现之外，还有以下两种：

（1）特指疑问词可以与其他疑问标记共用，疑问标记为独立语素，如Swahili语，虽然很少，但仍有与特指疑问词共现的疑问标记“je”，且该疑问标记与疑问句可以有语音停顿(Givón2001)：

⑬ (je,)nani a-li-kwendamji-ni

(Q) who he-PAST-go town-LOC

谁去城里?

(2) 特指疑问词可以与其他疑问标记共用，疑问标记为黏着形式，如 Asheninka 语的“-ka”和 Greenlandic eskimo 语的“-a”：

Asheninka 语(David payne，i. p. c)：

⑭ Tsikai-tim-i-kairi-ta?

wh 3MASC-be-REAL-Q he-there

他(那个人)是谁?

Greenlandic eskimo 语(Sadock and Zwicky1985:184)：

⑮ Kinapiniar-p-a

WHhunt-ASP-Q

捕到了什么?

当然，世界语言中，大部分语言的特指疑问词都不能与其他疑问标记共用，如有特指疑问词，一般不用其他疑问标记。如英语、Ute 语等语言的特指问：

⑯ 英语如：What are you doing?

⑰ Ute 语如：(Givón 2001:vol. Ⅱ 303)

'aa-wawuuka-kha?

WH-ACCOMP work-ANT

你跟谁(一起)工作?

有些语言虽然特指问句末可以使用语气词,但语气词的使用不是必须的,而是可选的。此类语气词不再表达疑问功能,而是表达某种特殊的非疑问语义。例如汉语普通话疑问句末的“呢”有三个语义——深究、确认和提醒(熊仲儒 1999①,邵敬敏 1989)②

(二)“唉”的语法化解释

旌德三溪话疑问句末语气词具备了上述两种情况:特指疑问词和“咯”疑问词须与其他疑问标记共用,或为独立语素,或为黏着形式,或为融合独立词。如:

⑱ 疑问标记:你什么时候上底街唉?/你昨家咯是去仔一趟唉?

⑲ 黏着语素标记:你什么时候上街底唉?/你昨家咯去仔唉?

⑳ 融合于单音节的语素:你什么时候上街咥?/你昨家咯去哉 1?

此外,三溪话中还存在一种独词疑问句“唉[ε^{24}]”,可以单独成句,附在疑问句前后,用停顿隔开,口语中特别明显。这种疑问词在很多语言中都存在,如 Swahili 语的“je”。

从共时语法化角度看,独词疑问标记、附着疑问标记、黏着疑问标记和融合疑问标记的共存,给我们运用语法化的单向性假设提供了可能。我们可以利用语法化的单向性假设来共时地构拟某种演变方向。一个词汇成分发生语法化后通常会表现出“非范畴化”(失去原先的形态—句法特征)和“磨蚀”(形式变短、语音弱化)等后果。因此,如果我们发现一个特定的成分具有两种不同的用法,或者发现两个语源上有关系的成分,其

① 熊仲儒:《“呢”在疑问句中的意义》,《安徽师范大学学报》1999 年第 1 期。
② 邵敬敏:《语气词“呢”在疑问句中的作用》,《中国语文》1989 年第 3 期。

中一个显示出非范畴化和磨损的效果，而另一个则不然，那么我们有理由认为后者是较少语法化的，并能构拟从后者到前者的演变方向。（吴福祥2003；Heine&Kuteva2002）

我们认为，三溪话疑问小词疑问句句末语气词“唉”，很可能就是古汉语中的“尔/耳”①：先是“尔”正常语序的第二人称用法，然后是“尔”用于

① 我们推测，从历时来源的角度看，三溪话中的“唉”很可能源于古汉语疑问句中的“耳”和“尔”，这种假设有以下的一些理由：

第一，从语义和用法上看，古汉语“耳/尔”均可用于特指疑问句，用于疑问句中的古汉语“耳/尔”已经没有陈述句中“罢了”之类的语义，仅表达语气舒缓，其义接近三溪话中的“唉”。

（1）先秦时期，“尔”与“耳”都可见于特指问中，如刘晓南（1991）列举的“耳”在先秦晚期特指问用例。孙锡信（1999）指出：先秦时期“尔”用于特指问句时，“句中有疑问代词与句末的‘尔’呼应”。

（2）魏晋南北朝时期，孙锡信（1999）列举了“耳/尔”用于疑问句的情况：

“耳”用于特指问的例子：当从何所说般若波罗蜜？菩萨转复相呼菩萨云何？天中天，想如字耳？（支谶译《道行般若经》），“如”的意思是“怎样”。用于是非问的例子：人宁著痴，大如须弥山，呼为有其过，不足言耳？（支谶译《遗日摩尼宝经》）。

“尔”魏晋南北朝时期没有明显的发展。仍是先秦“疑问代词……尔”形式，可能已成为固定格式。例如：盐铁之利……有益于国，无害于人，百姓何苦尔？（《盐铁论・非鞅》）释提桓因言：“何缘尔，人无底、波罗蜜无底？”（支谶译《道行般若经》）

第二，三溪话中，“唉”与“尔/耳”发音相同，在句末均为轻声、[ɛ]音（该方言无音[ɚ]，凡[ɚ]均并入[ɛ]）。本文记录为“唉”，是因为汉语共同语中“唉”与“尔/耳”不同音，而三溪话中的该句末语气词同于共同语的“唉”，采用了共同语同音字进行替代的记录方式。

从语音、语义和用法来看，三溪话该语气词很可能就是古汉语“疑问代词……尔/耳”格式中句末语气词的遗留。三溪话中除了具备古汉语“疑问代词……耳/尔”用法，还有“咯……耳/尔”的组配，这一点也可以在古汉语中找到相应的用法：魏晋南北朝时期的“耳”在佛经中已经扩展到高程度是非问中，只不过三溪话是非问句采用疑问小词“咯”表达是非问，与“唉”进行组配而已，即三溪话除了有“疑问代词……唉”的固定形式之外，还有“咯……唉”的固定格式。这些格式在三溪话中已经固化，“唉”在上述问句中不可或缺。

由此，我们推测：三溪话的“疑问代词/咯……唉”的固定形式很可能是古汉语“疑问代词/是非问……耳”和“疑问代词……尔/耳”遗留与并合的产物。又由于这种句末用法与该方言中“底”“仔”的高频接触，导致了其语音的融合。

强调或后置追补，从正常语序中分离，成为独立成分称呼语，然后发展为叹词独词句，进一步演变为疑问标记独词句，最后演变为附着和黏着疑问标记，到语音弱化脱落，或与其他语素合音融合。

当然，“尔”从“人称代词”到“强调或后置追补”再到“叹词”的演变路径只是一种推测，尚需大量历时语料的证据，这里不做进一步考证。但是从“叹词”到“疑问独词标记”再到“附着疑问标记”的语例，在汉语及各种方言中确实是有例可循的。例如，近年来研究比较热的是非问句末语气词“哈”便符合该演变的路径：贺阳（1994）①最早指出北京话中的“哈”能够独立负载句子的询问信息；尹世超（1999）②认为“哈”用在是非问句末或问句后的称呼语之前，或者用在是非问句后独立成句，表示征求同意，希望听话人对所说的话予以认同，他还进一步指出“哈”是非问句是一种疑问程度最低、语气最委婉的是非问句；苏小妹（2008）③则将“哈”分为独自成句的叹词“哈 1”和附着于句末的语气词“哈 2”，并指出“哈 2”由“哈 1”虚化而来。最近吴宝安、韩小红（2013）的研究又发现，网络上出现了用于正反问、选择问和特指问的大量用例，复制如下：

㉛ 对不对哈？

㉜ 干什么哈？

㉝ 你是去网游，还是去学习哈？

也就是说，经过多年的发展，“哈”已经由独立叹词演变成可以用于疑问句末的语气词，并由是非问的用法扩展到其他问句的用法，当它用于其他问句时，其语气已经由“是非”询问义虚化为较为单纯的句末疑问标记。下面是我们对叹词句到疑问独词句再到附着疑问标记演变路径做出的语

① 贺阳：《北京话的语气词“哈”字》，《方言》1994 年第 1 期。

② 尹世超：《说语气词“哈”和“哈”字句》，《方言》1999 年第 2 期。

③ 苏小妹：《说说句末语气词“哈”和“哈”附加问句》，《现代语文（语言研究版）》2008 年第 4 期。

法化推导：

叹词句＞疑问标记独词句＞附着疑问标记

三溪话疑问标记“唉”也经历了上述这一演化过程，也就是说，三溪话疑问形式“唉”最先是与所要判断/征询的命题分离的，两者由于频繁接触，从而由语用转而成为句法规则，附着于要判断/征询的命题之上。

由于使用的频率进一步增加，该疑问形式进一步与句子某一固定的位置或成分邻接使用，最后形成了黏着语素。在某些语言中，特指问与该标记因重合冗余而弱化脱落，最后很可能只剩下疑问语调这一最为简单的方式，如普通话特指问句。而是非问无此机制动因的激发，仍然保留疑问标记。另一些语言或方言，由于音节或句法特点的限制，使其与其他语素进一步融合，而未能发生脱落。

附着疑问标记＞黏着疑问语素标记—┬—语音弱化脱落
　　　　　　　　　　　　　　　　　└—弱化融合于单音节语素

这一演化过程在三溪话“唉”中具体表现为弱化融合，而非弱化脱落，下面是其演化的具体路径：

叹词句“唉[ε^{44}]”＞疑问独词句“唉[ε^{34}]”＞附加句末的“唉”＞“(仔)唉/(底)唉”＞“哉$_1$/咥”

也就是说，三溪话中，“唉”最先是作为独立语句出现的，然后语音停顿减弱减少，转化为相当于我们现在所说的插入语。因为经常和所要判断或征询的命题连用，所以逐渐附着于该命题或判断的句末；而句末常出现的时体词“仔”“底”常与“唉”邻接使用，逐渐黏着于其上，在一定条件下，有时融合为一个音节。

五　余　论

安徽旌德三溪话疑问句末标记“唉”与疑问小词(疑问代词和“咯”)冗

余使用的现象，在世界语言中虽然存在，但并不多见。我们推测，该类疑问标记的产生经历了由语用感叹到句法停顿，再到句法附加，直至脱落或黏着融合的演变历程。

目前我们所见世界语言的疑问标记主要用于是非问，较少用于特指问，这一现象是在语言经济原则的推动下产生的。而三溪话特指问及“咯”问句的句末语气词未发生脱落而一直保留至今，与其句法黏着与语音融合有着密切联系，而这种黏着与语音融合，也存在于我们所发现的具有该特征疑问句的其他语言和方言中。

三溪话疑问句末“啊”也有两个变体“喳”“哆”，变体条件类似于“唉”的变体。但它只用于低程度是非问，不用于特指问句和咯问句。

普通话“呢”有三个语义——深究、确认和提醒（熊仲儒 1999，邵敬敏 1989）。而三溪话中三个特殊的疑问语气词“哉 2、呢、咪”，其语义与普通话“呢”的三个语义正好对应，分别表达了说话人对问句的不同态度（深究责问—强确认—弱确认（提醒）），它们是如何进一步分合的，还需进行深入研究。其中“哉 2”语音与“哉 1”完全相同，它们是否有相同的渊源，还值得进一步探讨。

（原刊于《方言》2018 年第 4 期）

参考文献：

［1］崔莉佳：《语气词“哈”的研究》，吉林大学 2009 年硕士学位论文。
［2］崔希亮：《语气词“哈”的情态意义和功能》，《语言教学与研究》2011 年第 4 期。
［3］高洋：《山西兴县方言疑问句研究》，山西大学 2014 年硕士学位论文。
［4］林达青：《安徽枞阳方言的“仔”和“个”》，南京师大 2002 年硕士学位论文。
［5］刘晓南：《先秦语气词的历时多义现象》，《古汉语研究》1991 年第 3 期。
［6］孙锡信：《近代汉语语气词——汉语语气词的历史考察》，北京语文出版社 1999 年版。
［7］吴宝安、韩小：《句末语气词“哈”的语气意义虚化成因探析》，《现代语文》2013 年第 7 期。

[8] 吴福祥:《关于语法化的单向性问题》,《当代语言学》2003 年第 4 期。

[9] 许宝华、汤珍珠:《上海市区方言志》,上海教育出版社 1988 年版。

[10] 徐烈炯、邵敬敏:《上海方言语法研究》,上海:华东师范大学出版社 1998 年版。

[11] 张伯江、方梅:《汉语功能语法研究》,南昌江西教育出版社 1996 年版。

[12] 张振兴:《中国方言地图集(第 2 版)·汉语方言卷》,商务印书馆 2012 年版。

[13] 左思民、钱乃荣:《上海话时态助词"仔"的语法意义》,《吴语研究——第二届国际吴方言学术研讨会论文集》,上海:上海世纪出版集团、上海教育出版社 2003 年版。

[14] Givón, T. 2001 *Syntax: an introduction*, John Benjamins Publishing Company.

[15] Sadock, J. and A. Zwicky 1985 *Speech act distinction in syntax*, in T. Shopen (ed. 1985), vol. I.

[16] Heine, Bernd & Kuteva Tenia 2002 *Word lexicon of grammaticalization*. Cambridge: Cambridge University Press.

[17] Hopper, P. and E. traugott 1993 *Grammaticalization*, Cambridge: Cambridge University Press.

光山方言体助词“在”

“在”是河南光山方言一个常用体助词，常位于句末，读轻声［$tsai^{a}$l］。它和动词配合，构成一定格式表达不同的语法意义。其语法功能与普通话体助词“着”相似，但又不完全相等。本文试图从“在”与动词的配合情况讨论“在”的分类及其反映的语法意义，同时探求“在”的语法化过程。

一　“在”与动词的搭配

光山方言中，“在”充当体助词时，没有实际的意义，可作为附属结构与动词配合，表达某种体意义。因此，能和“在”相搭配的动词是受限制的，要服从表现体意义的需要。也就是，只有某些类别的动词才能与“在”搭配。我们依胡裕树、范晓(1999)①将动词分为下面几类：

静态动词：

属性关系动词：是、姓、等于、标志着

心理感觉动词：知道、相信、抱歉、怕

姿势动词：站、坐、躺、蹲、住

---

① 胡裕树、范晓：《动词研究》，开封：河南大学出版社1995年版。

位置动词：戴、拿、挂、吊、抱

动态动词：

动作动词：踢、砍、碰、咳嗽(瞬间)
看、吃、想、洗澡(持续)
结果动词：死、爆炸、醒、见(瞬间)
变好、长大、走进(持续)

我们发现，属性关系动词和结果动词不跟“在”配合。如：

*我是学生在。/*这标志着事情结束在。
*房子爆炸在。/*他变好/长大在。

属性关系动词“动作性”最弱，有些并不表示动作或行为。如：“有、是、姓、开始、应该”等基本没有体意义的形态变化，一般都不跟表“动作性”语法意义的体助词搭配。结果动词本身就表示了动作行为结束的意义，相应的动作带上了完整性，而且结果不能持续，所以，结果动词也不能与“在”配合。光山方言中属性关系动词和结果动词可以和普通话体助词“了”搭配，而不能和“着”搭配，因为“了”指明了动作从“过程”到“结果”的变化，是变化的终结点，而“着”强调了动作的进行或持续。如：

我是学生了。/这标志着事情结束了。
房子爆炸了。//他变好/长大了。

相反，其他动词语义上都反映了活动变化，可以表示动作的进行和持续，因此都能与“在”搭配。其中动作动词中的瞬间动词虽表时间上的一点，但它可以与其他词配合来表示瞬间动作的反复进行，呈现一种持续进行状态，所以也可以和表示进行/持续体语法意义的体助词搭配。姿势动词和位置动词在语义上有静态的一面，也有动态的一面，所以这两类动词可以和体助词结合表达动态事件。如：

你哥在搞么事？——他在山上砍树在。/离他远点，他咳在。

心理感觉动词有极弱的动态，有些不能带“体助词”，如“认为、感觉”、“想象”等；有些含义上可以进入某种静态，并且静态一直在持续着，所以，可以有条件的搭配，如特定的语言环境中跟宾语搭配，有的前面还要加表动作进行或持续的时间副词“正在、一直、常常”等，使之动作性得到加强：

不要吓他，他正怕在。/看来这件事他一直相信在。

体助词“在”与动词组合关系如下图所示：（其中“＋”号表动词小类与助词“在”结合不受限制，“—”表不能结合，“（＋）”表有条件结合。）

动词组合 / 情况	静态动词				动态动词	
	属性关系动词	心理感觉	姿势	位置	动作	结果
助词“在”	—	（＋）	＋	＋	＋	—

二　体助词“在”的分类及其语法意义

根据与动词的组合形式及其表达的语法意义差异，光山方言体助词“在”可以分为“在1”、“在2”。

（一）在1

“在1”用于动词后，表示动作正在进行，有的格式里功能与意义相当于普通话体助词“着”。位置动词、动作动词一般都能与“在1”组合。

1. 格式(1)V(+O)+在1,如:

他做饭在。/他砍树在。

格式(1)中V如果为及物动词,可带宾语,也可不带宾语。如果带宾语,助词“在”不能用“着”替换。如:*他做饭着。但是可以变换为格式“V+着+O”:他做着饭。他砍着树。格式(1)表意上相当于在(副)+V(+O)。如:他在做饭。哥哥在洗澡。

2. 格式(2)在(副)+V+在1,如:

你的孩子呢?——他在玩在。/不要打搅他,他在想问题在。

格式(2)中的及物动词同样既可带宾语,也可不带宾语。格式(1)与格式(2)并存,并且它们可互相变换。如格式(1)换成格式(2):

他在做饭在。/哥哥在洗澡在。

格式(2)也可以换成格式(1)。如:

他栽秧在。/李老师上课在。

格式(2)由于V前加上表动作正在进行的时间副词“在”,构成一种前后复用的“体”标记表达式,因而动作的进行意义比格式(1)更强烈些。

3. 格式(3)在(介)+处所词+V(+O)+在1,如:

爹在田里干活在。/哥在床上看书在。

“在这里/那里”也适用这种格式。如：

他在那里洗手在。/大人在这里说话在，小孩子不要接嘴。

格式(3)V后加体助词“在1”，表说话时动作正在进行，动作性更强。去掉“在1”，动词所表示的动作变成持续状态。这更能说明体助词“在1”在句中所起到的表示动作行为进行的语法意义。试比较：

爹在田里干活。/床上看书。
爹在田里干活在。/哥在床上看书在。

前面两句没有用“在1”，是一般性动作，表示持续性状态。后面两句用“在1”，强调动作正在进行。

“在1”和动词构成的三种格式均表示动作正在进行，主语多为施事，或者是处所词，谓语动词可带可不带宾语。三种格式之间存在着一定的变换关系。因为“在1”与动词组合表达了进行体的语法意义，因而在句中一般不能跟表经历、完成、保持义的助词或副词。如：

*他做了饭在。/*她在看过电视在。
*哥曾经在床上看书在。/*我常常在楼上看电视在。

（二）“在2”

“在2”和动词组合，表持续体意义，因而能够与之搭配的动词是那些能保持某种静止状态的动词，或是结果能保持静止状态的动词。“在2”与标示具体时间和动作计量的词语不相容。瞬间动词使用时可表动作的不断重复，其持续性表现为重复进行动词反映的动作。心理活动动词、姿势动词、位置动词、动作动词都能与“在2”组合。有些表状态的形容词入句后能够表持续的静止状态，因此也能与“在 2”搭配表示持续体的语法意义。

1. 格式(1)V＋在(介)＋处所词＋在 2，如：

自行车放在门口在。/作业办在本子上在。/病人睡在床上在。

格式(1)表示状态的持续。这种格式中“在(介)＋处所词”是必须的。如果没有，有的持续体格式就不能成立：* 自行车放在。 * 作业办在。同时在这种格式里，句末“在”既和动词搭配表持续体意义，又表语气，陈述事实。如去掉“在 2”，句子就不能反映持续状态，只表事实，有的还会变成祈使句。如：自行车放在门口！ 衣服挂在架子上！ 格式(1)中主语可以是施事，也可以是受事；动词可以是持续动词，也可以是短时动词。

比较格式 2.1.3 和 2.2.1，可以发现“在＋处所词”在格式 2.1.3 中可有可无，去掉不影响进行体意义表达，而在格式 2.2.1 中必不可少。格式 2.2.1 可变换为“在(介)＋处所词＋V＋在 2＋的”格式，体意义不发生改变。如：自行车在门口放在的。作业在本子上办在的。病人在床上睡在的。也可把“在＋的”换成“倒＋的”，表相同的语法意义。如：自行车在门口放倒的。作业在本子上办倒的。病人在床上睡倒的。格式 2.1.3 不能换成这种格式。如：* 爹在田里干活在的。 * 哥在床上看书在的。同时还可以发现格式 2.2.1 中，A 组例句可变换为：自行车在门口放在。衣服在架子上挂在。仍表达持续体意义。而 B 组例句不能变换：* 作业在本子上办在。 * 钱在地上掉在。C 组可变换为：病人在床上睡在。他在旁守在。因为 A 组例句动词或为持续动词，或动作结果可造成静止状态动词，B 组动词为短时动词且不能造成静状态动词，C 组主语为施事，动词为持续性动词。

2. 格式(2)V/A＋倒＋在 2，如：

脸黑倒在/门关倒在/他站倒在/帽子他戴倒在

格式(2)中"倒"和"在"共同和动词(一部分形容词,但在句中语法功能相当于动词,有人认为是"兼类词")搭配表持续体意义。主语为施事时,表动作持续;主语为受事、处所或工具时,表示状态持续。"倒"和"在2"缺一不可(也有人认为"倒+在"里的"在"不是独立表时态的助词,而是语气助词,起着强化"倒"的语气作用。但比较发现,格式中"在2"的体意义表达必不可少,如去掉,句子或变成祈使句,或不能成立),二者结合相当于普通话助词"着"。以上例句可变为:脸黑着/灯亮着/门关着/他站着。同时这种格式中,主语如果是受事,可变换为"V/A+倒+受事主语+在"形式,依然表达持续体意义。如:黑倒脸在/关倒门在/亮倒灯在/他戴倒帽子在/他拿倒东西在。

3. 格式(3)V1+在2+V2+(O),如:

坐在吃饭/站在说话/躺在看书/蹲在系鞋带。

格式(3)中,V1只能为姿势动词,且一般为单音节动词。V2可以是位置动词或动作动词,V2如果是及物动词,可带可不带宾语。"V1+在2"合在一起修饰V2,表示V2动作的状态或方式。格式(3)中"在2"语法意义相当于普通话助词"着",可用"着"替换。如:坐着吃饭/蹲着系鞋带。格式(3)"在2"还可用"倒"换用:坐倒吃饭/蹲倒系鞋带。

总的来说,体动词"在"在光山方言中可分为表进行体的"在1"和持续体的"在2",它们分别存在于不同格式中,有比较严格的分工。同时体助词"在(助)"、副词"在(副)"和介词"在(介)"可组成不同格式:(1)在(副)+V+在(助),(2)在(介)+V+在(助),(3)V+在(介)+在(助),三种格式表达"动作性"程度并不相同,比较起来,格式(1)>格式(2)>格式(3)。格式(3)中介词短语隔开了动词和助词"在",削弱了它的语法功能,使它既表达较弱的体意义,又表达陈述语气。

三 “在”的语法化过程

（一）句末体助词“在”经历了从实到虚的发展过程。意义上，是实在义素部分的脱落；形式上，是功能的扩大和句法位置的固定。俞光中(1986)认为助词“在”是直接由动词“在”虚化而来。汪国胜(1999)指出：把它(在)看成是由虚化的“在(这/那)里”脱变而来，似乎更容易理解一些。就是说，“在里”由于语义虚化，有可能出现结构简化或成分脱落，而由其中一个成分来负载其整体意义(汪国胜 1999)。徐丹(1992)通过对汉语里“在”与“着”的考察指出：“V 着”的“着”由“附着”意义的空间词逐渐转化为表持续状态的时间词，这一重大变化使“V 着”让位于“V 在”，“V 在”不但在语法功能上取代了“V 着”，同时也继承了“V 着”的语法特征。“在/着”语法功能甚至语音上都有密切联系。这些说法都有一定道理。我们认为“在”在从动词向体助词虚化的过程中，必然经历“在(这/那)里”阶段，“在(这/那)里”是“在”虚化为体助词的最后阶段。

（二）由于格式的类推现象，在相同的机制下，体助词的产生决不是偶然的、个别的。石毓智、李讷(2001)通过对体标记发展过程的考察指出：从形式上看，体标记必须能够出现在“动＋X＋宾”格式中的 X 位置。体标记属于补语的一种，它们是由指动补语发展而来的。所以，体标记产生的时间决定于动补结构发展的状况，它们语法化的具体途径受当时所存在的动、宾、补三者之间的语义和语序限制。所有的指动补语语法化的过程中都经历了一个相当长的，其后排斥宾语的时期，这决不可能是偶然的巧合。同样，体助词“在”的语法化过程，还必然经历一个特定格式的转化和固定。汉语中一种新的语法形式的形成，往往是格式的固定和词语的虚化两个方面相互影响、相互促进、相辅相成的结果。我们从近代汉语和方言材料上可以看到格式“动＋在(介)＋处所宾语”在方言体助词“在”的语法化过程中起着重要作用。“在(介)＋处所宾语”在格式中作处所补语，同时要经历这样一个转化过程：“在”由比较实在的意义逐渐虚化(抽象化),空间意义逐渐消失,时间意义逐渐强化,语义指向也由宾语转向前面的动词,于是出现这样的结果:“在”后的宾语对于动词短语来说地位越来越低,宾语或者意义弱化,或者发生脱落,并且随着处所意义的虚化,“在”的句法地位逐渐固定下来。

下面是俞光中(1986)举《水浒全传》的材料:

(1) 只见墙边沙锅里,煮着一只狗在那里。(四回)

(2) 却才前面灵官殿上,有个大汉睡在那里。(十四回)

(3) 你不要缠,我的事务分不开在这里。(二十一回)

(4) 兀那松树背后一个人立在那里!(四十二回)

(5) 船稍头有一桶白酒在那里。(七十五回)

(6) 今日拿得你的一个头目,到俺总兵面前,不肯杀害,好生与他酒肉管待在那里。(八十八回)

从材料可以看出,“在那里”在句中作处所补语,但“在”的意义已经虚化,其语义指向已经转移,“那里”表处所意义不明显,正处于逐渐脱落阶段。这种发展完全符合石、李的观点。光山方言只有格式 2.2.1 可用“在/倒的”,其他格式不能,这可能是虚化过程的残留。这种转化其它方言可以得到证明:李崇兴(1996)①指出:湖北天门话有[ts‘ai⊃ ti^{a}l]一词。记作“在的”,“在的”用在动词前边,表示动作正在进行,相当于普通话“正在”;“用在动词后边,表示动作的持续,相当于普通话‘着’”。汪国胜(1999)②指出:大冶方言里,表示动作的进行或状态的持续通常是用“在里”,英山方言既用“在”,也用“在这里/那里”和“在里”。如:他吃在里,你就莫说了。她在那里哭,百事都不吃。湖北仙桃方言表进行态也用“在里”。普通话中也可找到例证:

① 李崇兴:《湖北宜都方言助词“在”的用法和来源》,《方言》1996 年第 1 期。

② 汪国胜:《湖北方言的“在”和“在里”》,《方言》1999 年第 2 期。

(1) 人身上时时刻刻在那里消耗水。

(2) 我在这里想明天的工作怎么安排。

“在那里、在这里”句中的处所意义并不明显,主要表示“正在进行”。(吕叔湘 1979)

(三) 我们可以看一下下面的材料:

(1) 鱼潜在渊。(《诗经·小雅·鹤鸣》)

(2) 是时桓楚亡在泽中。(《史记·项羽本纪》)

(3) 结庐在人境,而无车马喧。(陶潜《饮酒》)

(4) 迎新在此岁,唯恐踵前迹。(《柳河东集·田家》)

这些例句虽然符合“动+在介+处所宾语”格式,但由于“在”意义实在,语义指向偏其后宾语,处所词表处所意义没有弱化,不具备转化的语义基础。因此这种情况下,没有发生语法化。但观察以上例句可以发现,格式本身确实具有语法化的可能性,这与“在”在格式中的地位及语义指向有关,所以也有人认为这种格式应分析为“动词+介词”构成“动介复合词”后再带宾语。实词虚化,要以意义为依据,以句法地位为途径,也就是说,一个词由实词转化为虚词,一般是由于它经常出现在一些适于表现某种语法关系的位置上,从而引起词义的逐渐虚化,并进而实现句法地位的固定,转化为虚词。句子的各类结构中,补语跟动词关系最为密切,受语义关系控制,“在”便有语义向前转移的自然倾向。

以下列举汪国胜(1999)①例句:

(1)《朱子语类,卷 7》且如某之读书,那曾得师友,专守在里。

(2)《祖堂集,卷 6》若与摩,和尚来时,莫向他说纳僧在里。

① 汪国胜:《湖北方言的“在”和“在里”》,《方言》1999 年第 2 期。

(3)(天门方言)东西还保存在的。

(4)(苏州方言)门开好勒海。("在这里/那里"的方言变体)

(5)(温州方言)车底有两个外国人坐着搭。(同上)

(6)《太平广记·高正臣》乃重试退黜,唁者甚众,而此僧独贺曰:"富贵在里!"

(7)(光山方言)自行车在门口放在的。

例句中"在+处所词"已经虚化,"在"念轻声,只表语法意义,不具有独立的词汇意义。处所词失去其表处所意义功能,成了可有可无的成分,但还没完全脱落。但是可以看到"在"的语法意义和它虚化前的词汇意义是相关的。刘坚(1992)认为:汉语虚词一般都是由实词发展变化而来,虚词语法意义大都跟它所来自的实词意义有关,一个实词的虚化往往跟它所结合的词的类别和意义有关,跟它在句中的位置或语境有关。"在"所表示的词汇意义"存在"与它的语法意义"持续/进行"之间是有着内在联系的。

下面是"在"作体助词的句子:

(1)果毅又问曰:"阿兄在家里作何物在?"青奴又报云:"阿兄在家里新生儿,见在蓐里卧在。"(《启颜录·昏忘》)

(2)(王)且死,戒子弟治身后事,指其棺曰:"入此见胡待制时,大费分说在!"(《夷坚志·王敦仁》)

(3)把酒送春惆怅在,年年三月病厌厌。(韩偓《春尽日》)

(4)八月还平在,鱼虾不用愁。(李群玉《旧庭乾》)

(5)(罗公远)又借太子所乘马,太子怒,不与。远曰:"已取得来,于后园中放在。"(张鷟《朝野佥载》)

(6)拂衣司谏犹忙在,此意渊明却少知。(陆游《小园》)

上述例句,"在"已完成语法化,处所宾语脱落,只表语法意义。但还是可以感觉到“在”后曾经有过处所宾语“那里/这里”。“在”具体在什么时候虚化为助词还不得而知，但从所见材料可看出至少在隋唐时这种转化已经完成。方言中体助词“在”经历了从实到虚的语法化过程。在这个过程中，格式“动＋在（介）＋处所宾语”起着关键性作用。

（原刊于《阜阳师范学院学报（社会科学版）》2008年第2期）

参考文献：

[1] 刘坚江、蓝生等：《近代汉语虚词研究》，北京：语文出版社1992年版。
[2] 吕叔湘：《现代汉语八百词》，北京：商务印书馆1980年版。
[3] 石毓智、李讷：《汉语语法化的历程》，北京：北京大学出版社2001年版。
[4] 涂光禄：《贵阳方言的助词“倒”》，《中国人民大学学报》1997年第3期。
[5] 徐丹：《汉语里的“在”与“着”》，《中国语文》1992年第6期。
[6] 俞光中：《〈水浒全传〉句末的“在这（那）里”考》，《中国语文》1986年第1期。
[7] 语言所古代汉语研究室编：《古代汉语虚词词典》，北京：商务印书馆2000年版。

从光山话的“恁”看指示代词“三分法”

光山方言单音节指示代词除了近指代词“这”[$tɛ^{31}$]和远指代词“那”[la^{31}]，还有一个“恁”[ǹ]。“恁”的意义和功能比较特殊。可单用，也能和“这”“那”对举使用。当“这”“恁”“那”三者并立使用时，“恁”是介于“这”和“那”之间的中指。“恁”在句中可以修饰名词、动词、形容词，可以充当主语、谓语、宾语、修饰语。本文试图对指示代词“恁”的意义和功能作出说明。同时对“恁”的使用作一个横向比较，进而探讨一下现代汉语方言指示代词“三分法”问题。

一 光山方言“恁”和“这”“那”

“恁”和“这”对举使用时，主观上忽视更远的所指，使人感觉“恁”类似于“那”。如：

这件衣裳是我的，恁件才是他的。

就这么一点东西，恁么些人分不过来。

“恁”和“那”对举使用时，“恁”的意义接近“这”。如：

恁个人我一点没得印象，那个人我好像见过。

恁几本我看过了，那几本还没看。

“恁”和“这”“那”同时使用时，“恁”成了介于近指“这”和远指“那”之间的中指。如：

这个湾儿叫大胡湾，恁个叫小胡湾儿，那个叫李小湾儿。

我不到这亥儿去，也不到那亥儿去，我到恁亥儿去。

“恁”表示中指时，有以下条件限制：(1) 要与近指“这”和远指“那”同时出现，中指意义才会凸显。(2) 所指对象都在说话双方附近，一般都在看得见的范围内。即使眼前不能看见，听说双方心理上都应该十分清楚。(3) “恁”所表示的中指是位于近指和远指之间的某个位置和时间段上。也就是说，“恁”所表示的中指意义是相当灵活自由的。它所反映的位置和时段远近在光山方言实际表达中，还可以通过读音强弱来表示。如果读得较轻，反映了距近指较近的位置和时段；读得较重，则反映了较远的位置和时段。

朱建颂(1986)①认为，武汉方言的指示代词也是三分的，有“这”[tsɤ˦]、“那”[na1]，还有“□”[nɤ˦](取“那”的声母和“这”的韵母)。陈淑梅(1999)②指出，鄂东方言中，“个汉儿”与“这汉儿”“那汉儿”同时出现时，表中指。光山靠近鄂东，与武汉相距也不远，光山方言中“恁亥儿”与鄂东方言“个汉儿”意义和用法基本相同。张一舟、张清源、邓英树(2001)认为，成都话中“那”$[ne^4]$并不表示中指，因为$[ne^4]$和$[na^4]$、$[tse^4]$并没有对立的关系。光山方言指示代词系统中任意两个都是对立的，当需要分别三个事物时，“这”“恁”“那”三者形成对立，并且绝对不能互相替代或互换。对比光山方言“这”“恁”“那”三者共同使用时所表示出来的意义可以

① 朱建颂：《武汉方言的指示代词也是三分的》，《中国语文》1986年第6期。

② 陈淑梅：《鄂东方言中“个”字的用法》，《方言》1998年第1期。

发现，“恁”确实反映了介于近指和远指之间的位置和时段，虽然中指与近指和远指之间的界线还比较模糊。

二 “恁”及其派生形式

（一）单用的“恁”

前面提到“恁”和“这”“那”对举使用情况，“恁”单用时由于缺少了比照的对象，所指代或修饰内容具体是近指还是远指就不太确定，有混淆的趋势，需结合一定的语境来判断，可以称之为“游指”。

“恁”作为指示代词具有替代和指称作用，单用时可作主语、宾语。作主语时，一般用在判断句中，可指人，也可指事物；作宾语时，一般只指事物不指人。如：

恁是一个新来的学生。
恁是他的东西，你不要乱动。
不要再提恁了，我一想起就头疼。（指一件东西或一件事。）

“恁”作主语，有时话题中含有一个预设前提，即假设一种情况的发生，相当于“如果那样的话”，同时内含了一种连接作用。如：

恁就难说了。
恁我也想不出么事好主意了。恁我就不去了。

（二）“恁”的派生形式

“恁”作为基式可以派生出系列指示代词，分类如下：

	基式	派生式			
替代指称	人或事物	处所	时间	数量	性质状态方式程度
形式	恁	恁儿、恁里(头)、恁边儿、恁面儿、恁亥儿、恁场儿	恁(门)咱子、恁会儿、恁时(候)、恁阵子、恁(一)下儿、恁(一)气子	恁些	恁么、恁样(子)、恁么(样子)

光山方言中,由基式“恁”及其派生出来的指示代词可组成一个系统,它们与“这”“那”两系统分别形成整齐的对应。

(三)这里介绍几种具有方言特色的派生式

1. “恁亥儿”“恁场儿”

这两个在光山方言中都指代处所。“恁亥儿”“恁场儿”带有明显的地方特色,在方言口语中常用,可作主语、宾语、定语。如:

恁场儿我有一个亲戚。

恁亥儿的人都滑得很。

他在恁亥儿睡倒在。

我以前到过恁场儿。

恁亥儿的东西最偏宜。

“恁亥儿”“恁场儿”还可放在代词或名词后,构成同位结构,指代跟代词或名词相同相关的位置。如:

他恁亥儿搞得还好看些。

罗山恁亥儿的树都叫人偷完了。

我恁场儿没得你要的东西。

2.“恁(门)咱子”“恁(一)下儿”“恁(一)气子”

这些都指代时间,相当于“这时候”或“那时候”。可作主语、宾语、状语、定语。如:

恁下儿雨下得小些。
你恁(门)咱子才来有么用。
恁(门)咱子的人真受罪,跟现在不能比。(那时候)

“恁(门)咱子”在光山方言中还可表示“这/那么长时间”,句中含轻微责备和不满。如:

他跑哪儿去了,恁(门)咱子还不回来。上一趟街要恁(门)咱子吗?

3.“恁些”

“恁些”和“这些”“那些”作用相当,可作主语、宾语、定语。如:

我今日一大天就干了恁些。(这些)
我昨日一大天就干了恁些。(那些)
恁些是没用的东西。
恁些人在搞么事?

4.“恁么”“恁(么)样(子)”

“恁么”“恁(么)样子”可替代或指称性质、状态、方式、程度,是谓词性代词,应用较广。经常作谓语,也可作主语、宾语、补语和修饰语,“恁(么)样(子)”单独作主语、宾语时,相当于“这/那种”。如:

他的脾气就是恁样的,改不过来。

醉得恁样子还要喝。

他只恁么比划一下谁搞得懂。

长恁么大还没有到过县城。

“恁么”有时用在形容词前，相当于程度副词。如：

一棵树有碗口恁么粗。

一条蛇有扁担恁么长。

“恁么＋个＋名词”包含厌恶的感情色彩，光山方言中用得较多：

他就是恁么个人，不要理他。

恁么个样子谁也不爱。

5.“恁个”在光山方言中使用较广，主要有：

第一，指示、区分作用，一般作主语、宾语、修饰语。如：

恁个是过去的事了，现在还提它搞么事？

我心里头想要的是恁个。

过了恁么长，我都忘了恁个人长个么样子了。

第二，替代形容词，只作谓语，往往是为了避讳，用“恁个”代替粗俗不雅的字眼。如：

王主任什么都好，就是有点儿好恁个。/他脾气有点儿恁个，其他是好人。

第三，可概括某一类，有“这(那)种/类”的意思：

你恁个话说的不对。/恁个桃子看起来不错。

三　从“恁”的横向比较看指示代词三分法

现代汉语普通话指示代词是二分的：近指“这”和远指“那”，并且形成近指和远指两大系统。但在各地方言中情况各异，大多数也是近指和远指两类，不过是语音表现形式有一些不同，也有些方言指示代词合成一种；有些方言表人或事物的指代词，可以分成近指、中指、远指三类；有些虽然不能三分，但在一定情景下模棱两可，趋于混淆。

王力(1954)①提出了“两分法和三分法”，认为在有些语言里，指示代词分为近指和远指两种，例如中国古语里的“此”和“彼”，现代官话的“这”和“那”。另有些语言里，除了近指和远指之外，还有第三种指示代词，就是非远非近，只指某一类人物。例如现代苏州话近指用“该”，远指用“规”，普通非远非近用“格”。王力先生虽然没有提出“三分法”的概念，但他指出现代汉语方言存在非远非近的第三种指示代词，其实也就是“中指”。吕叔湘(1947)②认为，用“这”“那”来指示上文已说或虽未明说，但说话人、听话人早有默契的人或事物时，“这”“那”近指和远指区别并不明显，两者可以通用，类似于一个中性指示代词，这说明二分系统也具有不确定性。他后来进一步指出，“这”和“那”不对举时，“这”的近指性和“那”的远指性都会弱化而近于中性。这种情况在很多方言里都存在，袁家骅(1983)③指出，苏州话指示代词的近指和远指常有混淆的趋势，多数索性不分远近，表数量的指代词“这些、那些”都用“□星”[gɤʔ⊆ sin]；表示方式和程度，似乎也不分彼此，用“实梗”[zɤʔ⊆ kaŋ，zaŋ⊇]表示。广州话表方式的指代词“这样、那样”用同一个“咁样”[kam˦ jœŋ˦]来表示，没有分别。

① 王力：《中国语法理论》，中华书局1954年版。
② 吕叔湘：《中国文法要略》，商务印书馆1947年版。
③ 袁家骅：《汉语方言概要》，文字改革出版社1983年版。

黄景湖(1987)①认为,有些方言表示人和事物的指代词可分成近指、中指、远指三类。如苏州话近指“该个”(这个)、中指“格个”(那个)、远指“归格”(那个)。钟祥话近指“这个”[tʂə⊃ kə⊃]、中指“那个”[nə⊃ kə⊃]、远指“那个”[⊂nəkə]。詹伯慧(1981)②指出,有些方言“远指”又分出“较远”和“更远”来,形成了三类指示代词:近指、较远指和更远指。这在闽方言的潮州话中表现得非常明显。如:

近指:只块[tsɿ$^{53}_{24}$ko^{323}](这儿)

远指:较远:许块[hw$^{53}_{24}$ko^{323}](那儿),更远:许块[hw^{53}ko](那儿)

像这样在“远指”中分出两类的现象,江西龙南话中也有所反映,龙南话“近指”用“这”[tsə⊃],但远指“那”却有两种读音,一是读去声[nə⊃],指较远;一是读上声[⊂nə],指更远。更有甚者,客家方言的指示代词用来指人、事物、处所、时间、数量等时,可以有四类的区别:近指、中指、远指和特远指。如:

唔系 le^{2} 只。(不是这只。近指)

唔系 kai^{2} 只。(不是那只。中指)

也唔系 kai^{4} 只。(也不是那只。远指)

系 kai^{4}kai^{4} 只。(是那〈那〉只。特远指)

---

① 黄景湖:《汉语方言学》.厦门大学出版社 1987 年版。

② 詹伯慧:《现代汉语方言》,湖北人民出版社 1981 年版。

钱曾怡(1992)①指出，山东诸城方言的基本指示代词有“这 tʃə˧˩”、“乜 n̥iə˧˩”、“那 na˧˩”三个。“这”为近指，“乜”和“那”都可作为远指。当需要区分三个位置时，用“这”“乜”“那”三者并举表示，“乜”所指的位置介乎“这”与“那”之间，相当于中指。如：

屋里这个是老大，天井里的乜个是老二，在街上耍的那个是老三。

山东嵊县方言表处所、行为方式、事物状态的近指用“介[꜀ka]”，远指用“篷[꜁boŋ]”。“介”有时也含有“那”的意思，这跟上下文有关系。如“介大”可以解释为“这么大”或“那么大”。

小川环树(1981)②说，苏州话除近指、远指之外还有指非远非近的一种，和日文的“中称”相等。小川从 A. Meillet 与 M. Cohen 合编的《世界的语言》里引用暹罗语、越南语、喀西语、崩龙语的指示代词分别近指、远指、最远指的例子，提出一个大胆的假设：远古的汉语(即汉藏语系的共同母语)指示代词很可能本来是三分法，一些非汉族语言有保留的，而汉语方言(虽然极少数)也有保留的，这可能都同出一源。汉语的北方话大多已失掉这三分法，或许是受了阿尔泰系语言的影响也未可知，因为蒙语和满语的指示代词只有两种(近指和远指)，是用两分法的。小川的文章刊登以后，陆续有人发表关于这个问题的文章：米青(1986)③指出山西晋中和晋东南有些地方有三分法，其中阳曲县近指代词“这儿”，中指代词“那儿”，近指代词“兀儿”。朱建颂(1986)④武汉的指示代词也是三分的。津化(1988)⑤说山东惠民和东营一带的方言有一个“乜”[niɛ꜄]，它和“这”“那”同时出现时是明显的中指，但在不和“这”“那”同时出现时，意思有点

① 钱曾怡：《汉语方言研究的方法和实践》，商务印书馆 2002 年版。

② 小川环树：《苏州方言的指示代词》，《方言》1981 年第 4 期。

③ 米青：《指示代词三分法补例》，《中国语文》1986 年第 1 期。

④ 朱建颂：《武汉方言的指示代词也是三分的》，《中国语文》1986 年第 6 期。

⑤ 津化：《指示代词三分法补证》，《中国语文》1988 年第 5 期。

像“那”，但不能理解为“这”。

吕叔湘(1990)①拿普通话的基础方言北京话做例子，研究“这、那”的各种用法，然后跟三分法的方言做比较，得出下面的结论：二分法的指示代词能对付各种情况。所谓“中指”指示代词不但是一个不论远近的中性指示代词，而且是一个弱化的指示代词，是由近指指示代词或远指指示代词弱化而成。从已知的指示代词三分法的方言的例子看，“中指”指示代词的声母或者与近指指示代词相同，或者与远指指示代词相同。如果这个假设成立，那就是先有二分法，后有三分法，而不是先有三分法，后有二分法，更谈不上受突厥语系语言的影响了。

这里我们想结合光山方言指示代词“恁”的使用情况谈谈指示代词三分法问题：光山方言指示代词“恁”非对举使用时，主观性的中指就得不到凸显；中指意义需借助近指“这”和远指“那”才能显示出来。说明“恁”并非一个完全意义上的中指代词，“恁”的出现和使用跟人的心理认识有很大关系，前面提到过“恁”在使用时可以分别通过读音的强弱来区分远近，这更说明“恁”的中指义与人的主观意识有关，跟说话人和听话人的认同有关。吕先生也指出，近指和远指的分别，基本上是空间的，但也往往只是心理的。光山方言指示代词“恁”同样应当是由近指指示代词或远指指示代词弱化而成，而不是独立的与近指和远指毫不相干的中指。从前面的材料来看，很多方言的三分指示代词用法都与光山方言相同。所以严格地说，用“中指”这个概念并不准确。

这里我们可以用下图来表示现代汉语方言指示代词使用情况：

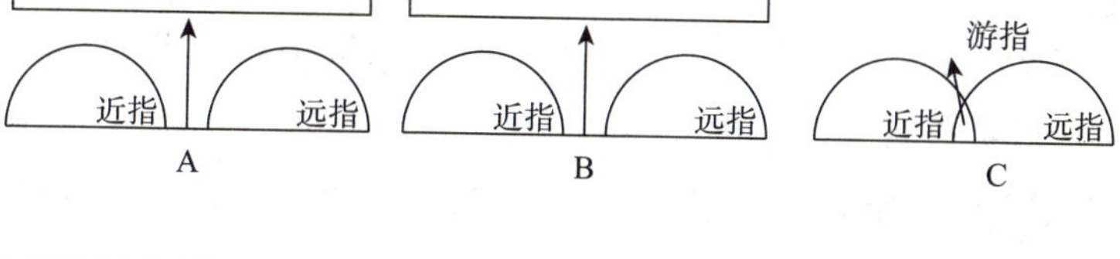

① 吕叔湘：《指示代词二分法和三分法》，《中国语文》1990年第6期。

A图表示二分法，中间地带主观上不予重视，主观上只认定近指和远指，构成指示代词基式系统。B图在近指和远指之间存在着主观上认定的中指来弥补表达上的不足，属“三分法”。C图近指和远指之间存在着交集，交集部分混淆近指和远指，称之为“游指”（游离于近指和远指的模糊现象）。所谓“更远指”主要是弥补远指的不足，和“三分法”道理是一样的。

吕先生认为二分法的指示代词能对付各种情况，但方言中确实存在着这样的现状：如前面列举，有不少方言存在“三分法”，很多“二分法”有混淆的趋势。这是不容忽视的事实，这种混淆其实就是主观上对中间地带的忽略。我们有意识地统计了李荣主编的《现代汉语方言大词典》（分卷本），结果发现：其中有28种方言指示代词二分，占70%。它们是：贵阳、太原、金华、银川、南京、娄底、梅县、西宁、黎川、济南、建瓯、东莞、雷州、柳州、福州、上海、扬州、杭州、忻州、温州、长沙、厦门、南昌、牟平、萍乡、哈尔滨、乌鲁木齐、西安。合一（有混淆趋势）的有7种，占17.5%。它们是：海口、南宁、于都、徐州、广州、成都、宁波。三分的有6种，占据12.5%。它们是：武汉（朱建颂1986）①、丹阳、万荣、于都、苏州、洛阳。合一和三分合起来占30%。这些事实和数字说明在指示代词三分法问题上确实还有许多值得思考的地方。洪波（1991）也指出：指示代词是一个自足的系统，在这个系统里每一个成员的价值都充分依赖于本系统其他成员的关系。三分系统，虽然内部结构可以各种各样，但在价值的获得上都具有一致性，它们不是非此即彼，非彼即此，而是三足鼎立，其中每一个成员的价值要取决于另外两个成员的关系。二分法和三分法区别模式没有优劣之分，分别适用于各自的使用者。也就是说，二分法对于它的使用者来说是足够的，而对于其他人却不尽然。

到底是先有三分法还是先有二分法我们这里不想讨论，但从近代汉语资料中我们发现有两个指示代词“乜”[nie⊃]和“恁”[nən⊃]，它们有混淆远指和近指的趋势，也就是说，在具体句子中，很难判定它是指“这”还

① 朱建颂：《武汉方言的指示代词也是三分的》，《中国语文》1986年第6期。

是指“那”。如：

金墩说：“俺就乜么样哩？”(《聊斋俚曲集·增补幸云曲》)

于氏拭了脸，劈珊瑚瓜的声一耳根子，说：“我看不上你乜脏样。”(同上)

难得他恁地喜欢高兴，不要请得个不凑趣的人，弄出事来。(《拍案惊奇》三十)

谁家庭院恁萧疏，决不是空中楼阁全无主。(清·李渔《巧团圆·梦讯》)

若是他不恋恁春风画堂，我便官封你一字王。(元·马致远《汉宫秋》三折)

可惜恁般一块玉，如何将来只做得一副劝杯！(《京本通俗小说·碾玉观音》)

恁时节喜孜孜鞭敲金蹬响，笑吟吟齐和凯歌回。(元·关汉卿《单刀会》第三折)

婆子并不争论，欢欢喜喜的道：“恁地，便不枉了人。老身就少赚几贯钱，也是快活的。”(《古今小说》卷一)

虽然我们不敢说现代方言中中指代词就是由近代汉语“乜”和“恁”转变而来的，但似可承认它们之间存在着一定的关系。

最后，我们不妨可以假定这样一个可能，指示代词近指和远指在实际使用时，由于词义的模糊性以及人们心理认识的局限性，不同地域的人对其中的模糊地带作出了不同的主观认定方式，有的漠视这一地带，有的强化为中指，有的使用近指与远指的交集。这种中指现象不但在现代汉语中有，早在近处汉语中就已经出现了。

(原刊于《阜阳师范学院学报(社会科学版)》2010年第3期)

参考文献：

[1] 李荣：《现代汉语方言大词典》(分卷本)，江苏教育出版社 2002 年版。

[2] 张一舟、张清源、邓英树：《成都方言语法研究》，巴蜀书社 2001 年版。

光山方言动态助词“倒”和“的”

普通话动态助词“着、了、过”，在光山方言中只有“了、过”，没有“着”。“着”的语法功能和意义在方言中由“倒、的、在”充当，“倒、的、在”和“着”功能、意义和使用情况并不完全对应。这里对“倒”和“的”的语法意义和语法功能作初步考察（“在”另文讨论）。

一　“倒”的语法意义及其分类

根根表达的语法意义及其作用，可以把光山话的“倒”分为“$倒_1$”、“$倒_2$”、“$倒_3$”。

（一）“$倒_1$”

“$倒_1$”一般用在有结果意义的动词或词组后边（动词或词组后可以加“了”），也可以用于动词重叠式后边，并且常位于句末，表示先完成这件事（其他事暂且不管或再去做别的事），因为“V 倒”，多用于表达“待此动作先行之后再”的意义，所以可以称之为“先行体”。如：

（1）等他走了倒。

（2）我想一下倒。

（3）看看了倒再走。

（9）等天亮了倒。

（10）你们先吃倒。

（11）先不要对他说，等两天倒。

(4) 衣服等一下再洗，先看完这个电视剧倒。
(5) 把东西看倒，我去一趟厕所。
(6) 你先在这儿等倒。
(7) 你听他说完倒。
(8) 你们几个先跟倒他。
(12) 先放在那亥儿，明天倒。
(13) 你不要走，等我哥走了倒！
(14) 等老师来了倒
(15) (这个先不要动)——吃了倒(再说!)
(16) 管他的，我吃了倒(再说)!

例句(1)(2)(3)(4)表示动作的先后次序，即先完成眼前的动作行为，然后再考虑或做其他的事情。(5)(6)(7)(8)表示命令或嘱咐。(9)(10)(11)(12)表示有所期待。(13)(14)(15)(16)表示威胁或警告。(15)(16)表示说话者不考虑后果，先实施动作，一般用于对话的答语，含强调非做不可的意味。

先行体“V+倒”，前可加上副词“先”，“$倒_1$”后常有别的动词或动词词组，做紧缩句的后一分句，其前须加“再”加以联系。这种情况下“倒”可以省略，一般用于祈使句：

玩玩了倒——先玩玩了(倒)再走，玩够了——先玩够了(倒)再走

好好地睡一觉倒——先好好地睡一觉(倒)再走

干完活倒——先干完活(倒)再走

“先行体”句式也可以在前面加动词“等”(动词“等”也可以有自己的主语，其他动词一般也可以用“等”替换，前面加上“先”或“等”以后，“先行体”享义更加明显)。如：

等天亮了倒……　　等这双鞋穿破了倒。

我们让他办完作业倒——我们等他办完作业倒。

你听/让他说完倒——你等他说完倒。

有时这种"先行体"意义并不显著，主要表示"先暂时做做"或"先试一试"的意思，至于后续行为或事件则不去注意甚至根本不存在。如：

我们找几本书看看倒些。　　你们谈倒些，我一会儿就回来了。
你写倒此，我回来帮你看看。　这包儿你拿倒，我去买个东西。

涂光禄(1997)认为贵阳方言"倒$_3$"位于句末，是一种特殊的语气词，"VP倒$_3$"表达动作行为先于某一情况意义。光山方言"倒"和贵阳方言"倒$_3$"用法和意义相当，位于句末时，既表示一种体意义，又表示语气。但不同的是光山方言"倒"在应用时往往可以用"倒些"替代，这时"倒"更多的是表达体意义，而"些"承担了表达语气的作用，这时动词不能带宾语。如：

先吃倒——先吃倒些　　你位谈倒些，我先走了。
我们先走倒些，他们一会儿就赶上了。你们在这里先看倒些。

另外光山话口语中经常用到"忙倒"或"忙倒些"，属客套话，表示让对方"暂时先忙着"，一般有一个后续句，表示"自己去干某事"。当然对方不一定要忙，只是客套话而已。如：

你忙倒，我走了。　　你先忙倒，我等一会儿。

(二)"倒$_2$"

1. "一般式"

"倒$_2$"用在动词、形容词后边表示动作行为静止状态或动作行为结束以后事物的存在状态，称之为“持续体”(包括静态持续和动态持续。静态持续表示状态持续，动态持续表示行为动作的持续)。句型通常为“V＋倒$_2$＋(在/的)”。如：

(1) 墙上挂倒一幅画。
(2) 水缸里装倒水的。
(3) 到门口站倒好多人。
(4) 桌子上放倒几张报纸。
(5) 电灯一直关倒在。
(6) 门锁倒的。
(7) 你千万不要学倒他。
(8) 恐怕要下雨，你带倒雨伞。
(9) 他把头昂倒。
(10) 他把大衣披倒。
(11) 他睡觉时把灯亮倒。
(12) 狗把耳朵竖倒。

例句(1)(2)(3)(4)说明某处某人/某物处于某种状态，表明一种存在状况，其句式可以描写为“N处＋V倒$_2$＋(数量)＋N施/受”。进入这种句式的动词要求动作能够持续。如例(1)(2)，有的动词虽表示一种短时的状态，但动作完成后即表示为一种持续的状态，如例(3)(4)。这种句式还可以变换为“N施/受＋V在＋N处＋(在/的)”的句式，如：

一幅画在墙上挂倒在。　　　　好多人屋门口站倒的。

例句(5)(6)判定景物正处于某种状态，其句式可以描写为“N受＋V倒＋在/的”，句末“在”强调了持续的意义。这类句式一般要以在动词前加入“是”，句中可以加上“一直”等时间副词，但加“是”后句末只能用“的”不能用“在”，这时“的”只表语气。如：

电灯是一直关倒的。　　　　门是一直锁倒的。

例句(7)(8)“V倒$_2$”单独作谓语，主语是施事，宾语是受事，表达了施事主语进行V的动作，属于一种“动态持续”。其句式为“N施＋V倒＋N

受”。这种句式还可以变换为“N受+N施+V倒(些)”，如：

恐怕要下雨，雨伞你带倒些。 他你千万不要学倒。

例(9)(10)(11)(12)表示使景物处于某种状态，其句式为“N施+把+N受+V倒”。“V倒”既表示处置的行为，同时又表示处置的结果(持续的状态)。V有时是一个形容词，但在这一句式中已动态化(也有人认为形容词接动态助词是其语法特点之一)。其句式可变换为“N施+V倒+N受”。如：

他披倒大衣。 他睡觉亮倒煤。他尖倒头往里挤。

2. “连动式”

“V+倒$_2$”，可以用于动式(连动式)结构中，表示格式为“V_1+倒$_2$+(0)+V_2+(0)”。可以表示顺承关系，即两个运输和同时进行，两种状态同时存在，两种次序先后相接。也可以表示伴随状态，即前一个带“倒$_2$”尾的动词修饰后一个主要动词，表示主要动词动作行为的进行方式。如：

跍倒不起来/站倒吃长得高/揪倒不放手/看倒节目完才走/开倒门睡觉/我跟倒你去

3. “重叠式”

重叠式指倒$_2$用在“V倒$_2$V倒$_2$……”句型中，表示持续动作行为中又发生了某种变化，V不但可以是动态动词，还可以是静态动词，V后不带宾语。“V倒$_2$V倒$_2$”强调某一种时间段而非时间点的持续过程，后面要求接后续句。如：

(1) 她想倒想倒就伤心起来了。

(2) 汽车停倒停倒，一下子开走了。

(3) 吃倒吃倒就睡着了。

(4) 走倒走倒忽然下起雨来了。

(5) 说倒说倒已经到了家门口。

(6) 他跑倒跑倒突然肚子疼起来了。

“V倒$_2$+V倒$_2$”引出后续句，表示出现了新情况，而且后续句中往往有特定标记词，形成比较固定的格式。常见的有四类：

① “V倒V倒就VP”，强调后续VP紧接着“V倒V倒”出现，如例(1)(2)。② V倒V倒又VP，强调后续VP与上没有转折关系。如例(3)。③ V倒V倒已VP，强调后续VP在“V倒V倒”中完成或达到了某种状态。如例(4)。④ V倒V倒竟然(突然、忽然)VP，强调后续VP出人意料。如例(5)(6)。

4. “A+倒$_2$”式

“A+倒$_2$”式就是指一部分性南形容词动态助词“倒$_2$”表示静态的持续实体。“A+倒$_2$”式有三种形式：(1) “N受+A+倒$_2$”格式。(2) “A+倒$_2$+(数量)N受”。(3) “A+倒$_2$+N受”，“A+倒$_2$”式表示“N受正处于A所表达的状态‘或’使N受保持A所保持的状态。”如：

饭正热倒在	空倒一个房间	红倒脸
腰弯倒在	亮倒一盏灯	硬倒头皮

(三) “倒$_3$”

“倒$_3$”和动词搭配表示动作行为已经发生了，包括“完成”和“实现”两方面，“完成”指行为结束，“实现”指新情况出现，可以称之为“完结体”。

“倒$_3$”表示“完结体”往往需带上宾语或目的补语，更多的是在句末加上“了”来补足完成义。其格式又可以分为两类：

第一类又可细分为三小类：

(1) 一般行为动词带名词，代词作宾语，表示动作行为达到目标、目的。主语往往是施事或工具。如：

找倒本书/棍子打倒头了/他找倒那个人了/请倒假了

(2) 动词是感知助词，宾语一般是短语或小句。表示感知某一情况。如：

看倒他走过去的/听倒有人敲门/想倒是你/猜倒你已经走了

(3) 主语是受事“V＋倒$_3$”表示“受事被产生某种结果”，动词之前可以补上介词“被”构成“N受＋V倒$_3$＋了”格式。如：

下水道塞倒了/衣裳穿倒了/肚子胀倒了/那个人他找到了

第二类“V倒$_3$”带上方位短语，处所各词作宾词，实际结构是“V倒$_3$＋O(方位短语，处所各词)”。这里“V倒$_3$”表示动作延及某处并将产生结果，“倒$_3$”有时相当一个介词“在”。如：

找倒家里来打架/坐倒椅子上/抓倒派出所去/撵倒教室里骂

“倒$_1$”和“倒$_3$”在句中都可以表示“完成”的意义，句中一般可以带表完成义的助词“了”。但“倒$_1$”只表示“动作完成”，而“倒$_1$”还可以表示并不一定要完成，只是先进行某个动作。蕴含有接着再进行下一个动作，而“倒$_3$”没有这个意义。试看下面两组比较：

(1) {看看了倒 / 下水道塞倒了}　　(2) {我们先走倒些(他们会赶上来的) / 他找倒那个人了}

(1)组上句前面可补上“先”,后面加上“再说、再买”等,表示完成“看”的动作,然后接着完成下面的动作。下句只表示“塞”这个动作的完成,没有后续句。(2)组上句“走”的动作没有完成,还在持续进行中,但有一个后续句。而下句只表“找”的动作的完成,不能持续进行。

二 “的”语法意义及其分类

根据表达的语法意义及其作用,可以把光山方言动态助词“的”分为“的$_1$”“的$_2$”“的$_3$”。

(一)“的$_1$”

“的$_1$”跟在动词形容词(一般是单音节的)后面表示动作正在持续,相当于普通话“着”构成“持续体”。

1. 一般式

“的$_1$”跟在单音节动词、形容词后,后面一般不带宾语。如:

(1) 钟走的。

(2) 门开的,窗户也开的,人不晓得跑到哪亥去了?

(3) 他在床上睡的。

(4) 我还饿的,去下一碗面条来。

(5) 你总在家闲的也不个事儿。

(6) 锅里火着的。

(7) 一个窗子亮的灯。

(8) 你拿的么事东西?

(9) 老王拿的锄头走的。

(10) 他拿的镰刀出门的。

例句(1)(2)构成格式“N受+V+的$_1$”,表示受事主语正处于某种状态。(3)(4)(5)(6)主语是施事,构成“N施+V+的$_1$”,表明施事处于某种状态。(7)(8)构成“V/A+的$_1$+0”格式。(9)(10)句中有两个动词“V_1”和“V_2”,“V_1+的$_1$”修饰V_2,表明V_2动作的状态或方式,句末“的”是一个语气助词。

2. 重叠式

“的$_1$”跟在重复动词后面强调它的持续性,如:

说的说的哭开了。　　吃的吃的睡着了。

坐的坐的腿直不起来了。　　走的走的下起雨来了。

这种形式动词一般是单音节动词。主要是表示动作、行为、心理活动和趋向的动词。不能是表存在、消失、判断可能的动词,且只能位于句子前半部。由于有一定语言环境,一般不用主语。若有主语,往往是表示人或事物的施事主语,也可以在前面加上“正、正在”等表时间的副词。

(二)“的$_2$”

“的$_2$”放在动词、形容词后,表示动作已完成,或者肯定某种事实情况(也含有完成的意思),可以称之为“完成体”。如:

(1) 他七岁上的学。

(2) 想的好一会。

(3) 他是坐的汽车走的。

(4) 他比他高的三寸。

(5) 我在这儿住的好长时间了。

(6) 拿的半天没一个人来接去。

(7) 花生炒的吃，还是煮的吃。

(8) 这种菜贵的一块钱一斤。

(9) 他们叫的半天了。

(10) 我脱的鞋进来的。

(11) 跑道上种的好多树。

(12) 他大的一岁零三个月。

“的$_2$”强调动作已经完成或肯定了某种事实情况，肯定的意味比较强，有时候和普通话“了”相近，但并不完全等同“了”。

(三) “的$_3$”

“的$_3$”跟动词结合表示作正在进行，构成“进行体”。如：

(1) 他(正)吃的嘞。

(2) 他(正)吃饭的嘞。

(3) 他(正)和一个人说话的嘞。

(4) 他(正在)路上跑的嘞。

“的$_3$”一般用于“V＋的＋嘞”格式中，表示动作正在进行，因此句中一般可以加上“正、正在”一类时间副词。能够进入“V＋的＋嘞”的动词为及物动词，一般也可以带宾语，这时“的$_3$”放在宾语后面，如例句(2)(3)。“嘞”是一个语气词，对于“的$_3$”进行体格式是必不可少的。

三　动态助词“倒”和“的”用法比较

(一) 光山方言中，动态助词“倒”和“的”跟动词(部分性质形容词)配合，都可以表达“进行中”、“持续体”、“完成体”等语法意义，很多情况下，二者作用相同，可以互换。如：

进行体：他正吃的嘞——他正吃倒嘞

他正在路上跑的嘞——他正在路上跑倒嘞

持续体：钟走的嘞——钟走倒嘞

吃的吃的睡着了——吃倒吃倒睡着了

完成体：我脱的鞋进来的——我脱倒鞋进来的

他大的他一岁零三个月——他大倒他一岁零三个月

（二）“倒”和“的”的差别

1. “倒”可构成“先行体”，“的”没有这种用法。如下列句中“倒”绝不能用“的”替换：

等他走了倒。　　好好地睡一觉倒再说。

保听他说完倒。　　先不要对他说，等两天倒。

2. 表达“持续体”意义时，“倒”构成格式“V＋倒＋在/的”，而“的”直接用“V＋的”，可以看出“的”在这里具有双重作用，即既表达动态又表达语气。而“倒”主要表达动态，后面的“在/的”承担了部分表达语气的作用。如：

她在床上坐倒的——他在床上睡的。

屋门口站倒好多人——好多人在门口站的。

3. “倒”构成的“完结体”要求动词在语义上具有[＋完成]＋[＋状态]特征，这些动词往往表示动作一完成之后就进入相应的状态。而“的”构成的“完成体”动词只具有[＋完成]特征。也就是说只强调动作已经完成，至于不进入相应的状态就不管了。如：

（1）今天是我做的饭。　　（2）他说的明天来。

（3）我们定的明天去县城。　　（4）他是坐的车走的。

(5) 下水道塞倒了。　　(6) 坐倒椅子上。
(7) 找倒一本书。　　(8) 肚子胀倒了。

例句(1)(2)(3)(4)表示动词所发出的动作已经完成,相当于"已经……"。而例句(5)(6)(7)(8)相当于V完成之后,于是就V着的形式。如"塞倒"表示"塞"的动作完成了以后,就进入"塞着"的状态。而"说的"只表示"说"的动作已经完成,相当于"说了",不能进入"说着"状态。

4. "倒"可用来连接两个动词,构成"连动式",表示动词的动作行为的方式状态。V_1 可带可不带宾语,而"的"用得较少,V_1 要求跟名词性宾语。以下例句可以用"倒"而不能用"的":

他说倒说/我跟倒你去/开倒门睡觉/揪倒不放手

一般用"的"的地方都可以用"倒",如:

他拿的镰刀出门的——他拿倒镰刀出门的

5. "倒"可以用于祈使句中,表示命令、威胁或警告、请求、建议等。构成下面几种格式:(1) N受+V倒,(2) N施+V倒,(3) 把+N受+V倒,(4) V倒+N受,而"的"不能用于这些句式中。下面例句中"倒"不能用"的"替代:

干完活倒/把行李看倒/老师来了倒/你坐倒/跟倒那个人走

总之,光山方言动态助词"倒"比"的"用的要广泛得多,且范围越来越扩大。而"的"用的范围越来越窄。"倒"更多地充当动态助词,而"的"则退居句末。向语气助词发展。光山方言中很多用"的"的地方,都可以用"倒的"替换也说明这一点。如:

他在床上睡的——他在床上睡倒的

他还饿的，快弄饭去——他还饿倒的，快弄饭去

"倒"和"的"的差别可以列表如下：(+)表示实用、(—)表示不能用、(+)很少用。

实用范围	倒	例句	的
先行体	+		—
持续体	V+倒+在/的		V+的
完结体	动词[+完成]+[+状态]		动词[+完成]
连动式	+		(+)
祈使句	+		—

（原刊于《天中学刊》2008 年第 4 期）

参考文献：

[1] 田希诚、吴建生：《山西晋语区的助词"的"》，《山西大学学报》1995 年第 3 期。

[2] 吕叔湘：《现代汉语八百词》（增订版），商务印书馆 1999 年版。

[3] 刘祥柏：《六安丁集话体貌助词"倒"》，《方言》2000 年第 2 期。

[4] 李蓝：《贵州大方话中的"到"和"起"》，《中国语文》1998 年第 2 期。

[5] 李泉：《现代汉语"形+动态助词"考察》，《语言教学与研究》1997 年第 1 期。

[6] 宋秀令：《汾阳方言中的"的"》，《语文研究》1988 年第 2 期。

旌德三溪话语素形式的程度表达

引　言

现代汉语程度的表达多种多样，但如今人们对它的分析描写还较为零散、分散，缺乏系统性，主要还是停留在词汇的程度，特别是程度副词的探讨上，对于词法中语素的程度以及句法中短语的程度表达的研究还很少。

我们认为，现代汉语的程度表达不仅多样，而且系统。从结构形式看，既有语素形式的程度表达，又有词汇和短语形式的程度表达；从表达的方式看，有专门用于表达的语素和词语，有借用的用以表达程度的语素和词语，在借用的语素和词语中，又可以分为借用名词类、形容词类和动词类等几种，此外，还可以用词语的重叠和超音段形式的音长来表达程度；从程度的强弱来看，程度的表达有轻重之别，有些程度表达还有自己特殊的层级形式；从程度表达在语言中的实际应用来看，还存在着大量的不平衡现象。

本文主要是在前人研究的基础上，描写分析三溪话在语素形式程度表达上的特点，这里的描写分析分别从上述的结构形式、表达方式、程度的强弱以及语用的不平衡等四个方面展开。

一 “BA”式中语素程度表达的结构形式举例

三溪话中，大量使用语素形式来表达程度，之所以称之为语素形式，主要是因为这些形式在三溪话的词语内部已经固化了，一般不能替换为其它的形式。三溪话中，表示性质的，以及表示往小里说的形容词的程度表达的方法分得较为细致，根据自己平时的观察和统计，这些语素主要有：“烂、蠓、泊、消、滚、滑、雪、飘、透、稀、精、铁、粉、猫、甭、福、滴、脬、翻、漆”等。

这类表达程度的语素位于形容性语素之前形成“BA”式，主要用于构成形容词，作谓语中心语或定语，它们在构成形容词时，不论其后有无被修饰的中心语，一律要有“底”附着其后，否则不能成词。

下面是先对三溪话中这些“BA”式语素程度表达形式的初步考察，分别举例如下：

烂[꜀lɑn^{33}]　**烂短底/烂窄底**

这根扁担烂短底，就跟给小鬼用底样。/这个笔烂短底，我都掐不住。/这条沟烂窄底，我一只脚都能蹦过去。/这条路烂窄底，根本就不能骑车子。

蠓[꜀mən^{33}]　**蠓细底/蠓消底**

这次米夹底蠓细底，搞不好是稻没晒干。/现在河里底沙，过下筛子就蠓细底，刷墙好底很。/这张纸蠓消底，稍微划下子就破喳，哪能写字哉？/跟朝底粥煮底蠓消底，根本吃不饱。

泊[pʰɔʔ꜁^{31}]　**泊满底/泊密底**

缸里头泊满底，装不下去水了。/跟年我家菜籽收成还好，打喳泊满五稻箩。/菜籽秧子泊密底，要算下子，不然长不起来。/树栽底泊密底长不粗。

消[꜀ɕiɔ^{33}]　**消薄底**

跟年后头山上底稻子消薄底，打不到多少。/你这件衣裳穿到就跟没穿底一样，消薄底。

滚[꜂kuəŋ^{312}]　**滚圆底/滚烫底/滚热底**

你家毛毛长底真好，手跟脚滚圆底。/你家那头白猪肯定搭称，长底滚圆底慢。/你底脸滚烫底，搞不好发烧喽。/水滚烫底，手根本放不下去。/水滚热底，洗澡正好。/菜还滚热底，不要再热了。

滑[xuɑʔ꜆^{31}]　**滑亮底**

你拜看这个台子旧，一漆上漆照样滑亮底。/抹湖壳油，脸上滑亮底，不好看。

雪[ɕiɛʔ꜆^{31}]　**雪亮底/雪白底**

天一晴，屋里就雪亮底。/他眼睛雪亮底，什么事情都满不过他。/这么雪白底衣裳，穿糟喳肯定不好洗。/我跟朝捡到一块石头，雪白底。

飘[꜀piɔ^{33}]　**飘轻底**

这个箱子飘轻底，里头肯定是空底。/你怎么这么飘轻底唉？

透[t‘əuʔ꜆^{31}]　**透潮底/透湿底**

一连落喳好几天雨，屋里都透潮底。/这么透潮底东西你也敢抱在身上，不害病都怪啦。/跟朝出去没带伞，身上拓底透湿底。/我将洗底手，手上透湿底。

稀[꜀ɕi^{33}]　**稀涝底/稀烂底**

这么稀涝底泥巴，根本作不出来砖头。/面糊子和底这么稀涝底，一滴夹都不粘。/淮北那边都是盐碱地，一落雨地下稀烂底。/要把葛砸底稀烂底才能做底出来葛粉。

精[꜀tɕɪŋ^{33}]　**精浓底**

这副药熬底精浓底，喝到真苦。/跟朝泡底茶精浓底，喝到嘴巴不干。

铁[tʻɪɛʔ꜆^{31}] **铁硬底**

这个核桃铁硬底，砸不开。/后头山上底田铁硬底，犁不动。

粉[꜂fəŋ^{312}] **粉嫩底**

跟年底豆腐做底粉嫩底，一滴夹都不好炸。/跟朝炒底淀粉肉粉嫩底，好吃底很。

猫　猫软底

毛毛底手长底肉乎乎底，摸到猫软底。/小鬼底头门心子没长好底时候猫软底，不能碰。

甭[꜂bəŋ^{312}] **甭脆底**

跟朝底花生米炒底甭脆底，好吃底很。/稻子要晒底甭脆底夹到才不会碎。

翻[꜀fɑn^{33}] **翻烫底/翻热底**

这油翻烫底，不要搞泊底喳烫喳手嘴。/摊煎饼底时候先要把锅烧底翻烫底。/你底头这么翻热底肯定发烧啦。/水还翻热底，正好烫脚。

福[fɤʔ꜆^{31}] **福青底**

春天里头，将头透出来底树叶子福青底。/昨家小虎底脸被人家打底福青底。

碧[bɪʔ꜆^{31}] **碧绿底**

河里底水碧绿底，肯定深底很。/白种人的眼睛都是碧绿底。

滴[tiɛʔ꜆^{31}] **滴清底**

山上底泉水滴清底，清底能看到里头底沙子。/这瓶药水还滴清底，估计不会过期底。

脬[꜀pɔ^{33}] **脬松底**

冬天冻过底土脬松底。/你这担柴火捆底这么脬松底，怎么能挑到家哉？

二 "BA"式中语素程度表达的句法功能和语法意义

(一)"BA"式中语素程度表达的句法功能

上面我们考察了三溪话语素程度表达的结构形式,这种语素程度表达结构在话语中主要充当谓语,如:

这个核桃铁硬底,砸不开。/这副药熬底精浓底,喝到真苦。/水滚烫底,手根本放不下去。/跟朝底花生米炒底甭脆底,好吃底很。

有时也用来充当定语,如:

这么透潮底东西你也敢抱在身上,不害病都怪啦。

这些表示一定量的程度的语素一般只能构成形容词,如上述所有例子程度语素所构成的都是形容词,而且在构成形容词时不能产生词性的转化,也就是说,它们只能用来修饰或限制形容词性的语素,不能通过修饰非形容词性的语素来构成显性程度量的形容词,如上面所举例子中的表示一定量的程度的形容词都是如此。

而且表程度的修饰或限制语素的位置一般是固定的,是不自由语素①,只能位于被修饰的语素之前,构成"BA"式,如不能说:

※短烂底　窄烂底　浓精底　白雪底　烫翻底　满泊底

① 这些语素有时虽然也能单独成词,但已不是表程度的虚化意义,也就是说,在"滚烫、蠓细、烂短"等形容词中,原来的"滚、蠓、烂"等的实际意义已经消失,虽然有的在来源上有一定的关系,但就其所起的作用和句法意义而言,已不能算作一个语素。

因为这些形容词本身已含有程度的量性，一般不能再受其它程度词或短语的进一步修饰，如一般不能说：

※特别烂短底　特别烂窄底　特别消薄底　特别滚圆底
特别滑亮底　特别稀涝底　特别稀烂底　特别精浓底
特别甭脆底　特别福青底　特别碧绿底　特别冰冷底
特别冰凉底

※猫软底很　雪亮底很　雪白底很　粉嫩底很　脬松底很
蠓细底很　蠓消底很　泊满底很　泊密底很　滚烫底很
滚热底很　翻烫底很　翻热底很　滴清底很　飘轻底很
透潮底很

※就滴夹滚圆底　就滴夹滑亮底　就滴夹稀涝底
就滴夹稀烂底　就滴夹精浓底　就滴夹甭脆底
就滴夹福青底　就滴夹碧绿底　就滴夹冰冷底
就滴夹冰凉底　就滴夹漆黑底

由于三溪话没有“非常、十分”以及前置“很”等程度副词，也就更谈不上受到它们修饰的问题。

这些含有显性程度标记（语素形式的程度修饰语）的形容词不仅不能受其它程度词或短语的修饰，也不能被否定词所修饰，如一般不能说：

※不烂短底　不烂窄底　不消薄底　不滚圆底　不滑亮底
不稀涝底　不稀烂底　不精浓底　不甭脆底　不福青底
不粉嫩底　不脬松底　不蠓细底　不蠓消底　不泊满底
不泊密底　不滚烫底　不滚热底　不翻烫底　不翻热底
不滴清底　不飘轻底　不透潮底　不透湿底

但可以受表示加强程度的指示代词“这么、那么”的修饰，如可以说：

这么烂短底、这么烂窄底、那么蠓细底、那么蠓消底

(二)"BA"式中语素程度表达的语法意义

它们构成的形容词在表示非距离或非体积的形状特征时既可以用来表达往大里说的积极意义,也可以表达往小里说的消极意义。如:

滚烫底　滚热底　雪亮底　雪白底　滑亮底　猫软底　翻热底　飘轻底
透潮底　透湿底　稀烂底　精浓底　铁硬底　粉嫩底　甭脆底　翻烫底

但用程度语素表示距离或体积的程度时只能表达往小里说的消极意义。如:

烂短底　烂窄底　蠓细底　蠓消底　泊密底　飘轻底　稀烂底　泊满底　稀涝底

一般不能构成往大里说的距离或体积的形容词①,如不说:

烂长底　烂宽底　蠓粗底　蠓厚底

普通话中也有一些类似的语素程度用法,如"漆黑、通红、雪白、笔直、冰凉",但显然不如三溪话的语素程度表达丰富多样,这大概与三溪话缺少非语素的前置副词有关,其中拥有的前置副词或短语"特别、滴夹"已不

① 若要表达此类意义,只能采用非语素的程度表达形式,如词汇形式、短语形式等,如"长底很""宽底不得了""老粗底"等。

是单纯的程度表达,更突出于程度的加深和强化。大量使用语素程度表达也正是弥补前置程度副词或短语表达上的不足,而且在实际运用中已不仅是在弥补这种不足,通过各种语素程度表达方式方法的运用,三溪话的这种前置语素程度表达要比普通话更为生动具体丰富。下面我们来具体使三溪话语素程度表达生动具体丰富的各种方式方法。

(三)"BA"式中语素程度表达的程度层级

这种"BA"式的由程度语素构成的显性程度形容词,表示"很"的意思,它还可以通过重叠构成程度的加强式"BABA"式,表示普通话"非常、十分"等语义,从而和基式"A"一起构成程度表达的三个层级:

基式	比较式	较强式	基式	比较式	较强式
轻	飘轻底	飘轻飘轻底	涝	稀涝底	稀涝稀涝底
深	老深底	老深老深底	满	泊满底	泊满泊满底
壮	滚壮底	滚壮滚壮底	脆	甭脆底	甭脆甭脆底
直	笔直底	笔直笔直底	青	福青底	福青福青底
黑	漆黑底	漆黑漆黑底	清	滴清底	滴清滴清底
细	蠓细底	蠓细蠓细底	松	脬松底	脬松脬松底

不仅如此,这些不同层级还可以通过超音段形式,即声音的拉长来表示各个层级之间的过渡形式,以及较强式的强调形式。基式"A"声音的拉长形式"A——"可以填补基式和比较式之间的程度空白,其中声音拉得越长表达的程度越接近比较式,反之,就越接近基式,如:

基式	中间过渡式	比较式	基式	中间过渡式	比较式
轻	轻——	飘轻底	涝	涝——	稀涝底
深	深——	老深底	满	满——	泊满底
壮	壮——	滚壮底	脆	脆——	甭脆底

直	直——	笔直底	青	青——	福青底
黑	黑——	漆黑底	清	清——	滴清底
细	细——	蠓细底	松	松——	脬松底

这种拉长的形式，一般只在答语中出现，经常含有对问话人感到不耐烦的主观感情色彩。如问“当时天黑不黑?”答“黑——。”

比较式和较强式之间的过渡形式不是靠拉长“BA”中的“A”，而是靠拉长程度语素“B”构成“B——A”来达到程度的加强，声音拉得越长越接近较强式，反之越接近比较式，如：

比较式	中间过渡式	较强式	比较式	中间过渡式	较强式
飘轻底	飘——轻底	飘轻飘轻底	稀涝底	稀——涝底	稀涝稀涝底
老深底	老——深底	老深老深底	泊满底	泊——满底	泊满泊满底
滚壮底	滚——壮底	滚壮滚壮底	甭脆底	甭——脆底	甭脆甭脆底
笔直底	笔——直底	笔直笔直底	福青底	福——青底	福青福青底
漆黑底	漆——黑底	漆黑漆黑底	滴清底	滴——清底	滴清滴清底
蠓细底	蠓——细底	蠓细蠓细底	脬松底	脬——松底	脬松脬松底

较强式还有它的加强形式，同样也是通过语音的拉长，不是靠拉长“BABA”中的“A”，而是靠拉长第一个程度语素“B”构成“B——ABA”来达到程度的加强，声音拉得越长所表示的程度就越深，如：

较强式	加强式	较强式	加强式
飘轻飘轻底	飘——轻飘轻底	稀涝稀涝底	稀——涝稀涝底
老深老深底	老——深老深底	泊满泊满底	泊——满泊满底
滚壮滚壮底	滚——壮滚壮底	甭脆甭脆底	甭——脆甭脆底
笔直笔直底	笔——直笔直底	福青福青底	福——青福青底
漆黑漆黑底	漆——黑漆黑底	滴清滴清底	滴——清滴清底
蠓细蠓细底	蠓——细蠓细底	脬松脬松底	脬——松脬松底

三 “BA”式中语素形式程度表达成因探析

上节我们对语素形式的程度表达进行了描写，了解了三溪话该程度表达的丰富性、具体性和生动性。本节我们将在上节描写的基础上对其加以归类和解释，以进一步弄清这种生动的程度表达形成的原因。

以往的语言研究表明，几乎所有的语言里都有表示度量、色彩、属性和年纪等意义的形容词，这些词有着悠久的历史。落实到汉语中，这部分词大都是单音节的，属基本词汇范畴，在词的本身外在形式上，没有任何程度量的标记，是隐性的，如“白、慢、大、老”等。而有些形容词的程度量有外在标记，如前面我们考察的由各种程度语素突出程度特征的形容词：

烂短底　烂窄底　泊满底　泊密底　精浓底　消薄底　滚圆底　滚烫底　滚热底　滑亮底　飘轻底　透潮底　透湿底　稀涝底　稀烂底　甭脆底　翻烫底　翻热底　福青底　碧绿底　滴清底　冰冷底　冰凉底　漆黑底　铁硬底　猫软底　雪亮底　雪白底　粉嫩底　脬松底　蠓细底　蠓消底

（一）专用程度语素

在我们考察描写的这些表示程度的语素中，有的在构词时已失去了它的基本意义，虚化为专门用于表达程度构词语素，如“烂、福”等。它们在构词时，我们难以把它的程度义与实际意义联系起来，如：

我们也难以把“烂”的实际意义“某些固体物质组织或水分增加后松软/腐烂/破碎”与“烂短底/烂窄底”中表程度的意义联系起来；难以把“福”的实际意义“幸福/旧时对妇女行‘万福’礼”与“福青底”一词中的表程度的意义联系起来。

（二）形容性的程度语素

还有很多这类程度构词语素还保留着它的实际意义，即从它所构成的程度形容词中我们仍能够窥见它与实际意义的联系。它们有的来自表示性质的或其它的形容词，如“稀、精、滑、通”等，它们是通过事物的常见的性质特征来加强形容的程度。三溪话中，“稀烂底、精浓底、滑亮底、通红底”的中心语素“烂”本身就具有“稀”的性质特点，“浓”本身也就具有“精”的性质特点，在“烂、浓”前加上“稀、精”是进一步突出这一特点，从而起到了加深程度的作用；与此相反，具有修饰性语素“滑”这一性质的东西往往具有亮的特征，同样，“滑”的这一附加特征也突出了“亮”的特点，从而使性质的程度得到了加强；而“通”是用其表范围的意义“全、完全”来增强“红”的程度。

（三）拟声程度语素

有的借用拟声语素来表示形容的程度，三溪话中主要是“甭”。用它构成的形容词为“甭脆底”，其中的拟声语素表现出了对脆物被咬后发出声响的描绘。

（四）名词性程度语素

有的是借用名词性语素来表达程度，这些名词通常具有被修饰语所要突出的性质，而且这类事物往往是人们熟知的常见事物，如三溪话中的“碧、冰、漆、铁、猫、雪、粉、脬、蠓”，其中前五个为普通话和三溪话所共有，后三个为三溪话所特有。

普、方共有的：碧绿底　冰冷底　冰凉底　漆黑底
　　　　　　　铁硬底　猫软底　雪白底　雪亮底
三溪话特有的：粉嫩底　脬松底　蠓细底　蠓消底

由这些程度表达语素构成的形容词，其意义常常可以换成比喻的形式，如上述的各形容词可以分别换为下面的比喻形式：

跟碧玉一样绿底	跟冰一样冷底
跟冰一样凉底	跟漆一样黑底
跟铁一样硬底	跟猫一样软底
跟雪一样白底	跟雪一样亮底
跟粉一样嫩底	跟脬子肉一样松底
跟蠓虫一样细底	跟蠓虫一样消薄底

而这些形容词的程度量有外在的标记，如上述的“雪白底、冰凉底”等，前一个语素显化后一个语素的程度，今天的词法是昨天的句法，“雪白”等显性量的获得显然是通过句法转喻实现的。

在普通话中，不仅仅是偏正式合成词具有程度量的外在标志，其他构造的双音节形容词也无不如此，如“缓慢、巨大、宏大、苍老”等，这些形容词程度量的标志已经与所表示的性质状态发生了融合，或者说，双音节的两个语素已同时表达相同的意义，以并列的形式来突出原形容词性语素的特点，以增强原有形状的程度。这种语素的程度增强已不是单纯的语素来表现，而是靠相同或相似语素的堆积来强调所要形容的特征。

由此可以说，单音形容词的程度量是隐性的，双音形容词的程度量有或多或少的显性特征，只是采用的方式方法不同而已，有的是采取语素的修饰或限制，有的是靠语义的堆积，还有的是运用音节，前者表述的是性质，而后者则可能表述状态。但在三溪话中，几乎很难找到类似于普通话的非偏正式合成词。

（五）动词性程度语素

有的是借用动词性的语素来显现形容词的程度特征的，如“泊、滴、飘、透、翻、滚”等，其中“飘、透、滚”等为普通话与三溪话所共有，“泊、滴、翻”为三溪话特有。由它们构成的有显性程度量的形容词如下：

泊满底　泊密底　滚烫底　滚热底　翻烫底
翻热底　滴清底　飘轻底　透潮底　透湿底

这些动词性语素施行动作的结果往往表现出被修饰语素所经常具有并要突出的特点：如“满”的状态易“泊”，“泊”与普通话“漫”的意义相近，但含有主观的人为导致的结果的意味；，“密”的状态易“泊”，借用三溪话中动词“泊”的引申义“超出一定范围”来突出“密”的程度；滴水是山间常见的事，而滴水所成之泉流清澈可见，用“滴”来突出水清之程度也应该是合情合理的；同样，“轻”的东西易飘（这带有当地人的主观印象，当然不完全符合自然科学）；“翻、滚”是水烧开后所表现出来的情状，用以表现水的温热程度也很自然生动；湿或潮的物品当“湿”到一定程度往往会渗透其中，甚至穿透到背面。

四　后缀语素形式的程度表达

三溪话中能够用于表达程度的后缀主要有“不拉叽”“里巴叽”“不溜秋”“不隆冬”“不溜哨”等，它们在构成熟语式的形容语时，必须后加“底”才能在句子当中运用，这些后缀的运用使修饰语带上某些贬义感情色彩，其中使用最多的后缀是“不拉叽”和“里巴叽”。下面是对它们使用情况的考察举例：

里巴叽：傻里巴叽底/呆里巴叽底/软里巴叽底/糟里巴叽底/硬里巴叽底

不拉叽：甜不拉叽底/苦不拉叽底/咸不拉叽底/涩不拉叽底/油不拉叽底/灰不拉叽底/白不拉叽底/绿不拉叽底/乌不拉叽底/黑不拉叽底/松不拉叽底/歪不拉叽底/瘦不拉

叽底/死不拉叽底/滑不拉叽底
不溜秋:黑不溜秋底/灰不溜秋底
不隆冬:黑不隆冬底
不溜哨:花不溜哨底

三溪话中,表示各类的单音节形容词都有用“不拉叽”构成“A 不拉叽底”形式。但是“里巴叽”只能用于表示性质、状态等方面的单音节形容词前,一般不用于其它形容词前。另外,表示颜色程度的有“不溜秋”“不隆冬”“不溜哨”等多个语缀。“不溜秋”一般只用于表示暗色的“黑”“灰”之前,构成“黑不溜秋底”和“灰不溜秋底”等;表示空间的黑,三溪话往往用“黑不隆冬底”表示;而颜色的多样,三溪话用“花不溜哨底”表示程度。

带“不拉叽”“里巴叽”语缀的形容语与不带这些语缀的形容词比较,带上它们使描写事物对象的程度较轻较弱,表示“稍微”或“有一些”的意思。带“不溜秋”“不隆冬”“不溜哨”语缀的形容语与不带这些语缀的形容词比较,带上它们使描写事物对象的程度较深较强,表示“较为”“比较”的意思。

从感情色彩来看,这些后缀语素多表达人们主观上的一种不满情绪,含有或多或少的贬义色彩。

五 结 语

通过上述三溪话表达程度的语素的举例、描写和分析,我们可以知道,在三溪话中,这种程度表达的语素不仅形式多样,而且表现生动。主要分为两大类:一是前置语素,构成 BA 式的偏正合成词,其中“B”一般为单音节语素,在词内表达程度;一是后置语素,用后缀构成附加式合成词,后缀一般为多音节语素。

在语义的表达上看,表示体积或距离的 BA 式一般为往小里说的消极意义,其它 BA 式既可以是客观陈述,也可以兼表褒贬。而后缀式程度语素一般只能表达不满等贬义色彩。

（原刊于《黄山学院学报》2005年第4期）

参考文献：

［1］涂光禄：《贵阳方言动词的体和貌》，《中国民族语言文学研究论集(2)》，2002年版。
［2］张一舟、张清源、邓英树：《成都方言语法研究》，巴蜀书社2001年版。
［3］田文玉：《说形容词语缀“里巴叽”》，《华中师范大学学报》1987年第2期。
［4］张国宪：《现代汉语形容词的典型特征》，《中国语文》2000年第5期。